La creatividad en el Coaching

ANA L. ESCALANTE, DAMIÁN GOLDVARG
Y TREINTA Y SEIS MASTER COACHES
DE LATINOAMÉRICA Y ESPAÑA

La creatividad
en el Coaching

GRANICA

ARGENTINA - ESPAÑA - MÉXICO - CHILE - URUGUAY

© 2024 *by* Ediciones Granica S.A.

ARGENTINA
Ediciones Granica S.A.
Lavalle 1634 3º G / C1048AAN Buenos Aires, Argentina
granica.ar@granicaeditor.com
atencionaempresas@granicaeditor.com
Tel.: +54 (11) 4374-1456 - 📞 1158549690

MÉXICO
Ediciones Granica México S.A. de C.V.
Calle Industria N° 82 - Colonia Nextengo - Delegación Azcapotzalco
Ciudad de México - C.P. 02070 México
granica.mx@granicaeditor.com
Tel.: +52 (55) 5360-1010 - 📞 5537315932

URUGUAY
granica.uy@granicaeditor.com
Tel.: +59 (82) 413-6195

CHILE
granica.cl@granicaeditor.com
Tel.: +56 2 8107455

ESPAÑA
granica.es@granicaeditor.com
Tel.: +34 (93) 635 4120

www.granicaeditor.com

GRANICA es una marca registrada

ISBN 978-631-6544-72-8

Hecho el depósito que marca la ley 11.723

Impreso en Argentina. *Printed in Argentina*

Goldvarg, Damián
   La creatividad en el Coaching / Damián Goldvarg ; Ana Luisa
Escalante Rivero. - 1a ed - Ciudad Autónoma de Buenos Aires :
Granica, 2024.
   376 p. ; 22 x 15 cm.

   ISBN 978-631-6544-72-8

   1. Coaching. 2. Arte. I. Escalante Rivero, Ana Luisa II. Título
CDD 700.19

Índice

COACHING CON OBJETOS

COACHING CON COLEGAS

COACHING, NATURALEZA Y BIENESTAR

TÉCNICAS SISTÉMICAS

TÉCNICAS CORPORALES

COACHING Y TECNOLOGÍA

Agradecimientos

Agradecemos y reconocemos de manera especial la contribución de cada uno de los master coaches de nuestra Red MCC LAE que integraron los quince equipos reunidos para explorar y compartir el uso de herramientas creativas en los procesos de Coaching: Norma Perel, Alicia Agüero, Cris Bolívar, Elena Espinal, Tani Sturich, Nadia Peeters, Enrique Espinosa, Teresa Estremadoyro, Conchita Caparrós, Diana Ajzen, Cristina Custodio, Luz Victorio, Susie Warman, Vicky Bigio, Rosa Cañamero, Oswaldo Vicente, Claudia Lalloz, Mirna Pérez Piris, Renata Rivera Vela, Brenda Vélez, Claudia Puente, Pau Arigós, Cristina López, Lili Zamora, Sandra Willman, Luz Alba Cañón, Eliane Fierro, Leonor Gutiérrez, Adriana Rodríguez, Catalina Alomía, Aida Frese, Fernanda Bustos González, Martín Daulerio, Sandra Munk, Monica Secci Mura, Jimena Sposito, Stela Izquierdo y Anamaría Aristizabal.

También a nuestros alumnos, a nuestros clientes y a todos los colegas que de una u otra manera colaboraron con nosotros en este largo camino por la querida profesión del Coaching.

A Pablo Puente, que colaboró en la edición de este libro.

Finalmente, a nuestras familias y nuestros amigos, que nos acompañan en el camino de aprendizaje y nos apoyaron en este proyecto.

Ana L. Escalante y Damián Goldvarg

Introducción

La práctica profesional del Coaching viene desarrollándose y creciendo a ritmo sostenido en América Latina durante los últimos veinte años. Nuestro compromiso es llevar esta práctica a nuevos niveles, a partir de estrategias que conduzcan a aumentar la efectividad.

En nuestro primer libro junto a integrantes de la Red de Master Coaches de Latinoamérica y España (MCC LAE)[1], *El Ser y el Hacer del coach* (Ediciones Granica, 2022), nos enfo-

---

1 Fundada por Damián Goldvarg, Ph.D., MCC, y Ana L. Escalante, MA, MS, MCC, en octubre de 2019, esta red reúne a más de cien MCCs de habla hispana de quince países, que se comprometen con estándares profesionales y éticos excepcionales para la práctica del Coaching. Para obtener la credencial de MCC, la ICF requiere por lo menos doscientas horas de entrenamiento, dos mil quinientas horas de experiencia trabajando como coach con clientes y demostrar en dos grabaciones las competencias que corresponden a un master coach, siguiendo el modelo de competencias de la ICF.

camos en la ciencia del Coaching. A lo largo de sus páginas, veintiocho master coaches certificados por la International Coaching Federation profundizan en las ocho competencias del coach avaladas por la ICF, desde sus perspectivas y sus experiencias personales. Los capítulos contienen ejercicios, cuestionarios, ejemplos de cada competencia, así como también algunos puntos de vista novedosos que amplían la mirada del lector.

Pero el Coaching, que es ciencia, también es arte, y por eso nos llena de entusiasmo presentar este segundo proyecto colaborativo, donde treinta y ocho master coaches certificados por la ICF, integrantes de la Red MCC LAE, nos enfocamos en el arte, la creatividad y la innovación, y ofreceremos oportunidades de explorar nuevas maneras de trabajar con nuestros clientes.

Mensualmente, nuestra red se congrega para compartir experiencias y respaldar el desarrollo profesional de cada uno de sus miembros, muchos de ellos autores, formadores, examinadores de la ICF, mentores y supervisores de Coaching con una vasta experiencia.

Cabe destacar que, como parte de nuestros aportes al Coaching, en 2022 organizamos nuestra Primera Conferencia Internacional y una serie de presentaciones en las que participaron treinta y ocho MCCs de la región. Estos eventos contaron con el apoyo de la ICF Global, con la participación de quince capítulos de la región y con la asistencia de más de mil quinientos coaches de treinta y tres países.

En 2023, nuestra Red MCC LAE se dedicó a trabajar en el arte del Coaching, y esa labor es la fuente de este libro, concebido meticulosamente como una herramienta que estimamos será valiosa para aquellos coaches que aspiran a elevar sus prácticas, inyectando vitalidad y originalidad en cada sesión.

A lo largo de estas páginas, nos sumergiremos en un universo de técnicas vinculadas a la creatividad cuidadosamente seleccionadas, diseñadas para inspirar a los coaches a desbloquear la imaginación de sus clientes, desafiar límites preestablecidos y catalizar cambios profundos.

Queremos darte la bienvenida a un viaje apasionante, donde la creatividad y el Coaching convergen para formar una narrativa de descubrimiento y transformación.

Iniciaremos nuestro recorrido explorando la sinergia entre la creatividad y el Coaching, observando cómo la creatividad puede ser una fuerza motriz durante el proceso de Coaching, permitiendo que los coaches guíen a sus clientes, más allá de las limitaciones convencionales, hacia nuevas perspectivas y soluciones innovadoras.

El primer capítulo establece el marco para comprender cómo la aplicación consciente de técnicas creativas puede revitalizar las sesiones de Coaching y abrir nuevas vías para el crecimiento personal y profesional.

El corazón de este libro reside en las siguientes secciones, donde presentamos un conjunto de técnicas creativas aplicadas al Coaching.

La primera, *Coaching y arte*, incluye un capítulo sobre el empleo de la literatura como auxiliar de la exploración, otro sobre la música, uno sobre visualización, fotografía y dibujo, uno sobre Storytelling, role play y psicodrama, y un último sobre el uso de las metáforas.

En la siguiente sección, *Coaching con objetos*, el lector se encontrará con los beneficios de la utilización de los *vision boards*, las construcciones con LEGO® y el empleo de la caja mágica.

A continuación, en *Coaching con colegas*, se describe la técnica conocida como Coaching entre Pares, y se aborda el tema de la pertinencia de su empleo, de sus ventajas y sus inconvenientes.

La sección que se denomina *Coaching, naturaleza y bienestar* ayuda a reflexionar tanto sobre la importancia del cuidado de nuestro planeta como sobre la utilización de los elementos naturales a manera de auxiliares del proceso de Coaching.

Le sigue la sección, *Técnicas sistémica*s, que incluye una introducción al Coaching Sistémico y propone un nuevo marco de referencia, donde la interrupción de patrones ayuda a despertar la creatividad. En esta sección hay un segundo capítulo, sobre la escultura y las Constelaciones. Allí se describe la técnica de la escultura familiar para el Coaching individual y de las Constelaciones Sistémicas para el Coaching individual y grupal.

En la sección *Técnicas corporales* incluimos un capítulo sobre el empleo de la respiración y el mapa corporal, entre otras técnicas corporales para coaches, y otro capítulo que introduce al Focusing y comparte fundamentos, beneficios, pasos y distinciones de esta técnica útil para el desarrollo de la creatividad.

Como cierre del libro, nos pareció necesario incluir una sección sobre *Coaching y tecnología*, donde se menciona y se describe una variedad de plataformas y se tocan temas como la realidad virtual, la realidad aumentada, la inteligencia artificial y una de sus ramas: el *machine learning*.

Cada técnica está diseñada para enriquecer la experiencia del proceso de Coaching, desafiándonos como coaches a expandir nuestra caja de herramientas y adaptarnos a las necesidades únicas de cada cliente.

Nos parece importante clarificar ya en esta introducción la diferencia entre Coaching y Psicoterapia. La ICF define al Coaching como un proceso creativo que inspira a las personas para maximizar su potencial personal y profesional. Entendido así, el Coaching trabaja para el aumento de la efectividad de las personas y no en temas de salud mental. Queremos advertir, entonces, que las técnicas creativas compartidas en este libro no deben utilizarse con personas que sufren de problemas de salud mental ni en situaciones donde los coaches no están calificados para intervenir. Su aplicación, desde luego, necesariamente tiene que seguir los lineamientos de las ocho competencias que enmarcan nuestra profesión y están avaladas por la ICF.

Cada capítulo fue escrito por un equipo, porque uno de los objetivos de la Red MCC LAE es el desarrollo de relaciones entre colegas, y sigue una estructura que abarca la introducción teórica de la técnica creativa, la descripción de la metodología, casos de aplicación, conclusiones y referencias; y cada uno tiene una redacción distinta, ya que decidimos preservar el estilo particular de cada equipo de MCCs.

Adicionalmente, en todos los capítulos hemos incluido una simbología que facilita el conocimiento sobre la aplicación adecuada de cada técnica. Agradecemos esta idea tan práctica a Alicia Agüero, Cris Bolívar, Elena Espinal y Tani Sturich, autoras del Capítulo 2, *Arte y literatura en el Coaching*.

1. Coaching Individual	👤
2. Coaching Grupal	👥👥👥
3. Coaching de Equipos	👥
4. Presencial	O
5. Online	📶
6. Nivel de experiencia recomendado: Todos niveles	—

7. Nivel de complejidad / experiencia recomendada: Alta / Experto	**+**
8. En la sesión	♻
9. Entre sesiones	→

Esperamos que a lo largo de estas páginas descubras cómo la creatividad y el Coaching forman una alianza poderosa, llevando a los coaches y a sus clientes más allá de los confines convencionales hacia un terreno fértil de posibilidades.

Prepárate para embarcarte en un viaje que no solo transformará tus habilidades como coach, sino que también inspirará la creatividad latente en cada sesión.

Ana L. Escalante y Damián Goldvarg

Creatividad
y Coaching

Capítulo 1

Creatividad en el Coaching
Un enfoque transformador

Ana L. Escalante y Damián Goldvarg

I. Introducción

La International Coaching Federation (ICF) define al Coaching como una asociación entre un coach y su cliente para que este maximice su potencial tanto personal como profesional a través de un proceso de acompañamiento reflexivo, *creativo* e inspirador[2]. Se busca encontrar nuevas maneras de observar la realidad para que los clientes, al desarrollar nuevas perspectivas o ampliar su conciencia, expresen nuevos comportamientos, lenguajes, relaciones, acciones, prácticas y resultados.

En el proceso de autodescubrimiento, la creatividad se presenta como una herramienta valiosa para que

---

2 https://www.coachingfederation.es/definicion-coaching

el coach, de una manera innovadora, pueda apoyar en el desbloqueo de potenciales no descubiertos.

En este capítulo, exploraremos el papel fundamental de la creatividad en el Coaching. Analizaremos cómo incorporarla en las sesiones y cómo se puede integrar con las competencias de la ICF. También profundizaremos en la distinción entre la Psicología y el Coaching, y abordaremos algunas precauciones sobre el uso de técnicas creativas descritas en este libro y la importancia de reconocer con humildad nuestros alcances.

II. ¿Qué es la creatividad?

La creatividad es la "facultad o capacidad de crear"[3]. Esta capacidad no se limita a la mera imaginación, sino que incluye la habilidad de combinar, transformar y sintetizar elementos de manera única para crear soluciones originales.

Desde una perspectiva más amplia, la creatividad se percibe como un proceso cognitivo que posibilita la creación de algo genuinamente nuevo y significativo. Emerge de la conexión entre ideas aparentemente disímiles, la reinterpretación de situaciones familiares y la capacidad de adoptar perspectivas innovadoras. La creatividad no sigue una senda lineal y puede ser impulsada por la intuición, la experiencia, la curiosidad y la disposición a asumir riesgos.

En diversas disciplinas, la creatividad se reconoce como un motor esencial para la innovación y el progreso. En el ámbito artístico, se manifiesta como la expresión única de la visión y la interpretación del artista. En la ciencia y la tecnología, impulsa el descubrimiento y la creación de so-

---

3 *Diccionario de la Real Academia Española*. Consulta en línea. Enero, 2024. (https://dle.rae.es/creatividad)

luciones novedosas. En la vida diaria, la creatividad influye en la toma de decisiones, la resolución de problemas y la adaptación a entornos cambiantes.

La ICF tiene como misión principal el desarrollo del arte y la ciencia del Coaching. En nuestra actividad, la creatividad se relaciona con la oportunidad de crear –dentro del marco que ofrecen ciertos parámetros y estándares propios de la ciencia– un espacio de innovación donde se conjuguen la experiencia, los conocimientos y la sabiduría del coach, vinculados con el arte.

Pero la creatividad no es solo para los genios. Es una capacidad inherente a todas las personas, y su desarrollo puede ser fomentado mediante la práctica, la disposición a nuevas experiencias y técnicas y la voluntad de explorar más allá de las convenciones establecidas. No solo enriquece la vida individual, sino que también ejerce un impacto significativo en la sociedad al estimular la innovación y la evolución profesional y cultural.

III. ¿Por qué incorporar técnicas creativas al Coaching?

Aplicar técnicas creativas es una gran manera de impulsar la efectividad, la diversidad y la profundidad en los procesos de Coaching. Las técnicas creativas propuestas en este libro pueden convertirse en un catalizador poderoso para desbloquear potenciales latentes y estimular la innovación en distintos procesos. Esta integración va más allá de un simple añadido; se trata de cultivar un terreno fértil donde florezcan nuevas ideas, nuevas perspectivas y nuevas soluciones.

Algunas de las ventajas de incorporar herramientas creativas en los procesos de Coaching son:

❖ **Desbloqueo de recursos más allá del lenguaje**

La creatividad desempeña un papel esencial en el desbloqueo de potenciales individuales. Al incorporar técnicas creativas en las sesiones de Coaching, se abren espacios para que los clientes exploren y expresen sus pensamientos de maneras no convencionales. Estas técnicas proporcionan una plataforma segura para que los clientes examinaran aspectos de sí mismos que quizás no han considerado previamente, liberando así su creatividad innata y desbloqueando potenciales no explorados.

❖ **Fomento de la innovación**

Además, la creatividad fomenta la innovación en la resolución de problemas. Al introducir métodos creativos, el coach puede utilizar una técnica que invite al cliente a la creación de soluciones originales y perspectivas frescas frente a los desafíos que enfrenta. Por ejemplo, mediante la aplicación de técnicas de visualización creativa o la utilización de metáforas, se pueden abrir nuevos caminos cognitivos, permitiendo que surjan ideas innovadoras y estrategias creativas para abordar situaciones difíciles.

❖ **Enfoque holístico**

La integración de la creatividad también proporciona un enfoque holístico para abordar los desafíos y las metas de los clientes. No se trata simplemente de encontrar respuestas superficiales, sino de explorar la totalidad del *ser* del cliente. Las técnicas creativas permiten que se manifiesten emociones, intuiciones y aspiraciones de una manera que va más allá de la verbalización tradicional. Esto contribuye a una comprensión más profunda y completa de los desafíos, facilitando un proceso de Coaching más enriquecedor y transformador.

Para ilustrar estos conceptos, consideremos un ejemplo práctico. Imagina a un cliente que se enfrenta a una encrucijada profesional y lucha por encontrar una dirección clara. Al incorporar técnicas creativas, como el uso de imágenes, símbolos o incluso la escritura libre o la música, el cliente puede explorar de maneras diversas sus aspiraciones, sus miedos y sus valores. Este enfoque puede permitirle al coach trabajar con una visión más completa de la situación y co-crear estrategias personalizadas que reflejen la autenticidad y la singularidad del cliente.

IV. Herramientas creativas y Competencias de la ICF

La integración de herramientas creativas en el ámbito del Coaching no solo añade una dimensión única y enriquecedora, sino que también puede potenciar el desarrollo de competencias clave según las directrices establecidas por la ICF.

Para nosotros, es importante enfatizar que las técnicas creativas que utilicen los coaches deben alinearse de manera efectiva con las ocho Competencias de Coaching de la ICF, y por eso daremos ejemplos específicos que demuestran cómo la creatividad puede fortalecer habilidades esenciales para el proceso de Coaching.

Estas son las competencias:

1. *Demuestra práctica ética*
2. *Encarna una mentalidad de Coaching*
3. *Establece y mantiene acuerdos*
4. *Cultiva confianza y seguridad*
5. *Mantiene presencia*
6. *Escucha activamente*
7. *Evoca conciencia*
8. *Facilita el crecimiento del cliente*

Para ilustrar este punto, pensemos por ejemplo en la competencia referida a la escucha activa. Esta competencia implica que el coach tiene la capacidad necesaria para comprender completamente lo que el cliente está expresando, tanto verbal como no verbalmente. Las herramientas creativas, como la visualización guiada o las metáforas, pueden enriquecer las sesiones de Coaching en este sentido, al proporcionarles al coach y al cliente nuevas formas de expresar y comprender ideas más allá de lo verbal. Otros ejemplos, como escuchar música, pintar, mover letras y escribir con el cuerpo, pueden crear nuevas formas de escuchar tanto del cliente como del coach. Mediante el uso de imágenes, un cliente puede describir su visión de manera más vívida, permitiéndole al coach sintonizar con detalles que podrían no haber surgido durante una conversación puramente verbal.

La creatividad también puede ser un puente poderoso para la creación de conciencia. La utilización de técnicas de dramatización, así como el empleo de recursos propios de otras ramas del arte, pueden ayudar a los clientes a expresar sus pensamientos y sus emociones, permitir la exploración de una comprensión más profunda y fortalecer la relación entre el coach y el cliente.

El uso de técnicas creativas puede ser efectivo, además, para facilitar al crecimiento del cliente, que, como sabemos, es una competencia que se centra en colaborar con la creación de estrategias específicas y planes de acción. Un ejemplo de esto es la construcción de mapas conceptuales visuales (caja mágica) o la creación de *vision boards* que pueden ayudar al cliente a visualizar sus objetivos y los pasos necesarios para alcanzarlos. Estas herramientas creativas proporcionan una representación tangible y motivadora de los planes de acción, lo que facilita la claridad y el compromiso.

Es esencial destacar que la incorporación de herramientas creativas no reemplaza las competencias básicas de

Coaching, sino que las amplifica y complementa. Los coaches necesitan demostrar una sólida comprensión y vivencia de las ocho Competencias de Coaching fundamentales que componen el modelo de la ICF, y la creatividad, al ser aplicada, se convierte en un complemento valioso para potenciar su aplicación.

Nos queda claro que la creatividad no solo es una adición estética, sino una herramienta pragmática que fortalece la calidad y la eficacia del Coaching al proporcionar nuevas formas de explorar, comprender y avanzar en el proceso de desarrollo personal y profesional.

V. Coaching y Psicología

A pesar de que varias de las técnicas creativas propuestas en el libro provienen de diversas ramas de la Psicología, es muy importante enfatizar su uso dentro del Coaching. Por eso, nos parece esencial clarificar la distinción entre la Psicología y el Coaching en términos de enfoque, objetivos, metodología, fundamentos teóricos, lenguaje e intervenciones.

En primer lugar, la Psicología y el Coaching difieren en sus objetivos. La Psicología busca abordar desafíos que le son propios: tratar problemas de salud mental y mejorar el bienestar emocional. El Coaching, en cambio, se orienta hacia el desarrollo personal y profesional, trabajando para potenciar las fortalezas, mejorar habilidades y facilitar el logro de metas específicas, ya sea en el ámbito laboral, de las relaciones interpersonales o del crecimiento personal.

En segundo lugar, hay diferentes aproximaciones. La Psicología se concentra en el análisis y el tratamiento de trastornos mentales, la exploración de procesos cognitivos y emocionales profundos y la resolución de problemas subyacentes. En contraste, el Coaching se centra en el presente y el futuro, busca potenciar el rendimiento, la claridad y el logro de metas, más que la exploración del pasado.

En cuanto a la metodología, la Psicología tiende a emplear enfoques terapéuticos más sofisticados que requieren mayor entrenamiento, utilizando herramientas propias de la línea teórica que siga el terapeuta, como por ejemplo, el análisis del inconsciente, la interpretación de los sueños, la identificación de experiencias traumáticas del pasado y la exploración de patrones de comportamiento arraigados. El Coaching, en cambio, adopta un enfoque más pragmático y orientado a la acción. Utiliza técnicas como la formulación de objetivos, la planificación estratégica y el diseño de acciones concretas para impulsar al cliente hacia resultados tangibles.

El papel único del Coaching en el desarrollo personal y profesional radica en su capacidad para trabajar con individuos que no presentan trastornos psicológicos, sino que buscan mejorar y alcanzar su máximo potencial. El Coaching se posiciona como un socio en el proceso de autodescubrimiento y crecimiento, ayudando a los clientes a definir y alcanzar sus metas de manera más efectiva. Si aparecieran inquietudes vinculadas a la salud mental durante el proceso de Coaching, es necesario que el coach sugiera a su cliente que consulte con un profesional de la Psicología.

VI. Ética y uso de herramientas creativas en Coaching

Tener precaución al emplear técnicas creativas durante el proceso de Coaching es esencial para garantizar un proceso seguro y efectivo. Debemos resaltar la importancia de ejercer prudencia al seleccionar y aplicar técnicas creativas, haciendo hincapié en la necesidad de reconocer nuestras limitaciones y mejorar nuestras habilidades.

Proponemos tomar las siguientes precauciones al utilizar las técnicas creativas de este libro:

1. En primer lugar, no todas las técnicas creativas son adecuadas para todos los clientes o todas las situaciones. La diversidad de personalidades, experiencias y contextos individuales y grupales exige un enfoque reflexivo y personalizado al seleccionar las herramientas a emplear.

2. El reconocimiento de nuestras propias competencias y limitaciones como coaches es un paso esencial. Si hay técnicas creativas con las cuales no nos sentimos completamente seguros o competentes, es responsabilidad ética abstenerse de su aplicación. Esto garantiza la integridad del proceso de Coaching y evita posibles consecuencias negativas para el cliente.

3. Resulta valioso buscar continuamente mejorar nuestras habilidades en el uso de técnicas creativas. Esto implica la participación en programas de formación, talleres y conferencias en el ámbito de la creatividad aplicada al Coaching. Estar en constante búsqueda de aprendizaje y perfeccionamiento nos capacita para ofrecerle a nuestros clientes un repertorio diverso y efectivo de herramientas creativas.

4. Es indispensable establecer un diálogo abierto con los clientes sobre el uso de técnicas creativas. Antes de aplicar cualquier herramienta, es importante obtener el consentimiento del cliente y explicar claramente el propósito y los posibles resultados. La comunicación abierta fomenta un ambiente de confianza y colaboración, asegurando que el cliente se sienta cómodo y seguro durante el proceso creativo.

5. Trabajar con un supervisor es fundamental para que el coach reflexione sobre los beneficios y los

desafíos que implica la implementación de los diferentes recursos con los clientes, y para que evalúe la efectividad de su uso.

En resumen, es necesario que el coach sea humilde y que haga una autoevaluación sincera antes de utilizar una técnica creativa. Reconocer nuestro nivel de competencia, evitar técnicas con las cuales no nos sintamos del todo competentes y buscar continuamente mejorar nuestras habilidades son elementos esenciales. Este enfoque garantiza que la aplicación de herramientas creativas sea ética, efectiva y beneficiosa para el cliente, contribuyendo así al proceso de desarrollo personal y profesional de manera positiva y segura.

VII. Conclusiones

El uso de herramientas creativas en el Coaching, como la visualización, la música, la escritura u otras técnicas puede brindar a los clientes un espacio para explorar sus pensamientos y sus emociones de manera no convencional, lo que a menudo conduce a una mayor *autoconciencia* y claridad en los objetivos. Inclusive, a algunos clientes a los que les cueste expresarse oralmente, la creatividad puede darles acceso a la expresión sin necesidad de utilizar la conversación durante las sesiones de Coaching.

La creatividad no es solo un aspecto temporal en el proceso de Coaching; más bien, es una corriente continua que fluye a lo largo de la relación entre el coach y el cliente.

Fomentar la creatividad implica cultivar un entorno de confianza auténtica entre el coach y el cliente que apoye la exploración constante, el aprendizaje y la adaptación.

Los coaches que integren la creatividad de manera continua no solo nutren el desarrollo individual, sino que además contribuyen a una expresión innovadora y dinámica del cliente, que puede generar la resolución de problemas y el logro de objetivos dinámicos.

Referencias

International Coaching Federation. https://www.coachingfederation. es/definicion-coaching

Diccionario de la Real Academia Española. Consulta en línea. Enero, 2024. https://dle.rae.es/creatividad

Coaching y arte

Capítulo 2

Arte y literatura en el Coaching

Alicia Agüero, Cris Bolívar, Elena Espinal y Tani Sturich

> *Solo cuando la mente está tranquila, porque nos cono-*
> *cemos a nosotros mismos y no porque nos impongamos*
> *una disciplina, solo entonces, en esa tranquilidad, en*
> *ese silencio, puede nacer la realidad. Solo entonces pue-*
> *de haber dicha, puede haber acción creativa.*
>
> Krishnamurti

I. Introducción a la técnica

En este capítulo trataremos el tema del arte y la literatura como un camino hacia la plena aceptación del ser-en-el-mundo en Coaching. Arte como lo sublime; lo sublime como la esencia última del arte: el amor incondicional. Aportaremos herramientas del arte a través de la palabra, que aplicadas a los procesos de Coaching facilitan que el cliente conecte con la energía del Amor y la libertad para ser, para recrearse como propia obra de arte.

1. Arte y literatura en el Coaching

La definición de arte es abierta, subjetiva, discutible. Se sue-le considerar al arte como una actividad creadora del ser humano, producto de la originalidad y la búsqueda de la armonía, y cuya finalidad es principalmente estética. Otra manera de definirlo, en la cual nos centraremos en este capítulo, es el arte como aceptación plena incluso de lo que nos asusta, lo que genera una experiencia mística.

La potencia del arte, especialmente en Coaching, es que habla más allá de lo que decidimos contarnos, revela lo inconsciente.

Cuando una situación interna no se hace consciente,
aparece por fuera como si fuera destino.
Carl G. Jung

Como expresión del ser, el arte ha sido desde siempre uno de los principales medios a través de los cuales manifestamos nuestras ideas y nuestros sentimientos, y la forma como nos relacionamos con el mundo.

En Coaching, podemos acompañar al cliente a ser el artista y su propia obra, recreándose para dar al ser la posibilidad de ser, no a través de una obra externa, sino de ser en sí mismo la obra.

Tu tarea no es buscar el amor, sino buscar
y encontrar dentro de ti todas las barreras
que has construido en contra de él.
Rumi
Sabio sufí

Al cliente, muchas veces le cuesta entrar en espacios que, consciente o inconscientemente, teme: la fragilidad, la falta de control, lo incierto, el dolor, la percepción de carencia de sí, las emociones negativas. Son espacios de los que el ego suele protegernos negándolos, ocultándolos, alimentando el miedo y la dualidad, llevándonos a buscar lo aceptado por la sociedad o por nuestro ego, lo bello.

Aquí vamos más allá, entrando en el mundo de lo sublime, aquello que, aunque temamos porque es desconocido o sintamos que nos supera, nos muestra nuestra fragilidad y transitoriedad, y por todo esto tememos y evitamos, pero podemos igualmente amar, y eso nos permite crecer y reconectar con nuestro potencial, sin sombras que negar y ocultar. Nos permite la grandeza de ser simplemente humanos.

2. Algunas modalidades del arte en la palabra

Definiremos las modalidades de acuerdo al *Diccionario de la Real Academia Española*:

- ❖ **Poesía**: Manifestación de la belleza o del sentimiento estético por medio de la palabra, en verso o en prosa. En verso incluye los poemas en sus diferentes versiones: épica, lírica y dramática. En prosa, incluye todo aquello que busque generar un sentimiento profundo de belleza o emocional y sea escrito.
- ❖ **Conversaciones poéticas**: Son aquellas conversaciones con otros que nos permiten imaginar, soñar, que miran la realidad con otros ojos, y que contagian y estimulan a otros a mirar de la misma manera.
- ❖ **Aforismo**: Máxima o sentencia que se propone como pauta en alguna ciencia o arte. Ejemplos: "Podemos saber lo que queremos en cada presente, pero no lo que conseguiremos mañana" (Cris Bolívar). "El verdadero viaje de descubrimiento no consiste en buscar nuevos paisajes, sino en tener nuevos ojos" (Marcel Proust). "La mejor manera de predecir el futuro es crearlo" (Peter Drucker).
- ❖ **Carta**: Papel escrito que una persona envía a otra para comunicarse con ella, en sobre cerrado,

lo que crea una intimidad entre quien escribe y el que lee.

❖ **Refrán y/o adagio**: Frase u oración breve, en la que se expresan ideas de manera concisa y categórica. Un refrán es un dicho o frase que expresa una enseñanza o moraleja en rima o con alguna otra figura literaria. Los refranes se caracterizan por ser transmitidos en forma oral, de generación en generación. Ejemplos: "Haz el bien sin mirar a quién." "La avaricia rompe el saco." "Más vale prevenir que curar."

Cada una de ellas vista como el llamado a la mirada de lo bello o de lo no bello, de lo sublime, la experiencia mística y el amor incondicional.

En este capítulo, por tanto, no estamos hablando solo de una técnica, sino de todo un conjunto, que a través del uso del arte en la palabra facilitan que el cliente conecte con el amor y expanda su potencial.

3. Ventajas y desventajas

En el Coaching se le propone al cliente alguna modalidad del arte a través de la palabra, teniendo en cuenta sus propias características, como, por ejemplo, su facilidad o dificultad para conectar con el corazón, la intuición o la creatividad.

Como **ventajas**, podemos citar:

❖ Abre la posibilidad de acceder a espacios de mayor sabiduría y claridad al traer lo intuitivo a lo consciente, como lugar interior donde se integran la intuición y la razón. Se relaciona con un nivel de libertad, de poder mirar y mirarse desde el amor incondicional.

❖ Facilita la reconexión con las metacompetencias del Ser, más allá de las competencias.

Y también:

❖ Trae dimensiones del Ser con las cuales no estaba en contacto, abriendo nuevas percepciones.
❖ Enriquece la expresión de una idea, una pregunta u observación, facilitando la sesión.
❖ Si la modalidad tiene en cuenta el estilo del cliente, se siente comprendido, asombrado o maravillado.
❖ Brinda posibilidad de dotar a lo que se comunica de diferentes formas, expresiones y entonaciones según de qué modalidad se trate.

Como **desventajas:**

❖ Este tipo de modalidad puede abrir espacios delicados, que, si el coach no tiene las competencias necesarias para su gestión, pueden causarle daño al cliente.

Y también:

❖ Si la modalidad utilizada no está en el registro que utiliza el cliente, no le encontrará sentido.
❖ Si el coach insiste en utilizar una modalidad para la que el cliente no está preparado, puede sentirse especialmente invadido, no comprendido e incluso perder confianza.
❖ Tiene riesgo de mayor potencial manipulativo, al dificultar el análisis del contenido por el predominio del uso del hemisferio derecho, pudiendo llegar a fomentar dependencia emocional.
❖ Si no se elige, gestiona y aplica la técnica competentemente, puede ser contraproducente.

II. Uso de la técnica

Como ya vimos, en este capítulo no estamos hablando solo de una técnica, sino de todo un conjunto. De la variedad de técnicas que podría contener este capítulo, por su brevedad, decidimos elegir las que nos parecen especialmente representativas y significativas para aplicar en Coaching.

Cada presentación de una técnica va acompañada de íconos que permiten, a simple vista, identificar dónde puede ser aplicada.

Además, todas contienen apartados que consideramos hacen más manejable la elección:

1. Modalidad
2. ¿Cuándo emplearla?
3. Descripción
4. ¿Cómo utilizarla?
5. Recursos
6. A tener en cuenta
7. Otras aplicaciones
8. Referencias

1. Desde tu interior

👤	👥👥👥		O	📶		+	♻	→

Modalidad	Poesía, prosa poética
¿Cuándo emplearla?	Conectar con el dolor, los miedos, las carencias. Metacompetencias: Presencia, Compasión.
Descripción	Crea un poema sobre tus miedos, tus fantasmas, una herida.

¿Cómo utilizarla?	Facilitarle al cliente conectar con ese espacio a través de algún ejercicio, meditación, evocación. También se puede traer un ejemplo de poema. En Coaching grupal, se puede leer un poema de ejemplo para que conecten, sientan, se inspiren.
Recursos	Papel, bolígrafo.
A tener en cuenta	Asegurarse de que se esté en conexión con esa energía. Gestionar bien las emociones fuertes. No estar pendientes de la técnica, dar permiso para que no rime, etc.

2. Ante lo sublime

👤			O	▧		+		→

Modalidad	Poesía, prosa poética
¿Cuándo emplearla?	Para reconectar con nuestra naturaleza humana en presencia, apreciando nuestra fragilidad y transitoriedad. Metacompetencias: Humildad, Nadiedad, Amor, Presencia, Serenidad, Espiritualidad, Compasión.
Descripción	Buscar una experiencia de conexión con la inmensidad, por ejemplo, contemplar un cielo estrellado en un lugar de quietud. O una gran tormenta en el mar. Conectar con la experiencia, escribir tus sensaciones, puede ser un poema, prosa poética…
¿Cómo utilizarla?	Facilitar que el cliente pueda aprender de su experiencia, trasladándola a su día a día.
Recursos	Situación experiencial. Papel, bolígrafo, colores.
A tener en cuenta	Posibilidad de vivir la experiencia.

3. La magia del caldero

	👥👥👥		○	📶		+	⟳	

Modalidad	Conversaciones poéticas
¿Cuándo emplearla?	Cuando hay la suficiente confianza como para que se expresen expectativas/deseos, emociones y generar intimidad. Metacompetencias: Autenticidad, Creatividad, Generosidad, Presencia.
Descripción	Primera fase: Alrededor de un caldero (real o simulado) cada uno se expresa. Un ayudante del coach anota lo expresado en un papel por cada participante. Segunda fase: Del caldero, cada uno saca un papel y lo transforma en una conversación relacionada al foco del trabajo, y así se cocrea la conversación poética. Tercera fase: explorar los aprendizajes.
¿Cómo utilizarla?	Primera fase: Comienza una persona expresándose libremente. Siguen hasta que todo el grupo se haya expresado. (Puede ser ronda o más.) Segunda fase: Cocrear una conversación inspiradora, inclusiva, donde esté todo lo expresado individualmente.
Recursos	El caldero real o simulado. (Foto o recipiente similar.)
A tener en cuenta	Quiénes son los integrantes del grupo. Facilitar un ambiente de apertura y confianza para que todos se puedan expresar auténticamente. El coach puede comenzar con una frase disruptiva, cuidar el clima, la luz, los silencios.
Otras aplicaciones	Poner foco en las voces más reprimidas; por ejemplo: "Que se exprese qué parte de ti no quiere estar".
Referencias	Psicología de los yoes - Voice Dialogue

4. La granja

♟	♟♟♟♟		○	▨	−	+	↻	

Modalidad	Cuento
¿Cuándo emplearla?	Para explorar la narrativa de vida. Metacompetencias: Compasión, Amor, Humildad, Resiliencia…
Descripción	"Había una vez una granja donde un huevo estaba a punto de eclosionar…" Continúa el cuento.
¿Cómo utilizarla?	La persona escribe su cuento. Lo lee. Luego lo lee en primera persona, como si el huevo/pollito fuese él/ella.
Recursos	Papel, bolígrafo. En equipo: pizarra o post-it, on line o presencial.
A tener en cuenta	Cuando se lee en primera persona es cuando puede aparecer una fuerte emocionalidad, puesto que el cuento será la proyección de la propia experiencia. Según el nivel en el que se quiera entrar, requerirá de más expertise del coach.
Otras aplicaciones	En equipo, consensuar un cuento colectivo donde la granja será la organización.

5. Cocreando una historia

	♟♟♟	☻	○			+	↻	

Modalidad	Cuento
¿Cuándo emplearla?	Comprensión y pensamiento sistémico. Cocreatividad. Desapego. Metacompetencias: Hamor (Amor + Humor)[4], Fluir, Nadiedad, Creatividad.

---

4 Hamor: Amor + Humor. (Ver "Glosario" al final del capítulo.)

Descripción	A partir de tres elementos simbólicos (personaje, situación, acción) construir un relato individual y luego co-crear uno colectivo.
¿Cómo utilizarla?	Cada uno crea un pequeño/breve relato/cuento a partir de los símbolos que han emergido al azar. Luego se entrelaza el cuento en la medida en que uno empieza y el siguiente lo continúa desde su propio relato, buscando darle también un enlace con lo anterior.
Recursos	Dados de símbolos. Papel, bolígrafo. Chat o pizarra donde ir escribiendo el relato cocreado.
A tener en cuenta	Los tiempos que hay que dejar para la primera escritura (breves para no crear un relato cerrado; suficiente para que creen algo a lo que sientan querrán apegarse). Rapidez en ir anotando el breve relato que va emergiendo. Estar pendientes de los niveles de frustración, apego... Tener cierta expertise en sistémica.
Referencias	Por ejemplo, usar Story Cubes, de Rory

6. Aforismos que conmueven

🧍			○	📶	—			→

Modalidad	Aforismo
¿Cuándo emplearla?	Para explorar en algún tema profundo y significativo. Metacompetencias: Autenticidad, Creatividad, Presencia y Sabiduría.
Descripción	Se comparten diez aforismos sobre el tema a trabajar.

¿Cómo utilizarla?	El cliente selecciona cinco de los aforismos presentados. ¿Qué le dice cada uno? Se invita al cliente a conversar con diferentes personas, sobre sus reflexiones. ¿Qué aforismo crearían para el tema a trabajar?
Recursos	Lista de aforismos que el coach elija.
A tener en cuenta	Seleccionar diez aforismos de acuerdo con el tema a tratar. Prepararlo en formato presentación.
Otras aplicaciones	Con profesionales, líderes, adaptando la lista de aforismos.

7. Organicemos

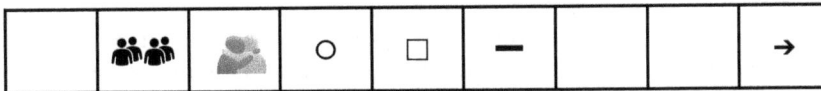

	👥👥	🫂	○	□	—			→

Modalidad	Novela
¿Cuándo emplearla?	En la búsqueda de integración y proyecto de reorganización en una empresa. Metacompetencias: Creatividad, Sabiduría, Neoliderazgo.
Descripción	A los integrantes de la organización se los invita a escribir una novela. El personaje principal será una autoridad inventada (dueño, accionista, interventor…) y cada integrante del equipo será un personaje de la novela.
¿Cómo utilizarla?	Se acuerda previamente el título de la novela, a dónde va, qué es lo que quiere mostrar. Cada integrante del equipo escribirá un capítulo donde el personaje principal tiene una reunión con él para reorganizar la empresa. En sesión de Coaching grupal comparten los capítulos, intercambian ideas para mejorarlos. En una última sesión, entre todos, escriben el capítulo final de la novela.
Recursos	Papel, lápiz, ordenador.

A tener en cuenta	Estimular que todos escriban, que reconozcan que pueden hacer aportes como sugerencias al "personaje principal" y a los personajes de los capítulos. Que se den permiso para ser literarios, que imaginen, que inventen. Que se den pautas de la extensión de los capítulos.
Otras aplicaciones	En diferentes organizaciones: la familia, una relación de pareja, etc.

8. Tu carta personal

👤			○	□	—	+	↻	→

Modalidad	Carta
¿Cuándo emplearla?	Conversaciones pendientes; dificultad en tener claridad sobre lo que se piensa, siente, experimenta. Metacompetencias: Presencia, Hamor. Perdón, declaraciones, pedidos, promesas y ofertas.
Descripción	Escribe una carta contando todo lo que necesites decirle a alguien. El propósito de esta carta es la reflexión, descarga y/o toma de conciencia del cliente. La idea es no enviarla.
¿Cómo utilizarla?	Escribe una carta contando todo lo que necesites decirle a alguien, déjate llevar, sin juicio, permítete todo lo que surja. El coach puede acompañarte con preguntas orientadoras. No la envíes.
Recursos	Papel, bolígrafo.
A tener en cuenta	Especialmente, se requiere expertise en manejar la complejidad junto a altos niveles emocionales.

| Otras aplicaciones | Se puede complementar con un acto de psicomagia. También pueden hacerse versiones de la carta desde diferentes estados del ser/observador: el amor, la belleza, etc. |

9. ¿Qué aprendí?

👤			O	▨	—		↻	

Modalidad	Refrán
¿Cuándo emplearla?	Para reconocer y cuestionar creencias, principios y valores. Metacompetencias: Sabiduría, Autenticidad, Hamor.
Descripción	Preguntar cuáles son los refranes que recuerda. O mostrar una lista de refranes y que reconozca cual aprendió.
¿Cómo utilizarla?	A partir de reconocer el refrán o los refranes aprendidos, identificar creencias, principios y valores que pueden ocultarse detrás de cada uno, con la posibilidad de cuestionarlos.
Recursos	Papel, bolígrafo y lista de refranes.
A tener en cuenta	Si la persona tiene facilidad para identificar refranes.

10. El punto

👤	👥👥👥	👤	O	▨	—		↻	

Modalidad	Cuento
¿Cuándo emplearla?	Para explorar el miedo, la valentía, el potencial, el liderazgo. Metacompetencias: Compasión, Amor, Neoliderazgo, Creatividad.

Descripción	Leer el cuento visualizando las imágenes.
¿Cómo utilizarla?	Se reflexiona sobre los mensajes del cuento, se buscan ejemplos.
Recursos	El cuento, post-its, pinturas, hojas grandes.
Referencias	Reynolds, Peter H. "The Dot".

III. **El caso del directivo poeta**

Este es un caso real que relata parte de un proceso de Coaching con un ejecutivo. El cliente se mantenía protegido por su coraza, cerrado a cuestionarse y trabajar en profundidad. Un mensaje de su esposa facilitó la apertura, el desarrollo del potencial y los resultados.[5]

> —¿Qué quieres lograr a partir de estas sesiones?
> —*Quiero ser un mejor VP, manejar mejor el equipo de trabajo. No es un tema de resultados. En resultados nos va excelente. Pero yo quiero que las cosas salgan bien y siempre ando acelerado, así que no doy mucho espacio a mi equipo. Si hay un problema, se lo resuelvo. Pero así soy yo. En mi vida soy igual. Díganme qué falta o qué se requiere y lo haré.*
> —Comprendo y admiro tu capacidad de acción y además de pensamiento táctico-estratégico para resolver tan rápido los temas. ¿Y qué es lo que más te importa en la vida?
> (Largo silencio.)
> —*Creo que ser bueno en lo que hago. Dejar un legado.*

Así nos conocimos y las primeras tres sesiones se dedicaron a comprender en profundidad qué precisaba del Coaching, y qué quería revisar y reflexionar.

---

5 N. del E.: Para una lectura más cómoda, las intervenciones del cliente están en itálica y las del coach en redonda.

Iba rápido a la acción, además de hablar rápido.

Durante la tercera sesión, en un momento sonó su teléfono celular, lo miró y me dijo: *Perdón, es mi jefa* (mi esposa, en México), *y no puedo dejar de contestar.*

Vi cómo su cara se transformaba mientras respondía con monosílabos, o con frases cortas: *Sí, mi amor. Lo que digas, mi vida.* Y cortó.

Me miró con un cansancio muy largo en los ojos. El cansancio pesaba tanto que sus párpados, por momentos, se cerraban.

Quedé en silencio.

—*Estoy cansado* –dijo—. *Reconozco que mi esposa me acompaña, que está en un país donde conoce a poca gente, que está todo el día con los chicos, que quiere armar una vida para nosotros, salir con amigos, o invitar a cenar a casa… Y yo… Yo quiero decirle que estoy cansado e irme a dormir sin escuchar a nadie, ni a los chicos.*

—Y a ti, ¿realmente qué te importa en la vida? –pregunté.

Abrió los ojos muy grandes, y los fue cerrando desde el cansancio mientras parecía que su suspiro hacía ruidos. Hubo otro gran silencio. Luego dijo:

—¿Por qué no seguimos con lo de mi equipo?

Así lo hicimos. Volvimos a conversar sobre su equipo de trabajo. Hubo una o dos sesiones más y llegó noviembre. Entonces me informó que en diciembre viajaba a la Argentina, su país de origen, con toda la familia. Que allí se haría la reunión de resultados de la empresa a nivel mundial y que su jefe japonés viajaba también. Luego venían las merecidas vacaciones y las visitas a la familia.

Pasó diciembre. Llegó enero. Mi cliente no llamó.

Después de unos nueve días, lo llamé por teléfono y me dijo que quería una sesión, pero presencial.

Allá fui. Ni bien me senté, dijo:

—Tuve la reunión. Me fue genial. Fuimos la mejor de las tres regiones de la empresa. Cuando estaba mostrando los resultados, a mi jefe se le ocurrió que se podía medir algo más, y nunca imaginé lo que me pasaba: Vi tu imagen preguntándome qué era lo que más me importaba en la vida, pasó por delante de mis ojos el esfuerzo de mi mujer por mantenerme conectado a su mundo y al mundo, pensé en mis hijos que disfrutaban de sus abuelos ya mayores, y que veían solo una vez al año, de los primos que se desconocían y volvían a iniciar su relación cada vez que se encontraban, que a esos hijos yo los veía minutos por día algunos días. Y me dije, "¿Qué hago aquí?".
Le pedí a mi jefe hablar en el receso. Vino adonde estaba, y me felicitó. Me preguntó qué quería y le contesté como si otro hablara por mí: "Señor, renuncio".

—¿Cómo que renuncia? Si estamos muy contentos con sus resultados. Si le molestó lo de la medición, no lo haga…

—No, señor. No es eso. Y le expliqué esto que quiero contarte a ti: Tengo el dinero suficiente para nosotros, mis hijos y es posible que algo les quede a mis nietos. Lo que he hecho no le transforma la vida a nadie. Ni siquiera a los que me rodean. Además, mis días son negros, con las emociones de aguantar y resolver y resistir… Lo demás está negado.

Después dijo:

Me viene a la cabeza constantemente el poema de Fernando Pessoa:

En la noche terrible, sustancia natural de todas las noches,
en la noche de insomnio, sustancia natural de todas mis noches,
recuerdo, velando en incómoda modorra,
recuerdo lo que hice, lo que podía haber hecho en la vida.

Recuerdo, y una angustia
se esparce en mí como un frío del cuerpo o un miedo.
Lo irreparable de mi pasado —ese es el cadáver—.
Todos los otros cadáveres puede ser que sean ilusión.
Todos los muertos puede ser que estén vivos en otra parte.
Todos mis propios momentos pasados puede ser que existan en
        algún lugar,
en la ilusión del espacio y el tiempo,
en la falsedad del transcurrir.

Pero lo que no fui, lo que no hice, lo que ni siquiera soñé;
lo que solo ahora veo que debería haber hecho,
lo que solo ahora claramente veo que debería haber sido
eso es lo que está muerto más allá de todos los dioses,
eso —y al final fue lo mejor de mí— es lo que ni los dioses, hacen
        vivir...

Si en cierta ocasión
hubiera volteado a la izquierda en lugar de a la derecha;
si en cierto momento
hubiera dicho sí en vez de no, o no en vez de sí;
si en cierta conversación
hubiera tenido las frases que solo ahora, en el entresueño,
        elaboro,
si todo eso hubiera sido así,
sería otro hoy, y tal vez el universo entero
sería insensiblemente llevado a ser otro también.

Pero no cambié hacia el lado irreparablemente perdido,
no cambié ni pensé en cambiar, y solo ahora lo percibo;
pero no dije no o no dije sí, y solo ahora veo lo que no dije.

Pero las frases que faltó decir en ese momento todas me surgen,
claras, inevitables, naturales,
la conversación cerrada concluyentemente,
el asunto resuelto...
pero solo ahora lo que nunca fue, ni será, me duele.

Lo que fallé de veras no tiene ninguna esperanza
en ningún sistema metafísico.
Quizá pueda llevar a otro mundo lo que soñé,
¿pero podré llevar a otro mundo lo que me olvidé de soñar?
Eso sí, los sueños por haber, son el cadáver.
Lo entierro en mi corazón para siempre, para todo el tiempo,
*   para todos los universos,*
en esta noche que no duermo, y el sosiego me cerca
como una verdad que no comparto.
Y allá afuera el claro de luna, como la esperanza que no
tengo, es invisible para mí.

Hizo una pequeña pausa y dijo:

—*Temo llegar a esto. Y no quiero que me pase…*
—¿Qué significa este poema para ti?
—*Significa haber cumplido con lo que no sé quién me manda. La sensación de perder la vida. En las empresas eres un número. No trasciendes… y yo quiero otra cosa. Es más, ¿sabes? En mi paquete de salida, mi jefe me deja que siga con las sesiones para dedicarlas a lo que quiero para mí.*
—Y entonces, ¿qué quieres?
—*No sé. Lo opuesto a este poema, el dejar de ser espectador de la vida, del amor. No quiero más noches de insomnio o durmiendo para olvidarme del día.*

Le ofrecí buscar o escribir el poema de lo que soñaba. Volvió con este de Walt Whitman:

No dejes que termine el día sin haber crecido un poco,
sin haber sido feliz, sin haber aumentado tus sueños.
No te dejes vencer por el desaliento.
No permitas que nadie te quite el derecho a expresarte,
que es casi un deber.
No abandones las ansias de hacer de tu vida algo extraordinario.
No dejes de creer que las palabras y las poesías

sí pueden cambiar el mundo.
Pase lo que pase, nuestra esencia está intacta.
Somos seres llenos de pasión.
La vida es desierto y oasis.
Nos derriba, nos lastima,
nos enseña,
nos convierte en protagonistas
de nuestra propia historia.
Aunque el viento sople en contra,
la poderosa obra continúa:
Tú puedes aportar una estrofa.
No dejes nunca de soñar,
porque en sueños es libre el hombre.
No caigas en el peor de los errores:
el silencio.
La mayoría vive en un silencio espantoso.
No te resignes.
Huye.
"Emito mis alaridos por los techos de este mundo",
dice el poeta.
Valora la belleza de las cosas simples.
Se puede hacer bella poesía sobre pequeñas cosas,
pero no podemos remar en contra de nosotros mismos.
Eso transforma la vida en un infierno.
Disfruta del pánico que te provoca
tener la vida por delante.
Vívela intensamente,
sin mediocridad.
Piensa que en ti está el futuro
y encara la tarea con orgullo y sin miedo.
Aprende de quienes puedan enseñarte.
Las experiencias de quienes nos precedieron
de nuestros "poetas muertos",
te ayudan a caminar por la vida.
La sociedad de hoy somos nosotros:
Los "poetas vivos".
No permitas que la vida te pase a ti sin que la vivas.

Así continuaron sus tres sesiones, basándonos en cada párrafo del poema, encontrando el sentido o mensaje para su vida.

Después, mi cliente volvió a su tierra. Decidió tener un trabajo menor, dirigiendo una empresa más pequeña en la Argentina, tener tiempo para su familia, disfrutar el amor.

Cuando estaba por terminar nuestra última sesión, me dijo:

—*Cuando llegue a los sesenta, me dedicaré a la filantropía. ¡Hay tanta gente a la que le gustaría aprender a trabajar, armar un microemprendimiento y sentirse digna en la vida!*

IV. Conclusiones

En este capítulo hemos visto cómo a través de distintas técnicas referidas al uso del arte de la palabra, que el coach puede utilizar según su expertise y en distintos ámbitos de aplicación, es posible abordar la profundidad del ser para que se transforme evolutivamente.

Trabajar con estas técnicas ayuda a que el cliente vaya descubriendo, de manera reflexiva, juegos de palabras, resonancias, connotaciones que según su personalidad van a desencadenar imágenes, deseos, emociones, matices, de los que se apropia para su propia evolución.

Nosotras, después de releer este capítulo, constatamos el poder y la potencia que tiene trabajar con el arte entendido como lo sublime, acompañar el viaje hacia lugares más auténticos, plenos y en conexión con las metacompetencias del Ser del cliente.

Somos conscientes de que puede haber otras muchas técnicas y aplicaciones, pero para nosotras lo importante es que a través de ellas aparezca el deseo de recrear la propia vida, de empoderarse y hacerse cargo de las propias decisiones.

Para nosotras, escribir este capítulo ha sido muy revelador, esperamos que para ti, lector, también lo sea.

Lecturas adicionales

Reynolds, Peter H.: *The Dot* - https://youtu.be/d8GzMfhe1mM

Ejemplos de poemas que pueden utilizarse

Sol de negro

La noche anochece
en el alma triste,
entre la niebla
de recuerdos que se alejan,
infinitos vientos
entre nubes y tormentas,
de sueños que nunca fueron,
abortados por el miedo,
esclavos del pasado,
aullando deseos,
ahogando anhelos.

Un sol sin luz,
roto,
se tiñe de dolor,
sepultado en la pérdida.
Perdida la esperanza
buscando la vida,
negándola,
sin salida,
sin sonidos,
sumergido en su vacío,
un sol sin nada.

No sabe cómo
no puede tan solo,
no comprende,
atrapado,
la vida escapa,
se resigna a su destino,
se abandona entre la noche
del alma oscura,
acurrucado en su refugio,
de condena…
de muerte.

Cris Bolívar

La muerte

La muerte nos guía
hacia nuestra esencia,
renaciendo el alma,
rebrotando la vida,
una y otra vez
entretejiendo lo eterno.

La muerte nos habla
silencio a silencio,
del ruido confuso,
del miedo profundo
que envuelve en lo inmediato
su presencia.

La muerte nos vive,
la vida nos muere,
en círculos infinitos,
en misterios desvelados,
traspasando la luz,
abrazando la sombra.

Hasta que queda…
Hasta que vuelve…
Hasta que se va…
en su quietud
la muerte

Cris Bolívar

Glosario

Caldero: recipiente de fondo cóncavo y preferentemente metálico, provisto de una o dos asas y utilizado para calentar, acarrear y revolver todo aquello que pueda contener.

Desde la Ontología del Lenguaje:

❖ **Declaración**: Acto de creación de realidades que genera una realidad diferente en la vida de quien declara y en la de otros. Son válidas o inválidas según el poder de la persona que las hace.

❖ **Perdón**: Acto declarativo que realiza alguien a otra persona que asume que perjudicó.

❖ **Pedido**: Forma de solicitar a otra/s persona/s algo que se necesita.

❖ **Oferta**: Propuesta de otorgar algo que otra persona necesita.

❖ **Promesa**: Permite coordinar acciones con otros. Al hacer una promesa, la persona se compromete ante otro a ejecutar alguna acción en el futuro.

Las metacompetencias de la Esencialidad
(Cris Bolívar, 2010)

Una metacompetencia hace referencia al Ser, más allá del ego. Representa un orden superior de la manifestación del Ser desde el cual hacer (habilidades), pensar (cognitivas) o sentir (emocionales). No se desarrollan, se reconecta con ellas.

Algunas de ellas son:

❖ **Amor:** Presencia energética desde el amar que busca facilitar las causas de la plenitud y de la felicidad.

❖ **Autenticidad:** Integración del Ser. Centrado. Conexión con el Ser Esencial.

❖ **Compasión:** Orientación a facilitar la disminución del sufrimiento, manteniéndose en contacto con la vulnerabilidad desde la empatía y no desde la pena/tristeza/dolor ni la identificación/proyección.

❖ **Creatividad:** Conexión con la propia poiesis desde el amor y la libertad para Ser.

❖ **Espiritualidad:** Trascender el yo egoico, conectando con la esencia del Ser y la totalidad. Es el fundamento del resto de metacompetencias del Ser.

❖ **Hamor:** Amor + Humor. Estado de desdramatización, juego, alegría, desde la autenticidad y la aceptación de sí y de la vida.

❖ **Humildad:** Aceptación del "yo" en el momento actual del proceso. Conciencia de estar en un plano de igualdad con todos los seres.

❖ **Nadiedad:** Calidad de ser nadie, de total desafío del yo, y por tanto de ser esencial, trascendiendo la falsa identidad del ego y su necesidad de importancia.

❖ **Neoliderazgo:** Capacidad de influir a favor de la transformación social evolutiva y el bien común, generando un equilibrio entre riqueza económica y bienestar para todos los seres. Capacidad de inspirar a otras personas para que sean también neo-líderes.

❖ **Presencia:** Conexión con el aquí y ahora. Apertura energética en silencio interior. Apertura a la capacidad de sorprenderse.

❖ **Resiliencia:** Capacidad de aprender y crecer por medio del dolor emocional y de las adversidades.

❖ **Sabiduría (ignorancia sabia):** Conexión con la intuición y el pensamiento lateral. Conexión con la racionalidad y el pensamiento lineal. Leer y actuar de manera correspondiente con lo que es real.

❖ **Serenidad:** Estado de tranquilidad y centramiento interior.

Capítulo 3

Música, creatividad y Coaching

Nadia Peeters y Ana L. Escalante

I. Introducción a la técnica creativa

La música es arte, es ciencia, es matemáticas, es emoción y también es un misterio. Está presente en toda nuestra vida. Sin embargo, no es una herramienta cotidiana en los procesos de Coaching.

Hablar sobre Coaching y música es una aventura para nosotras, porque amamos a uno y a la otra. Al Coaching, como profesión, y a la música como algo que nos toca y nos conmueve de una manera profunda en nuestras vidas. Su combinación, sin duda, potencia la fuerza inherente a cada una de estas dos pasiones. Y si lo piensas, seguramente tú también tienes una historia personal relacionada con la música.

Nuestros clientes cantan, escuchan música, bailan, tocan instrumentos. También tienen una "vida musical".

En este capítulo queremos proponer a la música como una herramienta que esté al servicio de nuestros clientes, para que los invite a reflexionar, a conocerse, a aprender y a abrir nuevas posibilidades en su futuro.

Incorporar una técnica musical en las sesiones de Coaching para favorecer un proceso de reflexión que conecte con la interioridad de nuestros clientes implica alejarse de la relativa seguridad del razonamiento mental, que nos es más conocida. Para afrontar esto con éxito, es fundamental construir una sólida relación de confianza con el cliente, cuidando la "seguridad psicológica" que sientan tanto ellos como nosotros en todo momento.

En las páginas siguientes encontrarás técnicas y herramientas que te permitirán utilizar la música y enriquecer tus procesos de Coaching. Tal vez ya utilizaste algunas y otras serán nuevas para ti, pero creemos que la inclusión de la música puede abrir un espacio creativo y de gran conexión entre tú y tus clientes.

1. Algunos fundamentos teóricos

Una frase atribuida a uno de los grandes exponentes del romanticismo y de la literatura francesa, Victor Hugo, dice que la música expresa aquello que no puede decirse con palabras pero tampoco puede permanecer en silencio.

En el Coaching, la música no solamente expresa lo que las palabras no pueden decir, sino que también conecta patrones neuronales, invita a estados de ánimo, produce memorias y recuerdos, es decir, crea contextos que producen cambios y amplían la conciencia en las conversaciones.

2. La biología de la música

La música puede desempeñar un papel fundamental en el apoyo a las personas en todas las fases de la vida, desde facilitar el desarrollo de conexiones saludables entre los recién nacidos y sus padres hasta proporcionar cuidados paliativos sensibles y compasivos al final de la vida.

Las áreas cerebrales involucradas en la música se superponen con las dedicadas al lenguaje desde la infancia. Por esta razón, se ha planteado la hipótesis de que ambas funciones se desarrollaron de manera paralela (Rubira y otros, 2018). La exposición a la música y el canto fomenta el desarrollo de habilidades lingüísticas, como la adquisición de vocabulario, la comprensión auditiva y la expresión verbal, tanto en niños como en adultos (Llanga Vargas, E. F.; Insuasti Cárdenas, J. P., 2019).

Con su ritmo, melodía y entonación, la música estimula áreas claves del cerebro involucradas en el procesamiento del lenguaje. Cantar canciones y recitar rimas nos ayudan a practicar el ritmo, la pronunciación y la estructura gramatical, fortaleciendo así la capacidad de comunicación, que es el proceso fundamental en el que se basa el Coaching (Flores-Gutierrez, E; Díaz, J.L., 2009).

Además, la música tiene el poder de fortalecer nuestro sistema inmunológico. Estimula la producción de plaquetas y fomenta la actividad de los linfocitos, las células responsables de defender nuestro cuerpo contra infecciones y enfermedades. Al reducir los niveles de cortisol, la música contribuye a una respuesta inmunológica más eficaz, protegiéndonos contra diversas condiciones médicas y fortaleciendo nuestra capacidad para combatir enfermedades.

La música también viene demostrando ser efectiva en la reducción del dolor. La terapia musical puede desencadenar la liberación de endorfinas, sustancias químicas en el cerebro que actúan como analgésicos naturales. Numerosos estudios confirman que la música puede aliviar el dolor en pacientes con enfermedades crónicas como la artrosis, proporcionando un alivio significativo y mejorando su calidad de vida.

La influencia positiva de la música no se detiene aquí; también ha demostrado ser beneficiosa para personas en el espectro autista, o con enfermedades neurológicas como Alzheimer y Parkinson. La música actúa como un gimnasio para el cerebro, estimulando la comunicación neuronal, aumentando la elasticidad y la plasticidad del órgano. Esta estimulación puede ayudar a mejorar la calidad de vida de las personas afectadas por esas condiciones, proporcionando un medio de expresión y comunicación que a menudo se ve limitado por su condición.

3. La música como creadora de posibilidades

Desde el Coaching Ontológico, se entiende que los estados de ánimo tienen un impacto en la forma en que interpretamos el mundo, por ende, en la capacidad que tenemos de generar posibilidades. Los cambios en el estado de ánimo afectan nuestra percepción, juicio y toma de decisiones, influyendo en cómo interactuamos con nuestro entorno.

Desde el punto de vista del doctor Fernando Flores, los estados de ánimo son estados emocionales en los que vivimos, que afectan nuestra perspectiva y orientación al mundo, y nuestro estado físico, seamos conscientes de esto o no.

Existen dos tipos de estados de ánimo: expansivos y restrictivos. Los estados de ánimos expansivos, como la ambición, la alegría, la tranquilidad son aquellos que nos permiten abrir nuevas posibilidades, navegando el mundo desde juicios pasados, presentes y futuros que nos abren a nuevas experiencias y a crear nuevos futuros. Los estados de ánimo restrictivos, como el enojo, la envidia, la frustración, la tristeza provienen de juicios negativos que tenemos hacia nuestro pasado, presente y futuro (Díaz, J.L,. 2010), (Flores F., 2023).

Flores enfatiza también que los estados de ánimo están directamente relacionados con aquello a lo que le damos valor. Para llevar una vida plena, debemos cuidar a lo largo del tiempo aquello que nos importa, cultivando los estados de ánimo que nos generen la mejor predisposición para esto, en el caso que vemos en este capítulo, también a través de la música.

Algunos ejemplos de música que producen estados de ánimo expansivos y restrictivos están recogidos en la sección IV: *Recursos recomendados.*

4. Música y salud mental

A nivel psicológico, la música es una fuerza poderosa que puede tener un impacto significativo en nuestra salud y nuestro bienestar emocional. Uno de los beneficios más destacados de la música es su capacidad para reducir la ansiedad. Escuchar nuestra canción favorita puede actuar como un calmante natural, disminuyendo los niveles de ansiedad y ayudándonos a sentirnos más relajados. Este efecto se debe en parte a la capacidad de la música para reducir los niveles de cortisol, la hormona asociada al estrés.

La música permite expresar, explorar y transformar nuestras emociones de diversas maneras:

❖ Puede evocar emociones profundas y transportarnos a diferentes mundos. Una melodía alegre y enérgica tiene la posibilidad de llenarnos de alegría y entusiasmo, mientras que una pieza musical suave y melancólica suele evocar emociones más nostálgicas o tristes, permitiéndonos explorar y procesar nuestros sentimientos.

❖ Actúa como un catalizador para liberar el estrés y regular las emociones. Si nos sentimos agitados o ansiosos, escuchar música relajante y tranquila puede ayudarnos a encontrar la calma interior, reducir la tensión y producir alivio emocional. Por otro lado, si necesitamos aumentar nuestra energía y motivación, una melodía enérgica y dinámica puede estimularnos e invitarnos a la acción.

❖ Nos permite identificar y canalizar las emociones. Es una manera de dar forma a aquellas voces que hay dentro de nosotros que no sabemos cómo acomodar. Actúa como un traductor, una forma segura de ayudar a expresar las emociones de forma constructiva, expresando aquello que sentimos intensamente de una manera elegante, sin dañar al otro ni a nosotros mismos.

❖ Genera un poderoso vínculo emocional que nos une y nos proporciona una sensación de comunidad y pertenencia.

En resumen, la música es más que solo una forma de entretenimiento; es una herramienta poderosa que puede mejorar nuestra salud física y mental de diversas maneras. Ya sea aliviando la ansiedad, reduciendo el dolor, ayudando en desórdenes neurológicos o fortaleciendo nuestro sistema inmunológico, la música tiene el potencial de transformar nuestras vidas, de mejorar nuestra calidad de vida de manera significativa.

Como coaches, podemos apoyarnos en el efecto extraordinario de la música en las personas para acompañar los procesos de desarrollo que nos piden nuestros clientes.

II. Descripción de las técnicas

Seis herramientas musicales para el Coaching

A continuación, exploramos seis diferentes técnicas y herramientas en las que podemos utilizar la música para apoyar el desarrollo de la conciencia, la presencia, el cambio de interpretación, la gestión de estados de ánimo y la expresión de nuestros clientes a lo largo del proceso de Coaching.

Para aprovechar al máximo estas técnicas musicales, sugerimos que el coach cree una base de datos de música.[6]

1. Música para reencuadrar el pasado

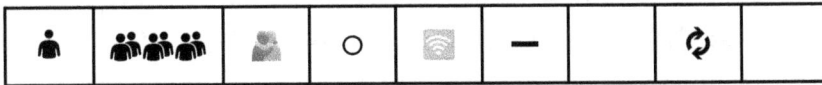

👤	👥👥👥	🧎	○	📶	—		↻	

Objetivo
Conectarse con una memoria musical del pasado para producir un estado de ánimo que amplíe la conciencia sobre una situación presente.

Cuándo utilizarla
En situaciones en las que el cliente tiene dificultad para encontrar significados presentes que están relacionados con el pasado.

Pasos:
1. Identificar con el cliente la situación que quiere trabajarse a través de la música.

---

6 Ver lista de ejemplos al final del capítulo.

2. El cliente selecciona una canción que le traiga memorias del pasado sobre este tema.
3. Escuchar la canción.
4. Reflexionar con el cliente sobre las perspectivas nuevas que se abren.

Preguntas poderosas:
1. ¿Qué te ha recordado esta canción?
2. ¿Con qué recursos te conecta?
3. ¿Qué nuevas oportunidades te surgen si consideras tu situación actual?
4. ¿Con qué te reconcilia?

2. Música para la expresión corporal

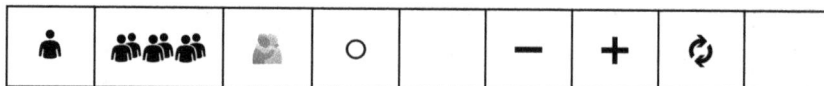

🧍	👥👥	🧑	○		—	+	♻	

Objetivo

Acceder a información intuitiva a partir del movimiento inspirado por una canción.

Cuándo utilizarla

Cuando se quiere fomentar que el cliente salga de la reflexión racional y se conecte con su cuerpo y sus emociones.

Pasos:

1. Pedirle permiso al cliente para hacer un ejercicio que lo conecte con su historia a través de su cuerpo.
2. El coach propone una música sin letra adecuada al tema que el cliente está trabajando. Por ejemplo, una música instrumental suave para generar cone-

xión; o una música de tambores para saltar y sacar la frustración.

3. Invitar al cliente a moverse.
4. Destilar los aprendizajes encontrando nuevos significados a través de la experiencia corporal.

Preguntas poderosas:

1. ¿Cómo se mueve mi cuerpo con esta música?
2. ¿Qué te está diciendo tu cuerpo sobre tu pregunta o tu historia?
3. ¿Qué quiere transmitir este movimiento? ¿Qué ha surgido al expresarte a través de la música?
4. ¿Qué nuevas interpretaciones encuentras después de este ejercicio?

3. Música para crear un ambiente de introspección y reflexión

Objetivo

Crear un ambiente de introspección a través del uso de música instrumental y paisajes musicales que sirven al cliente como telón de fondo para un momento de reflexión dentro de la sesión de Coaching. Los paisajes sonoros o "soundscapes" contienen sonidos de lluvia, océano, bosque, entre tantos otros, y música instrumental estilo *new age*.

Cuándo utilizarla

Cuando se quiere favorecer la capacidad del cliente de conectar consigo mismo.

Pasos:

1. Invitar al cliente a un momento de silencio y reflexión durante cuatro o cinco minutos.
2. El coach elige el paisaje sonoro y lo comparte.
3. El cliente reflexiona en silencio o toma notas mientras está sonando la música.
4. Reflexión conjunta sobre el impacto de la experiencia y los descubrimientos surgidos.

Preguntas poderosas:

1. ¿Cómo ha sido la experiencia de hacer la reflexión acompañado por la música?
2. ¿Qué impacto ha tenido en ti?
3. ¿Qué ha evocado la música en ti? ¿De qué forma te has inspirado?
4. ¿Qué has aprendido de ti, de tu situación, a través de este ejercicio?

4. Música para cambiar el estado de ánimo

👤	👥👥	🫂	○	📶		+	♻	→

Objetivo

Apoyar el cambio de los estados de ánimo del cliente con respecto a una situación específica.

Cuándo utilizarla

Cuando existe un bloqueo emocional con respecto a un tema; cuando el cliente requiere encontrar una forma diferente de relacionarse con una historia dolorosa incorporando una experiencia musical, utilizando los recursos de su hemisferio cerebral derecho.

Pasos:

1. Encontrar el tema bloqueado que el cliente requiere transformar a través de la experiencia musical.
2. El coach le pregunta al cliente cuál es el estado de ánimo ideal que desea tener mientras habla con respecto al tema doloroso.
3. El coach y el cliente eligen una música acorde con ese estado de ánimo ideal.
4. El coach pone la música y le pide al cliente que hable sobre el tema elegido.
5. Se dan cinco minutos para elaborar una reflexión escrita sobre la experiencia.
6. El coach y el cliente reflexionan sobre lo aprendido.

Preguntas poderosas:

1. ¿Cómo te sentiste al hablar sobre tu historia con esta música de fondo?
2. ¿Qué experiencia nueva produjo para ti este ejercicio?
3. ¿Qué juicios aparecieron sobre la historia que pueden apoyar este nuevo estado de ánimo?
4. ¿Qué cambió y que no cambió de tu relación con esta historia?

5. Uso de instrumentos y sonidos musicales para la expresión emocional

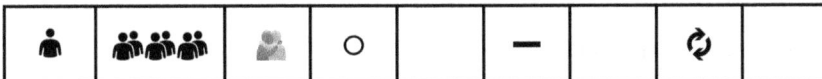

👤	👥👥👥	🧎	○		—		↻	

Objetivo

Utilizar instrumentos y sonidos para expresar emociones reprimidas.

Cuándo utilizarla

Cuando el cliente está atrapado en su historia. La música y los sonidos permiten liberar energía y experimentar un proceso de catarsis. Un ejemplo sería el uso de tambor, gritos, sonidos guturales, los mantras, exclamaciones de éxito, sonidos de ternura que acompañan gestos del cuerpo.

Materiales

Puede emplearse la propia voz del cliente o instrumentos de percusión, como por ejemplo, maracas, pandereta, tambor. Otros instrumentos más autóctonos serían los cuencos tibetanos, la campana budista, el palo de agua, el didgeridoo.

Pasos:

1. El coach le pregunta al cliente si existe un sonido que represente lo que está sintiendo.
2. El cliente elige el instrumento que desea utilizar.
3. El coach lo apoya creando el espacio seguro para que el cliente exprese su emocionalidad.
4. El coach le pregunta al cliente sobre la forma en que le gustaría ser acompañado en la experiencia: en silencio, incentivando la expresión, reflejando lo que observa o inclusive uniéndose a la expresión.
5. Se dan cinco minutos para elaborar una reflexión escrita sobre la experiencia.
6. El coach y el cliente reflexionan sobre lo aprendido.

Preguntas poderosas:

1. ¿Qué te hizo elegir este instrumento?
2. ¿Qué produjo esta experiencia en tu cuerpo?
3. ¿Qué es lo que comunicaste a través de este instrumento o de tu voz?
4. ¿Qué has observado a nivel emocional?

5. ¿Qué se liberó o no se liberó en tu relación con esta historia?

6. Técnica de metáforas musicales

👤	👥👥	👤	○	📶	—		↻	

Objetivo
Explorar, comprender y dar sentido a situaciones de la vida del cliente a través del uso de metáforas musicales que creen un lenguaje paralelo y que lo apoye para describir y explorar un tema, desvelando nuevos matices e información profunda.

Cuándo utilizarla
Cuando el coach quiere apoyar al cliente para que encuentre más ligereza y mayores simbolismos metafóricos sobre un tema particular accediendo a la sabiduría del hemisferio derecho.

Pasos:
1) Escuchar la situación del cliente.
2) Invitarlo a visualizar una imagen que involucre la música como representación de la situación.
3) El coach ayuda al cliente a elegir una metáfora musical.
4) Jugar con la metáfora para descubrir distintas perspectivas de la situación del cliente (presente, futuro, sueño, energía, voz interior, limitaciones, posibilidades), permitiéndole que construya nuevas ideas para avanzar.

5) Traducir los aprendizajes de la conversación metafórica a la situación y el objetivo del cliente en la sesión de Coaching.

6) Anclar la metáfora como un recurso al que el cliente puede recurrir más adelante.

Preguntas poderosas:

1) Si esta situación tuviera una música, ¿cuál sería?
2) ¿Qué instrumento quieres ser tú?
3) ¿Qué música o sonido requiere este desafío?
4) ¿Qué papel estás jugando en la orquesta?
5) ¿Cuál es tu melodía?

III. Casos

1. De la ansiedad a la relajación

Margarita estuvo trabajando consistentemente en Coaching durante varios años. Experimentó una temporada de gran ansiedad. Su mundo sufrió cambios. Perdió a su marido, no encontraba un trabajo estable y sentía que tenía que mudarse, cambiarse de casa. No logró encontrar un lugar seguro dentro de sí misma en esa etapa. Durante una sesión, Margarita estaba experimentando una gran ansiedad con respecto a su futuro. Exploramos los juicios sobre el futuro que sentía que le producían ansiedad. Continuó reflexionando sobre un "futuro más positivo" desde su parte racional; sin embargo, describía que la sensación de ansiedad no cedía. Me permití sugerir un ejercicio con música y visualización. Le pregunté qué estado de ánimo quería generar en ella al pensar en este futuro positivo. Dijo que quería pensar en el futuro con mayor paz.

Iniciamos el ejercicio mientras ella, cerrando los ojos, empezó a imaginar de nuevo su "futuro más positivo" acompañada por una música de fondo *new age* que la invitaba a la paz. Comenzó entonces a describir las situaciones futuras que imaginaba mientras escuchaba la música. Nuevos elementos aparecieron. Logró verse lidiando con estas imágenes desde una nueva paz, sin ansiedad. Ya de regreso, escribió durante unos cinco minutos con la misma música de fondo. Finalmente, me describió un cambio de perspectiva, un nuevo estado de ánimo donde sus juicios sobre el futuro se sustentaban en una corporalidad más pacífica. La paz surgió como un estado de ánimo incompatible con su ansiedad. Fue una grata experiencia para ella y para mí.

2. El ejecutivo que se sentía solo

Juan, un ejecutivo de alto nivel, comentó durante la sesión que sentía presión ante un proyecto nuevo que estaba desarrollando en su empresa. Quería llevarlo a cabo muy bien, porque creía que esto tendría un impacto positivo en su reputación, y esperaba que le pudiera abrir nuevas oportunidades de promoción. El cliente quería aprovechar la sesión para descubrir cómo podía bajar la presión que sentía en ese momento, y afrontar el proyecto con más serenidad. Creía que esto le ayudaría, además, a disfrutarlo más.

Durante la sesión, le pregunté a Juan si podía pensar en una metáfora musical, que describiera cómo se sentía. Juan describió la situación como "una orquesta sinfónica en la que tocaban solo los timbales, se escuchaban golpes fuertes, lentos, pero que no paraban". Esto le generaba una sensación de amenaza, como si algo estuviera a punto de ocurrir. La sensación se reforzaba porque había muchos más instrumentos en la orquesta pero estaban "en silencio".

Construí la exploración del tema sobre esta metáfora musical.

A continuación, comparto una breve sección del diálogo:[7]

—¿Alguna canción en particular que conectas con esta imagen de la orquesta donde solo tocan los timbales?
—*Sí*, Carmina Burana.
—¿Qué sensación te produce?
—*Una sensación de soledad, porque yo soy el único que está tocando. Estoy tocando los timbales. No sé qué esperan los demás para entrar. Todos me escuchan a mí, me miran.*
—¿Qué te transmite esta imagen?
—*Hay mucha expectativa, y parece que todo recae sobre mí.*
—¿Qué metáfora musical mostraría una situación más deseable para ti?
—*La orquesta tocando toda junta.*
—¿De qué te estás dando cuenta?
—*Me doy cuenta de que quizás el resto de los músicos está a punto de entrar, aún no ha empezado su parte.*
—¿Y esto qué te dice sobre tu situación actual?
—*Quizá hay más colaboración de lo que creo, y no la estoy viendo. Tal vez me toque iniciar, pero realmente no estoy solo ante este desafío. Podría pedir más ayuda. Tengo una tendencia a querer hacerlo todo yo.*

Continué profundizando en esta metáfora a lo largo de la sesión, que concluyó con el cliente definiendo pasos para involucrar más a sus compañeros frente al proyecto que estaba iniciando en la empresa.

Al final de la sesión, el cliente comentó que había encontrado una mayor serenidad a través del ejercicio, y que tenía una perspectiva más amplia sobre la situación, lo que le iba a

---

7 N. del E.: Para la mejor lectura del caso, preferí incluir las intervenciones de la coach en redonda y las del cliente en itálica.

permitir buscar ayuda y cambiar su posición frente al equipo. Juan acordó que, para ayudarse a anclar su compromiso, iba a buscar una imagen de una orquesta y a escuchar *Carmina Burana* reflexionando sobre cómo habían contribuido todos los instrumentos a crear una magnífica obra de arte.

IV. Recursos recomendados

A continuación, proponemos una selección de música contemporánea, clásica y de bandas sonoras para generar estados de ánimo expansivos y restrictivos.

1. Canciones de películas relacionadas con una temática

1) **Para enraizar la cultura y la historia**:
   The Song of Names for Violin and Cantor, Howard Shore y Ray Chen (*The song of names*)

2) **Para evocar fortaleza**:
   Nocturne B.49: Lento con gran espressione en C-Sharp Minor, Chopin (*El pianista*)

3) **Para inspirar el autodescubrimiento y la identidad**:
   Nessun Dorma (*Ténor*) / *Recuérdame* / *El mundo es mi familia* / *Un poco loco* (Coco)

4) **Para romper barreras y encontrar la propia voz**:
   Epilogue Piano Concerto nº 5 Emperor-II, Beethoven (*El discurso del Rey*) / *Bohemian Rhapsody*, Queen (*Bohemian Rhapsody*)

5) **Para inspirar pasión y vida**:
   Piano Concerto Nº 20 in D minor, K 466: II Romance, Mozart (*Amadeus*) / *Concierto para violín en re mayor, Op.35*, Tchaikovsky (*El gran concierto*)

6) **Para la locura**:
   The Rach 3 (Part One), Serguei Rachmaninoff (*Shine*)

7) **Para reflexionar sobre el baile agridulce de la vida**:
City of Stars, Another Day of Sun (*La La Land*)

8) **Para inspirar fuerza y resiliencia en tiempos difíciles**:
Chan Chan (Buena Vista Social Club)

9) **Para conectar con la paz y la relajación**:
Forrest Gump Suite (*Forrest Gump*)

2. Bandas sonoras que conectan con valores y emociones

1) **Grandeza, inspiración y emoción**:
La Guerra de las Galaxias / Juego de Tronos / Master and Commander / La Misión

2) **Suspense**:
Tiburón / Psicosis / Interstellar

3) **Exploración, curiosidad**:
ET, Piratas del Caribe

4) **Coraje**:
Braveheart / El Rey León / Gladiador / Philadelphia

5) **Romance**:
Titanic / Todas las mañanas del mundo / Ha nacido una estrella / Emma

6) **Alegría**
Alegría (Cirque du Soleil)

3. Música clásica

1) **Reflexión triste**:
Gymnopédies, Eric Satie

2) **Relajación**:
Aria para Cuerda de Sol, J. S. Bach
Para Elisa / Claro de Luna, Beethoven

3) **Energía**:
Las Cuatro Estaciones, Vivaldi

4) **Alegría**:
Sinfonía 40, Mozart. *Música Acuática*, Haendel / *La Campanella*, Liszt

5) **Imaginación**:
   Scheherazade, Rimsky-Korsakov
6) **Romance**:
   Concierto para Piano n° 1, Tchaikovsky
7) **Espiritualidad**:
   Ave María, Schubert

4. Fuerza y resiliencia en tiempos difíciles

1) *I will Survive*, Gloria Gaynor
   Rise Up, Andra Day
   No lo van a impedir, Amauri Pérez
2) *A quién le importa*, Alaska y Dinarama
3) *Vivir mi vida*, Marc Anthony
4) *Con todos menos contigo*, Timbiriche

5. Música inspiracional

1) *Tubular Bells*, Mike Oldfield
2) *Home Again*, Michael Kiwanuka
3) *On the Nature of Daylight*, Max Richter
4) Shallow, Lady Gaga & Bradley Cooper
5) *La Vida Gira*, Pablo Almorán
6) *Cómo Agradecer*, Tres de Copas
7) *Angel*, Robbie Williams
8) *I am Light*, India Arie
9) *Nuestra casa es un jardín*, Enrique Quezadas
10) *Solo le pido a Dios*, Mexicanto
11) *Vivo Per Lei*, Andrea Bocelli y Laura Pausini
12) *Aleluya*, Leonard Cohen
13) *Puertita de madera*, Gustavo Lastra
14) *Todo cambia*, Mercedes Sosa
15) *Fábrica de paz*, Enrique Quezadas
16) *Tu luz*, Enrique Quezadas
17) *Dios te hizo tan bien*, Mauricio Alen, Ítala Rodríguez
18) *Color esperanza*, Diego Torres

19) *Cantares,* Joan Manuel Serrat
20) *Me basta,* Mexicanto
21) *Hoy,* Diego Torres

6. Música instrumental espiritual

1) *Uno,* Deuter
2) *The Chant of Metta,* Imee Ooi
3) *So Much Magnificence,* Deva Praval
4) *Tvameva,* Sudha
5) *Amen,* Sirgun Kaur / *La Misión*
6) *Blessed Allways,* Donna De Lory
7) *Cantos Gregorianos / Salve Reggina,* Juliano Ravanello

7. Música para bailar

1) *La gozadera,* Marc Anthony
2) *La vida es un carnaval,* Celia Cruz
3) *La vida loca,* Ricky Martin
4) *Bailando,* Enrique Iglesias
5) *Mambo Nº 5,* Lou Bega
6) *Born to Be Alive,* Patrick Hernández
7) *Ave María,* David Bisbal

V. Conclusiones

Incorporar la música como herramienta en las sesiones de Coaching puede abrir nuevas oportunidades para hacer un trabajo transformador con los clientes. Sin embargo, es comprensible que como coach encuentres algunas barreras o resistencias al introducir este elemento. Puedes estar preocupado por la reacción de tus clientes ante una técnica más creativa que no has utilizado con anterioridad, o descubrir una resistencia al tener que salir de tu propia zona

MÚSICA, CREATIVIDAD Y COACHING

de confort, alejándote de tu estilo habitual de Coaching. Incluso puedes detectar sesgos o creencias limitantes relacionados con la música en general.

La música genera intimidad y confianza. Nos encontramos con el otro en una dimensión distinta, al igual que en los procesos de Coaching. Por eso, creemos que la vulnerabilidad que pueda surgir en el coach, en el cliente y entre ambos al aplicar una técnica musical es precisamente lo que convertirá la relación de Coaching en un espacio de profunda transformación.

Te proponemos que realices pequeños experimentos, hasta que finalmente hagas tuyas algunas de las técnicas propuestas en este capítulo.

Referencias

Díaz, J.L.: *Música, lenguaje y emoción: una aproximación cerebral*, Salud Mental 33:543-551 (2010)

Flores, Fernando; Flores, Gloria: *Navegación de los estados de ánimo*. Curso de Certificación. *Pluralistic Networks* https://pluralisticnetworks.com/navigator/ (2023)

Flores-Gutierrez, E; Díaz, J.L.: *La respuesta emocional a la música: atribución de términos de la emoción a segmentos musicales*, Salud Mental 31:21-34 (2009).

International Coaching Federation: *Modelo de Competencia Clave ICF* actualizado Octubre. https://coachfederation.org/app/uploads/2020/01/ICF-Core-Competency-Model-20191001_Spanish.pdf. (2019)

Morales, I; Martínez, M.: *Cuando la música nos hace despertar: Experiencia en Salud Mental*. Musicoterapia. 101. (2012).

Llanga Vargas, E. F.; Insuasti Cárdenas, J. P.: *La influencia de la música en el aprendizaje*. Atlante Cuadernos de Educación y Desarrollo, (junio). (2019)

Rubia-Vila F. J.: *Bases Neurobiológicas de la Música*. Real Academia Nacional de Medicina de España; Anales RANM 135(02). Supl.01:34-40. DOI: http://dx.doi.org/10.32440/ar.2018.135.02.supl01.art03. (2018)

Capítulo 4

Visualización, fotografía y dibujo

Enrique Espinosa y Teresa Estremadoyro

I. Introducción a la técnica creativa

Usar técnicas visuales en un proceso de Coaching colabora para crear conciencia en el cliente.

La imagen puede convertirse en un lenguaje del inconsciente. Cuando se observa una fotografía, un color, una selección de imágenes, un paisaje o incluso una imagen de sí mismo bajo cierta circunstancia, el inconsciente se activa, estableciendo una relación entre lo que se ve, cómo se siente y quién se está siendo.

Esto quiere decir que toda experiencia visual bien aplicada tiene el potencial de provocar que los clientes de Coaching puedan conocerse a sí mismos de una manera diferente.

LA CREATIVIDAD EN EL COACHING

1. ¿Qué son las técnicas visuales para el Coaching?

Son herramientas sensoriales y proyectivas que permiten el acceso a la emoción, las opiniones, las creencias y los valores del cliente, esto siempre apoyado por el marco de las preguntas del coach.

Una imagen puede evocar memorias, proyecciones y sensaciones e involucrar a los demás sentidos. Por ejemplo, al ver una fotografía de un evento importante del pasado, el cliente puede evocar la experiencia y la sensación de aquel momento, se pueden recordar olores e incluso sonidos del ambiente. De la misma manera, una imagen creada por el cliente puede conectar con la experiencia y la sensación que se podría sentir en el futuro.

2. Principales usos de las técnicas visuales

Las técnicas visuales pueden utilizarse para una diversidad de propósitos entre los que se encuentran:

- ❖ Crear un espacio de centramiento en la sesión.
- ❖ Crear un estado de reflexión mediante preguntas relacionadas con lo que el cliente observa.
- ❖ Identificar emociones a partir de la imagen.
- ❖ Conectar con momentos de éxito.
- ❖ Prospectar un destino o una posibilidad.

II. Descripción de las técnicas visuales

En este capítulo exploraremos cuatro técnicas visuales que pueden enriquecer los procesos de Coaching: las visualizaciones internas, las metáforas visuales, el dibujo y la fotografía.

1. Visualizaciones internas

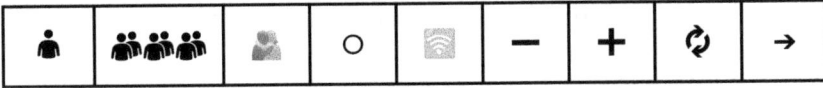

Generar imágenes internas es muy poderoso. Cuando cerramos los ojos y pensamos en un evento, ya sea del pasado, del presente o del futuro evocamos emociones, se da un proceso intenso desde el inconsciente y se provoca apertura, un nuevo darse cuenta y una vivencia más intensa del tema que se esté trabajando con el cliente.

Las visualizaciones son útiles para explorar nuevos puntos de vista, reconocer emociones atascadas, reducir el juicio y el crítico interno y encontrar nuevas posibilidades.

Cómo y cuándo utilizar las visualizaciones

Antes de empezar la visualización debe estar bien claro qué es lo que el cliente quiere lograr, el acuerdo de la sesión.

Pasos para emplear esta técnica

1) Pedirle al cliente hacer la visualización sentado, que se ponga cómodo, con el cuerpo abierto, y que cierre los ojos, para evitar todos los estímulos que pudieran distraerlo. La visualización requiere de un buen estado de relajación. Se pueden utilizar recursos como el silencio, luz tenue o aromas agradables. La respiración ha de ser consciente, pausada y profunda.

2) Una vez que se sienta relajado, pedirle al cliente que empiece a visualizar lo que quiera conseguir ser, hacer o tener, utilizando recuerdos o su imaginación. Se le pide que lo haga con tanto detalle como sea posible. Se puede utilizar frases como "observa bien lo que ves", "escucha lo que dices", "siente cada palabra que dices o te dicen", "visualiza cada palabra" o "siente la confianza de poseer esa imagen".

3) La visualización puede tener cualquiera de las siguientes direcciones:
   ❖ Imaginar cómo es superar un conflicto personal o emocional.
   ❖ Imaginar cómo se enfrenta con éxito una situación difícil.
   ❖ Imaginar lo que se desea, venciendo los diferentes obstáculos, como podría ser un miedo o cualquier creencia limitante.

4) Durante la visualización, el coach apoya al cliente con preguntas que empoderen el objetivo a lograr, si el tema es la resolución de algún problema, hacer preguntas relacionadas al tema. Por ejemplo: "¿Qué le vas a decir a esa persona?" "¿Qué descubres al ver ese evento?" "¿Qué fortaleza hay en ti en ese momento?" Si el tema de la sesión es impulsar un resultado futuro, conviene hacer este tipo de preguntas: "¿Cómo se siente estar en ese lugar?", "Ahora que te ves logrando lo que quieres, ¿qué te dices?" o "¿Qué puedes aprender de ti?"

5) Al terminar la visualización, es importante llevar al cliente sutilmente a regresar al aquí y ahora mediante inspiraciones profundas y soltando el aire con un suspiro, pedirle que haga entre dos y tres respiraciones, y cuando se sienta listo, pedirle que abra los ojos y evalúe el aprendizaje de este ejercicio.

2. Metáforas

a. Metáforas lingüísticas

En este libro hay un capítulo dedicado a las metáforas lingüísticas. Sin embargo, aquí deseamos recordar que se trata de un recurso mediante el cual hacemos referencia a un elemento o palabra sin llegar a nombrarlo de manera clara y directa. Al emplear esta figura retórica, estamos llevando a cabo una especie de relación de semejanza entre dos elementos, que resulta especialmente útil cuando, por algún motivo, no queremos nombrar uno de ellos de manera directa.

En Coaching, la utilizamos como ayuda gráfica para que el cliente pueda describir una situación, una emoción, una acción, una creencia o un hábito, ayudándolo a redimensionar el significado literal de las palabras de una forma algo más objetiva, a salirse de él mismo adentrándose en imágenes mentales, provocando asociación, reflexión y búsqueda de recursos.

Se recomienda al coach tomar la metáfora cuando el cliente, de manera natural, la trae a la conversación, y seguir utilizándola con el fin de expandir, identificar, reconocer emociones, acciones, actitudes, hábitos; información que el cliente proveerá de una forma más lúdica y descriptiva, y que para el coach será valiosa.

No hay una regla que indique qué metáforas utilizar, cómo o cuándo utilizarlas. Compartimos algunos ejemplos:[8]

—*Es como querer cruzar un puente.*
—¿Qué hay del otro lado del "puente"?
—*Tengo la sensación de estar perdido, como en un bosque lleno de niebla.*
—¿Qué es lo que no te deja ver esa "niebla"?
—*Tengo esa sensación de sentir mariposas en el estómago.*
—¿Qué es lo que realmente te hace "sentir mariposas en el estómago"?

---

8 N. del E.: Para la mejor lectura del caso, preferí incluir las intervenciones del coach en redonda y las del cliente en itálica.

Si analizamos estos tres ejemplos, podremos ver que la metáfora es una manera gráfica que el cliente utiliza para describir una situación o una manera de sentirse, y las preguntas apoyan para entablar conversación, conectar emoción y razón, y sobre todo, invitar a la toma de conciencia.

b. Metáforas visuales

Existen también las metáforas visuales, que son aquellas que salen de la imaginación al proyectar en algún objeto externo, ayudándonos a expresar sentimientos, conceptos, estados de ánimo, discursos, sin usar la palabra, simplemente, utilizando una imagen.

Por ejemplo, si al mirar una fotografía en la cual se ve que está lloviendo y hay un gato totalmente mojado el cliente dice que se siente igual que el gato mojado, con frío por dentro, y triste porque se descubre solo como ese gato.

Hay muchos ejemplos de metáforas visuales, como un vaso medio lleno o un vaso medio vacío, la imagen de un escalador ayudando a otro a subir una montaña, o de una flor creciendo en el medio del asfalto de una carretera.

Cómo y cuándo utilizar las metáforas visuales

No hay una metodología ni instrucciones para utilizar estas herramientas. Dependerá de cómo se vayan presentando durante la sesión; pero mencionaremos qué es lo que a nosotros nos funciona:

1. Que el cliente mencione la metáfora, para que sea su dueño.
2. Si deseamos incluir una metáfora, preguntarle al cliente si se identifica con ella o no.

3. Sea la metáfora lingüística o visual, hacer preguntas relacionadas con esa metáfora, para expandir conciencia.

4. Algunos ejemplos de preguntas relacionadas con una metáfora visual del cliente, son:

   ❖ ¿A qué se parece lo que estás viviendo?
   ❖ Si fuera una película, ¿qué título tendría?
   ❖ ¿Qué imagen te sugiere?
   ❖ ¿En qué parte de tu cuerpo notas el conflicto?
   ❖ ¿Cómo expresaría esto un niño pequeño?
   ❖ ¿Qué dice la cabeza? ¿Y el corazón? ¿Y las entrañas?
   ❖ Ponle un color a la experiencia.
   ❖ Explícame tu sueño.
   ❖ ¿Qué haría tu personaje admirado?
   ❖ ¿Con qué serie de televisión podríamos hacer tu historia?
   ❖ Si fueras un personaje de una película, ¿quién serías?

En algunas ocasiones, ocurre que el cliente no tiene a la mano una metáfora que le haga sentido con lo que en ese momento se está conversando. En este caso, el coach podría traducir lo que escucha en algunas imágenes metafóricas, siempre preguntando si lo que menciona le hace sentido al cliente.

Las metáforas pueden dirigirse y crearse para explorar el ser del cliente, su situación o su problemática, o también se pueden utilizar metáforas relacionadas al proceso de Coaching en sí.

3. Dibujo

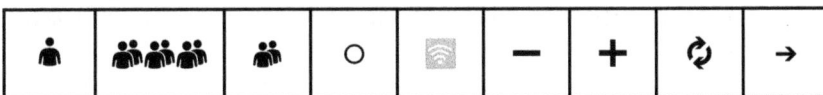

En esta técnica visual se invita al cliente a tomar un papel y un lápiz y hacer un dibujo durante la sesión o durante el diseño de acciones a ejecutar hacia la siguiente sesión de Coaching.

Retomar el lápiz y el papel activa rutas neurológicas que facilitan el aprendizaje, la expresividad y la creatividad.

También aumenta la concentración, permite pensar de forma más clara y ordenada, evita la multitarea, mantiene el cerebro activo y vincula con el universo de las emociones.

Cómo y cuándo utilizar el dibujo

1. Invitar al cliente a que mediante dos dibujos y sin juicios muestre su estado actual y su estado deseado.
2. Una vez concluidos los dibujos, pedirle que observe cada uno.
3. El coach hace las preguntas que considere pertinentes, algunos ejemplos podrían ser: "¿Qué notas en el o los dibujos?" o "¿Cómo te sientes cuándo observas el o los dibujos?". Después, preguntarle al cliente: "¿Cuál es tu reflexión sobre este ejercicio?" o "¿Qué acciones podrías tomar a partir de esta reflexión?".

Se debe tener en cuenta que la variedad de temas a trabajar genera una variedad de posibilidades sobre el dibujo que haga el cliente, y aquí el coach necesita usar sus habilidades para observar y escuchar, y así crear un entorno de preguntas adecuadas al tema que se está trabajando.

4. Fotografía

🧍	👥-👥👥	🧑	○	▦	−	+	↻	→

> *Las fotografías son huellas de nuestras mentes, espejos de nues-*
> *tras vidas, reflejos de nuestros corazones, recuerdos congelados*
> *que podemos sostener en silencio y quietud en nuestras manos,*
> *para siempre si lo deseamos. No solo documentan dónde hemos es-*
> *tado, sino que también señalan el hacia dónde quizás nos dirija-*
> *mos, ya sea que nos demos cuenta o no de esto nosotros mismos...*
>
> Judy Weiser

Las fotografías son construcciones simbólicas, tangibles y metafóricas, objetos de transición que ofrecen silenciosamente *insights* que las palabras por sí solas no pueden describir.

Las fotografías no son un reflejo pasivo. Son construcciones visuales, cinestésicas, lógicas, olfativas y gustativas de la realidad.

La utilización de fotografía viene de la Fototerapia, una herramienta psicológica y terapéutica que permite explorar historias personales de los pacientes. En Canadá, se considera que la creadora de esta metodología es Judy Weiser.

En Psicología, la Fototerapia ayuda a reunir el pasado, el presente y el futuro de una persona. También la ayuda a estimular la actividad cognitiva a través de la proyección. Asimismo, le despierta la imaginación, la fantasía y los recuerdos.

¿Qué sucede con la memoria pasada cuando vemos una fotografía?

Iniciaremos diciendo que las imágenes y la memoria están muy relacionadas. Así, cuando miramos una foto, por ejemplo, de las navidades pasadas, nuestro ser evocará ciertas emociones (nostalgia, alegría, calma), habrá cierto movimiento biológico (sudoración, palpitación), traeremos quizá algún recuerdo de cómo olía ese pavo al horno, traeremos a la memoria la música que escuchamos.

Los estímulos visuales que conectan con estímulos fisiológicos quedan para siempre en nuestra memoria, y son esos estímulos visuales los que permiten que verbalicemos lo que sucede a nuestro alrededor.

Se produce una conexión consciente-inconsciente muy fuerte. Esta conexión permite que no nos olvidemos de nuestras historias, y que, si las llevamos al inconsciente, será a través de herramientas como la fotografía y otras que mencionamos en este capítulo que las traeremos al consciente.

Cómo y cuándo utilizar la fotografía

En Coaching, la utilizamos para:

❖ Autodescubrimiento a través del análisis de percepción.

❖ Ayudar al cliente a entender y ampliar la conciencia de lo que ve y no ve.

❖ Evocar percepciones, pensamientos, sentimientos, emociones de lo que el fotógrafo ha capturado, y por lo tanto, contrastar los puntos de vista del cliente con lo que posiblemente el fotógrafo quiso plasmar en ese momento.

Durante la sesión de Coaching, no necesariamente tienen que ser fotografías del cliente las que se utilicen, pueden ser de una revista, o imágenes publicitarias, o cualquier imagen que ayude al cliente a expandir y verbalizar su pensar y su sentir.

Necesitamos apoyarnos en preguntas evocativas. Es en este momento en donde el coach entra a tallar, utilizando preguntas que ayuden a conectar con la historia del cliente.

Son algunas:

- ❖ ¿Qué te comunica la imagen?
- ❖ ¿Qué significan los colores para ti?
- ❖ ¿Qué significan para ti las palabras de la imagen?
- ❖ ¿Cuál es la disposición del niño?
- ❖ ¿Qué significa para ti la construcción general de la imagen?
- ❖ ¿Qué crees o recuerdas que sucedió antes de que se tomara la foto o después de que se tomó?
- ❖ Si hubiera olor, ¿qué olor sería?
- ❖ Si pudieras cambiar los colores, ¿qué colores pondrías?

Técnica de uso de fotografías para aplicar en Coaching grupal

Esta dinámica tiene como objetivo el que puedan desarrollarse estrategias, examinar y definir o redefinir roles, responsabilidades o cualquier otra meta que se desee lograr mediante un proceso ágil y lúdico con un equipo de trabajo, ayudado por consignas y preguntas efectuadas por el facilitador.

El proceso ayuda a cada individuo a integrar sus ideas dentro del grupo de tal manera que se cree una dinámica de lluvia de ideas, solución de problemas y nuevos pasos frente a la meta que inicialmente el grupo acuerda, creando de forma orgánica la integración, los acuerdos, los alineamientos y el fortalecimiento del equipo.

❖ El primer paso será definir una meta grupal. Para esto, el facilitador le preguntará al grupo:

¿Qué desean lograr en esta actividad?

¿En qué les gustaría enfocarse?

¿Qué hace que esto sea importante para ustedes como grupo?

¿Qué les gustaría llevarse al final de la sesión?

❖ Aparecerán muchas más preguntas que el equipo enunciará, y será con ayuda del facilitador que irán enfocando hasta determinar el acuerdo de trabajo específico para la actividad.

❖ Se buscará establecer cuáles son los factores que promueven un funcionamiento efectivo del equipo, así como, al momento de la sesión, cuáles son las habilidades que cada miembro del equipo está ofreciendo para lograr los objetivos de desempeño propuestos a nivel personal y a nivel grupal.

❖ Luego de estas aclaraciones, se empezará a definir las reglas de juego:

1) Se invitará a los participantes a ver la actividad como un juego en el cual se divertirán.

2) Cada participante tendrá tiempo para compartir sus puntos de vista y podrá decir lo que desee, siempre y cuando esté vinculado con lo que se está trabajando.

3) Cada participante decidirá qué tanto y qué tan profundo quiere llegar en su compartir. Si alguien no quisiera compartir, puede abstenerse.

4) Se pedirá no juzgar los comentarios de los otros y escuchar hasta que terminen de decir lo que están compartiendo.

Material recomendado:

❖ Juegos de tarjetas que ya vienen creadas. Existen diferentes marcas y proveedores en el mercado.

❖ Si se desea crear las propias tarjetas, tratar de que sean figuras claras, coloridas, de personas, naturaleza, animales o cosas que puedan evocar habilidades, emociones, formas, colores, sonidos, estados de ánimo, para que las personas puedan proyectar cuando se les haga determinadas preguntas.

❖ Blocks u hojas en blanco y lápices, para que se puedan tomar nota de las reflexiones.

Primera fase

Exploración y expansión de puntos de vista

El facilitador pondrá sobre una mesa o en el suelo varias fotografías y hará la siguiente pregunta:

❖ ¿Qué fotografía expresa para ti trabajo en equipo?

Cada participante elegirá una fotografía y se quedará con ella.

Luego, el facilitador hará la siguiente pregunta:

❖ ¿Qué fotografía expresa para ti el no trabajar en equipo?

Cada participante elegirá una fotografía y se quedará con ella.

Los participantes regresarán a sus asientos y escribirán su sentir y las ideas que les provocan las fotografías seleccionadas, relacionándolas siempre con las preguntas hechas por el facilitador.

Luego, el facilitador le pedirá a cada uno que comparta lo escrito.

Se devuelven las fotografías a la mesa.

Segunda fase

Mirando el funcionamiento del grupo al día de hoy

El facilitador invitará a los participantes a que cada uno elija dos fotografías en las cuales encuentre habilidades necesarias para crear un equipo.

Una vez que los participantes tienen las dos tarjetas en la mano, se les pedirá que uno a uno vayan compartiendo qué vieron en la fotografía, qué les hace pensar, sentir o proyectar en relación con la creación de equipo. Se les pedirá también que le pongan un nombre a cada fotografía que eligieron. Por ejemplo: "Enfoque".

Una vez que todos terminaron de compartir, el facilitador dará la siguiente instrucción:

"Les voy a pedir que con las fotografías que cada uno tiene en sus manos, entre todos creen un rompecabezas que muestre cómo se representan ustedes como grupo y cuáles son las habilidades que tienen al día de hoy."

Se da un tiempo prudente para que construyan, conversen, ordenen y organicen las tarjetas. Luego se los invita a compartir:

- ❖ ¿Qué están observando?
- ❖ ¿Cómo ven el grupo y el funcionamiento del grupo al día de hoy?
- ❖ ¿Algo que vean y antes no veían?

Tercera fase

Oportunidad de mejora

En esta fase, la propuesta es generar una lluvia de ideas, para que a través de las fotografías se puedan visualizar oportunidades de mejora.

Con las fotografías que tienen ya organizadas y con otras

que habrá sobre la mesa y que aún no han sido elegidas, se invitará a crear un rompecabezas que represente al grupo tal y como quisieran que funcionara en el futuro cercano.

Se da tiempo suficiente para que jueguen con las fotografías, conversen, pongan y quiten, escriban acciones y desarrollen un plan de trabajo. Luego, cuando digan que han terminado, se pedirá que un representante del grupo cuente en voz alta las fortalezas y las habilidades que observa el equipo que tiene al día de la sesión, y aquellas que necesita desarrollar o implementar de forma más efectiva.

Los participantes se sentarán y empezarán a desarrollar el plan de nuevos pasos a seguir.

El facilitador invitará a que tomen fotos del rompecabezas creado, porque les servirá de ayuda como memoria visual, y posiblemente, de ancla para seguir el plan estratégico de desarrollo y acción.

Técnica de uso de fotografías para aplicar en un Coaching individual

El uso de las tarjetas en el trabajo de un uno a uno es igual de interesante y fructífero, porque al observar al cliente mirando la fotografía y hablando sobre ella, se notará que comunica sin darse cuenta, que está compartiendo información valiosa y genuina. Hablará de preferencias, hábitos, creencias, juicios, emociones, recuerdos y más.

Con la fotografía, ayudamos a ver las cosas desde puntos de vista diferentes, expandiendo reflexión y construyendo un diálogo libre de posibles reacciones que en una conversación verbal demoraría más apreciar.

Algo que los coaches debemos tener siempre en cuenta es que la eficacia de la proyección radica en la pregunta que se haga antes de que el cliente mire la tarjeta.

Ahora bien, pasemos a la dinámica. Mencionaremos a continuación un ejemplo que puede tomarse como modelo. A menudo será necesario cambiar el tópico, las preguntas, la forma, el contenido, y hacer algo personalizado, orientado a lo que el cliente esté necesitando. Hay que apelar a la creatividad para hacer preguntas que provoquen un desencadenamiento de información.

A la dinámica que usaremos como ejemplo le llamaremos "¿Quién creo que soy en mi rol de... y quién quiero ser realmente?".

Materiales recomendados:

Juego de fotografías. (Pueden ser dos o más, de acuerdo con el propósito y la dinámica que se va a desarrollar.)

Proceso

1. Elegir el tema, tópico, desafío junto al cliente.
2. Desplegar las fotografías con la imagen hacia arriba.
3. Pedirle al cliente que tome tres, o las que el coach determine. Lo recomendable es que sea más de una y no más de cuatro.
4. Hacer una pregunta y pedirle al cliente que elija una tarjeta en la cual se proyecta. Por ejemplo: "¿Qué tarjetas explican o proyectan quién consideras que eres tú en este momento en tu rol de...?".

Instrucciones para que el cliente mire la foto:

❖ "Mira las fotos cuidadosamente, una por una."
❖ "Explica qué cualidades ves en cada foto y hablan de quién eres tú en el rol de..."
❖ "Las formas que ves en cada fotografía te dicen algo acerca de quién eres tú en tu rol de..."

❖ "¿Los colores, la posición del objeto, la persona o una cosa te permite evocar algo con respecto a lo que venimos conversando?"

❖ "¿Qué nombre le pondrías a cada foto?"

❖ Se pasa a la siguiente tarjeta y se pregunta lo mismo.

5. Una vez que el cliente habló sobre todas las fotografías, se le pide que las ponga en orden de importancia a un costado.

6. Hacer el mismo proceso con dos a cuatro fotografías que el cliente elegirá cuando se le haga la siguiente pregunta:

"¿En qué tarjetas que están sobre la mesa consideras que ves aquellas cualidades que piensas o sientes que te falta desarrollar o mejorar en este momento para que en tu rol de... seas más exitoso?"

Instrucciones para que el cliente mire la foto:

❖ "Mira las fotos cuidadosamente, una por una."

❖ "Explica qué cualidades ves en cada foto y hablan de aquello que quieres desarrollar o aprender para alcanzar el éxito en el rol de..."

❖ "¿Las formas que ves en cada fotografía te dicen algo de esas cualidades?"

❖ "¿Los colores, la posición del objeto, la persona o la cosa te permite evocar algo con respecto a lo que venimos conversando?"

❖ "¿Qué cualidad le pondrías a cada foto?"

❖ Se pasa a la siguiente tarjeta y se formulan las mismas preguntas:

Terminado el proceso de exploración, se le pide al cliente que determine qué cualidades vinculadas con las cuatro primeras tarjetas podrían ayudarlo a apalancar y desarrollar aquellas que percibe que le falta desarrollar.

Se lo deja jugar solo con el número de tarjetas que se trabajaron en las dos etapas y se hace que sea él quien cree su proceso de acción.

III. Experiencias con clientes

A continuación, compartimos cuestionarios sobre el empleo de técnicas visuales de Coaching respondidos por algunos de nuestros clientes, a quienes les pedimos que evaluaran su experiencia y el potencial de las diversas herramientas.

Visualización

—¿Qué tipo de herramienta visual utilizó tu coach?
—*Visualización.*
—¿Cómo te sentiste al utilizar esta herramienta de Coaching?
—*Al principio, con un poco de dudas; pero conforme se fue desarrollando la visualización sentí más confianza.*
—¿Qué sentiste cuando ibas avanzando en el trabajo de Coaching?
—*Al principio, duda, ya que no tengo la costumbre de hacer las visualizaciones. Sin embargo, la guía de mi coach durante la visualización me ayudó mucho, y poco a poco fui sintiendo más confianza y me dejé llevar por la visualización.*
—¿Qué descubriste después de utilizar esta herramienta visual de Coaching?
—*Tuve una sensación de haber avanzado sobre mi miedo, el poderme visualizar ya habiéndolo atravesado me dio un sentimiento de paz; pero sobre todo, encuentro confianza en mí de poder seguir a pesar del miedo. Puedo reconocerme como alguien más fuerte.*
—¿Cuál fue el nivel de complejidad que encontraste en el empleo de la herramienta visual?
—*Como he comentado, al principio, un poco de desconfianza, por no haberlo hecho antes, pero ya he tenido varias sesiones*

con mi coach y el que en esta última sesión hubiéramos usado esta actividad me permitió fluir y poco a poco me fui sintiendo más cómodo.

—¿Qué te funcionó?

—*Básicamente, la confianza que ya tengo con mi coach, y dejarme guiar por su voz y por la visualización por la que me iba llevando.*

—¿Qué no te funcionó?

—*Solo un poco la incertidumbre al empezar el ejercicio; pero todo lo demás funcionó perfectamente.*

—¿Qué efectos o cambios hubo en ti al haber utilizado esta herramienta visual?

—*Mi nivel de confianza creció, mis ideas de lo que no funcionaría o donde me podría atorar cambiaron hacia sí puedo, a pesar del miedo; pero me siento más fuerte y más convencido de poder lograrlo.*

—¿Qué valor le brindó la herramienta visual a tu proceso de Coaching?

—*Fue muy valiosa. Sentí más confianza, como si fuera algo que ya había vivido y que me da mayor certeza de poder hacerlo.*

—¿Hay algo más que quieras compartir sobre esta experiencia?

—*Solamente agradecerle a mi coach que la haya utilizado. Fue de mucho valor para mí.*

Metáforas visuales

—¿Qué tipo de herramienta visual utilizó tu coach?

—*Uso de metáforas.*

—¿Cómo te sentiste al utilizar esta herramienta de Coaching?

—*No me di cuenta de que era una herramienta hasta que al final de la sesión me lo hicieron notar, pero me gusta y me ayuda la manera gráfica en que narré una situación, y mi coach me ayudó a seguir la conversación desde esa narrativa.*

—¿Qué sentiste cuando ibas avanzando en el trabajo de Coaching?

—*A través de este cuestionario, me he dado cuenta de que me resulta fácil usar metáforas para describir alguna situación o cómo me siento. Es algo que sale de manera natural.*

—¿Qué descubriste después de utilizar esta herramienta visual de Coaching?

—*Me da mayor facilidad de expresar o describir situaciones o emociones.*

—¿Cuál fue el nivel de complejidad que encontraste en el empleo de la herramienta visual?

—*Hasta ahorita, en mi caso, han salido de manera muy espontánea; pero ha sido muy enriquecedor seguir la conversación desde la metáfora.*

—¿Qué te funcionó?

—*La confianza que siento hacia mi coach, y creo que la forma en que le puedo explicar.*

—¿Qué no te funcionó?

—*No hay algo que no me haya funcionado.*

—¿Qué efectos o cambios hubo en ti al haber utilizado esta herramienta visual?

—*Me da mayor facilidad de explicar, pero también me ha ayudado a que me caigan "veintes" dentro de la sesión.*

—¿Qué valor le brindó la herramienta visual a tu proceso de Coaching?

—*Me gusta. Desde la metáfora logro encontrar puntos de reflexión.*

—¿Hay algo más que quieras compartir sobre esta experiencia?

—*No.*

Dibujo

—¿Qué tipo de herramienta visual utilizó tu coach?

—*Dibujo.*

—¿Cómo te sentiste al utilizar esta herramienta de Coaching?

—*Me sentí bien.*

—¿Qué sentiste cuando ibas avanzando en el trabajo de Coaching?

—*Atravesé por varios sentimientos durante el proceso: enojo, frustración, tristeza, y al final, reconciliación.*

—¿Qué descubriste después de utilizar esta herramienta visual de Coaching?

—*Aparte de darme cuenta de que no había perdido mi habilidad gráfica, descubrí que, además de la escritura, es otra forma de desahogo.*

—¿Cuál fue el nivel de complejidad que encontraste en el empleo de la herramienta visual?

—*Ninguno, porque soy una persona más visual que de palabras.*

—¿Qué te funcionó?

—*Juntar la determinación y todos los sentimientos que tenía guardados para dejarlos fluir en los trazos.*

—¿Qué no te funcionó?

—*Al inicio, la falta de determinación para realizar cualquier actividad.*

—¿Qué efectos o cambios hubo en ti al haber utilizado esta herramienta visual?

—*El efecto: retomé lo que más me gusta hacer, lo que sé hacer y lo que había dejado de hacer por mucho tiempo y por mil pretextos, el dibujo. El cambio: me desahogué de una forma más vívida, con esto quiero decir que sentí el desahogo más real (tangible) y más explícito, que terceros lo entiendan mejor, y esto me puso en un estado más tranquilo.*

—¿Qué valor le brindó la herramienta visual a tu proceso de Coaching?

—*Uno muy grande. Me devolvió las ganas de retomar lo que más me gusta, lo que forma una de las partes importantes que definen mi persona y por las que debo sentirme muy valiosa y afortunada al tener este don que es el dibujo. También liberó mi creatividad, me ayudó a sentirme más liviana en cuanto a sentimientos y pensamientos, a tener más confianza en mí misma, y a verme como una persona que tiene la capa-*

cidad de seguir adelante a pesar de los obstáculos que pueda encontrar en su camino.

—¿Hay algo más que quieras compartir sobre esta experiencia?

—No.

Fotografía

—¿Qué tipo de herramienta visual utilizó tu coach?

—Uso de fotografía.

—¿Cómo te sentiste al utilizar esta herramienta de Coaching?

—Al inicio no sabía muy bien de qué se trataba. Mi coach me explicó que íbamos a experimentar con una herramienta nueva.

—¿Qué sentiste cuando ibas avanzando en el trabajo de Coaching?

—El coach me fue haciendo preguntas y yo fui contestando lo que pensaba, sentía, las sensaciones y emociones que me provocaba esa fotografía. Me sentí muy cómodo y a gusto.

—¿Qué descubriste después de utilizar esta herramienta visual de Coaching?

—Que al ir hablando descriptivamente de la fotografía estaba hablando de mí mismo y de mi mundo. ¡Fue genial!

—¿Cuál fue el nivel de complejidad que encontraste en el empleo de la herramienta visual?

—Fue muy sencillo. Yo hablaba y el coach iba recibiendo información que luego íbamos viendo juntos. Desafiando esas historias y sentires fuimos construyendo entre ambos algo poderoso.

—¿Qué te funcionó?

—El responder desde la simpleza de lo que veía y sentía. Me funcionó ser auténtico en mis respuestas.

—¿Qué no te funcionó?

—Hubo un par de veces en que las fotografías no me hicieron click con la pregunta que el coach me hizo. El coach siguió haciendo preguntas y yo fui encontrando el enlace con mi historia.

—¿Qué efectos o cambios hubo en ti al haber utilizado esta herramienta visual?

—*Me maravillé al ver lo poderoso que puede ser hablar de uno mismo mirando fotografías que no tienen nada que ver con uno. Fue como si las fotos hubieran sido escogidas para mí. Me encantó.*

—¿Qué valor le brindó la herramienta visual a tu proceso de Coaching?

—*Valor reflexivo. Me ayudó a darme cuenta de que al describir el exterior estoy describiendo mi interior, y ese fue un momento de conciencia importante.*

—¿Hay algo más que quieras compartir sobre esta experiencia?

—*Sí, que le agradezco a mi coach por haberme dado la oportunidad de aprender algo nuevo.*

IV. Conclusiones

El proceso de una sesión de Coaching típicamente se centra en la conversación del coach con el cliente, y ya es muy conocido que mediante el lenguaje el coach encuentra las preguntas con la intención de apoyar al cliente a explorar, reflexionar y encontrar sus propias posibilidades sobre el tema que se esté tratando en la sesión.

Sin embargo, en varios, o más bien, en muchos casos, es de gran ayuda poder acompañar el proceso de Coaching con diferentes herramientas. Las visuales ayudan al cliente, desde muchos ángulos, a clarificar su tema, a indagar más sobre él e inclusive a hacer una exploración que puede ir más allá de lo que podría expresar con el lenguaje.

Después de haber utilizado las diferentes herramientas visuales en sesiones de Coaching, concluimos que, eventualmente, sacar al cliente de una conversación típica y utilizar estas herramientas le abre un nuevo panorama, porque es algo nuevo que funciona como un mecanismo para explayarse sobre su tema.

Dependiendo del momento de la sesión, el recurso impactó de diferentes formas, es decir, pudo ayudar a clarificar el tema, o se provocó un cambio de observador en el cliente.

También se dio el caso de que el cliente se llevó como acción generar un dibujo o traer una fotografía a la siguiente sesión, donde expresara cómo se veía en ese momento de su vida o qué imagen podría fortalecerlo en ciertas acciones que elegía llevar a cabo.

En esencia, haber usado herramientas visuales en algunas sesiones de Coaching no solo les permitió a los clientes tener un avance sobre su tema, sino que a los coaches nos dejó un antecedente de un recurso que pudimos aplicar en otros momentos.

Referencias

https://www.domingodelgado.com/7-tecnicas-visuales-coaching-imagen-aplicarlas-aumentar-impacto-tus-servicios/

https://www.claseejecutiva.com.co/blog/articulos/metaforas-en-coaching/#:~:text=Las%20met%C3%A1foras%20en%20coaching%2C%20entre,a%20la%20reflexi%C3%B3n%20al%20coachee.

https://es.wikipedia.org/wiki/Proyección_(psicología)

https://apps.utel.edu.mx/recursos/files/r161r/w21245w/tecnicas_proyectivas.pdf

Capítulo 5

Storytelling, role play y psicodrama en el Coaching

Diana Ajzen, Conchita Caparrós, Cristina Custodio y Luz Victorio

I. Introducción a las técnicas creativas

La creatividad es la posibilidad de experimentar una apertura para que ocurran cosas novedosas que permiten establecer nuevas conexiones.

Los invitamos, por un momento, a visualizar a los seres humanos transitando en un escenario donde cada uno es un actor dentro de ese espacio que creó en su vida, donde como "dueños" de ese lugar, son maestros en el arte de las escenas por venir. Ahí existe una escenografía, una iluminación, y van introduciendo actores que pueden secundar aquello que desean que sea la línea de *su historia*.

Como coaches, nos toca acompañar a nuestros clientes a recorrer espacios, indagar sobre imágenes, personajes, historias, sombras, luces, creencias, sueños, posibilidades, obstáculos, recursos. Esto permite crear conciencia para que puedan surgir esos seres poderosos que siempre estuvieron ahí, atreviéndose a retirar las "partículas sobrantes".

En el fascinante mundo del Coaching, donde las palabras se entrelazan con las emociones y las acciones transformadoras, nos encontramos con tres poderosas herramientas que ya demostraron ser catalizadores efectivos del cambio y el crecimiento personal: el storytelling, el role play y el psicodrama. Estas técnicas, arraigadas en la esencia misma de la experiencia humana, ofrecen un enfoque holístico para el desarrollo personal y profesional.

Vamos a definirlas brevemente:

- ❖ El storytelling implica contar historias con el propósito de transmitir mensajes y enseñanzas de manera efectiva.
- ❖ El role play (juego de roles) consiste en representar una conversación del entorno del cliente. Se puede considerar como una práctica, una simulación o una conversación simulada.
- ❖ El psicodrama es la dramatización de escenas donde el cliente representa una historia relevante para él.

En este capítulo, nos sumergiremos en la riqueza de estas prácticas, explorando su fundamentación teórica y desentrañando sus aplicaciones prácticas en el contexto del Coaching. El storytelling, con su capacidad para tejer narrativas cautivadoras, no solo transmite conocimientos, sino que también crea conexiones emocionales profundas, permitiendo a los individuos explorar sus propias historias y encontrar significado en sus experiencias. El role play, por otro lado, se convierte en un espejo en el que los clientes pueden verse a sí mismos desde diferentes perspectivas, fomentando la empatía y mejorando las habilidades de comunicación. Y el psicodrama, al emplear la dramatización y la expresión creativa, desbloquea emociones reprimidas y facilita la resolución de conflictos internos.

A medida que avancemos en este capítulo, descubriremos que estas técnicas no solo sirven como herramientas para el cambio individual, sino que también se convirtieron en piedras angulares para el éxito organizacional y el desarrollo de empatía y comunicación efectiva en los equipos.

Exploraremos casos de estudio que ilustran cómo el storytelling, el role play y el psicodrama se integraron en el mundo del Coaching para catalizar transformaciones profundas y duraderas.

Prepárate para embarcarte en un viaje que trasciende las palabras impresas, un viaje que te llevará a las profundidades del ser humano, explorando la mente y el corazón a través de narrativas atractivas, juegos de roles reveladores y expresiones artísticas que sanan el alma. Al final de este capítulo, comprenderás algunos usos de estas poderosas técnicas, y podrás aplicarlas de manera creativa y efectiva en tu práctica de Coaching.

Como tantos elementos del Coaching, estas tres herramientas tienen su origen en los campos de la psicoterapia y la educación. Intersectan en la importancia de las historias que los seres humanos se cuentan a sí mismos y a los demás.

Por otro lado, los psicólogos Albert Bandura y David Kolb realzan el poder del ser humano para aprender mediante la observación, la práctica social y las experiencias interactivas.

Es preciso tener en cuenta que el coach tiene que utilizar su criterio para distinguir situaciones donde estas herramientas pueden no ser adecuadas.

Por ejemplo:

❖ Falta de confianza entre el coach y el cliente.
❖ Falta de permiso por parte del cliente.

❖ Falta de claridad del coach sobre la meta del ejercicio.

❖ Falta de apertura del cliente por diversas razones.

❖ No son necesarias, ya que no hay conflicto externo o interno.

❖ Existen otras prioridades de mayor importancia.

❖ Existen otras herramientas que se acoplan mejor a las circunstancias.

II. Descripción de las técnicas

1. Storytelling en el Coaching

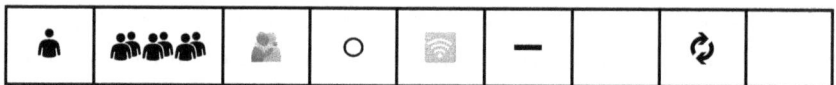

👤	👥👥👥	👤	○	📶	—		♻	

¿Qué es el storytelling?

En Coaching, el empleo del storytelling implica contar historias con el propósito de transmitir mensajes y enseñanzas de manera efectiva. En esta parte del capítulo, exploraremos cómo los coaches pueden aprovechar esta técnica para lograr un mayor impacto en sus clientes.

El storytelling, o arte de contar historias, se arraigó profundamente en la práctica del Coaching debido a su capacidad para comunicar significados y transformar experiencias.

Al utilizar narrativas, los coaches pueden acceder a las emociones y creencias fundamentales de sus clientes, facilitando así un proceso de autoexploración y entendimiento.

¿Cuál es el poder del storytelling?

En Coaching podemos utilizar el storytelling para crear diferentes experiencias y narrativas en el ser del cliente, porque permite:

❖ **Crear conexiones emocionales**
Es una forma poderosa de conectar con las emociones de las personas. Empleando storytelling, los coaches pueden acompañar a sus clientes a conectarse con sus propias emociones y experiencias.

❖ **Ilustrar conceptos abstractos**
Brinda la oportunidad de aportarles imágenes y narraciones a conceptos y convertirlos en más tangibles y accesibles.

❖ **Inspirar cambio y superación**
Las historias de éxito y superación personal tienen un poder transformador. Al usar historias de posibilidad, el cliente puede encontrar sus propias conversaciones limitantes y los paradigmas que le generan obstáculos, y transformarlos de manera profunda.

❖ **Promover la reflexión y el autoconocimiento**
Al escuchar y analizar historias, los clientes pueden identificar patrones, creencias limitantes o puntos ciegos que obstaculicen su progreso. Además, compartir su historia con el coach le permite al cliente profundizar en su autoconocimiento.

❖ **Transmitir ejemplos y enseñanzas**
Los coaches tienen la posibilidad de presentar mensajes clave de una manera que sea fácil de recordar y aplicar en la vida cotidiana de sus clientes. Estas experiencias operan como recordatorios poderosos durante el proceso de Coaching y ayudan a generar cambios sostenibles a largo plazo.

Cuándo y cómo utilizar el storytelling

Todas las personas estamos compuestas de historias propias y ajenas, y las contamos a diario para cautivar, persuadir o convencer a conocidos y extraños, e incluso a nosotros mismos. Cuando estas historias generan obstáculos en nuestras vidas, explorarlas nos permite hacernos cargo de la situación. Por este motivo, es importante comprender sus objetivos y su utilidad.

Esta manera en la que vivimos a veces está en transparencia, pero se muestra a través de la forma de pensar, de interpretar la vida, y trae como consecuencia una reacción emocional que lleva a comportamientos limitantes. Por esto es útil comprender que son historias, son interpretaciones que hicimos durante años de una realidad que solo podemos distinguir a partir de los filtros personales con los que vemos las circunstancias. Estas creencias no son una realidad, son una interpretación que hacemos de la realidad.

Pasos para utilizar el storytelling

Hay muchas maneras de aplicar el storytelling en una sesión de Coaching; pero estos pasos pueden resultar útiles en el proceso:

La antesala
(Altamente variable, aunque por lo general toma menos de 3 minutos.)

❖ El coach o el cliente reconoce que es un momento apto para explorar una historia.
❖ El coach presenta el storytelling como herramienta, aclarando que es un espacio para ver lo que surge.

❖ El coach puede lanzar una pregunta o pedido para una historia por parte del cliente.

La historia
(Altamente variable, aunque por lo general toma menos de 5 minutos.)

❖ El cliente cuenta su historia mientras el coach la recibe y observa.

La discusión de la historia
(Altamente variable, aunque por lo general toma alrededor de 10 minutos.)

❖ El coach invita a su cliente a compartir observaciones lógicas, anímicas y corporales.

❖ El coach le pregunta al cliente qué surge de la historia. Puede, por ejemplo, utilizar el marco de la ruta del héroe, un concepto que se origina en el estudio de los mitos y las narrativas, y describe un patrón común de transformación personal que muchos héroes ficticios y reales experimentan en sus viajes. Este concepto fue popularizado por el trabajo del mitólogo Joseph Campbell en su libro *El héroe de las mil caras*, publicado por primera vez en 1949. Una obra que tuvo influencia significativa en campos como la literatura, el cine y la psicología, y también es de aplicación en sesiones de Coaching. A partir del modelo que propone Campbell, el coach puede preguntar sobre el origen, los desafíos, las dudas, los mentores, el cruce del umbral, la transformación, las pruebas, los aliados, los enemigos y el regreso, entre otros puntos.

2. Role play en el Coaching

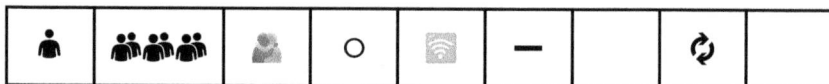

🧍	👥👥	👤	○	📶	—		↻	

¿Qué es el role play?

El role play –juego de roles–, otra herramienta que se puede utilizar en el Coaching, consiste en representar una conversación del entorno del cliente. Se puede considerar como una práctica, simulación o conversación simulada.

¿Cuál es el poder del role play?

El mundo académico nos aporta mucha evidencia sobre la eficacia del role play como herramienta de aprendizaje y desarrollo personal. Pensadores como Albert Bandura (1977), mediante su Teoría del Aprendizaje Social, y David Kolb (1994), con su Modelo de Aprendizaje Experiencial, enfatizan el valor de esta práctica interactiva. "Se ha demostrado que la pedagogía del role play es eficaz para alcanzar resultados de aprendizaje en tres dominios principales: afectivo, cognitivo y conductual." (ABL Connect del Centro Derek Bok para la Enseñanza y el Aprendizaje, Universidad de Harvard).

Los coaches adaptan esta técnica para potenciar el aprendizaje y el crecimiento de sus clientes. Mediante el role play, el cliente puede experimentar con diferentes perspectivas y enfoques en un espacio seguro, acompañado por su coach. Esto le permite ampliar su visión, desarrollar nuevas habilidades y probar diferentes estrategias antes de utilizarlas en situaciones de la vida real.

El role play puede ayudar al cliente a entender:

- ❖ Discusiones de su pasado.
- ❖ Conversaciones futuras con alguien en su vida.
- ❖ Sus propias perspectivas en conflicto

¿Cuándo utilizar el role play?

Es particularmente eficaz en momentos en los que el cliente enfrenta conflictos, negociaciones o necesidad de comunicarse, ya sea consigo mismo o con otras personas. El coach puede considerar sugerirle un role play al cliente cuando:

- ❖ Muestra prioridades o **perspectivas que compiten entre sí**. Ejemplo: "Quiero estar saludable, pero dejo de hacer ejercicio después de una semana." Esto podría dar lugar a un role play entre la parte del cliente que quiere estar saludable y la que decide no ejercitarse.
- ❖ Tiene un **conflicto real o percibido** con otro. Ejemplo: "Mi jefa critica todas mis ideas injustamente." Podría abrir la posibilidad de un role play entre el cliente y su jefa sobre la situación, posiblemente, rotando los roles.
- ❖ Se encuentra en un **momento de decisión**. Ejemplo: "No sé si cambiar de trabajo o quedarme." Podría abrir el espacio para un role play de negociación entre la parte del cliente que cree en cambiar y la parte que cree en quedarse.
- ❖ Atraviesa un momento de poco entendimiento o **confusión**. Ejemplo: "Ya no soy la de antes de la pandemia, pero no sé bien quién soy." Podría generar un role play de plática informal sobre valores entre la clienta prepandemia y la de ahora.

❖ Necesita prepararse para una **conversación futura**. Ejemplo: "Tengo una reunión con el alcalde de mi pueblo para abogar por la energía solar en espacios públicos." Podría dar lugar a un role play de la presentación con las reacciones del alcalde.

Roles y participantes dentro del role play

Dentro del role play se puede ser sumamente creativo y flexible en la definición de roles para los participantes del ejercicio.

El coach siempre participa como observador, pero también puede asumir un rol adicional en la simulación. Puede, por ejemplo, ejercer el papel del otro, de una de las perspectivas del cliente o del cliente mismo. Todo depende de qué le podría aportar mayor perspectiva al cliente en el momento.

De todos modos, el coach invita al cliente a observar y escuchar atentamente el role play mientras juega su papel. El cliente puede representarse a sí mismo, al otro o a una o todas sus perspectivas a la vez.

Cuando el cliente está ejerciendo todos los roles activos, el coach funge de observador y productor, dando apuntes cortos (por ejemplo: "¿Y qué le contestaría?") e indicando las pausas en la simulación.

Pasos para realizar un role play

Aunque pueden variar de acuerdo con las circunstancias y los objetivos de cada sesión de Coaching, estos son los pasos habituales de un role play:

La antesala
(Típicamente, menos de 5 minutos.)

- ❖ El coach o el cliente perciben que un role play sería productivo.
- ❖ El coach le ofrece al cliente la posibilidad de hacer el role play, destacando su habilidad de practicar algo incómodo en un espacio seguro.
- ❖ El coach y el cliente co-crean los elementos del role play, incluyendo la clarificación de normas, la asignación de roles y el compartir del contexto justamente necesario para elaborar la simulación eficazmente.

La simulación
(Altamente variable, aunque cada interacción, típicamente, puede tomar menos de 5 minutos.)

- ❖ El coach y el cliente juegan sus roles de la manera más realista posible de acuerdo con el contexto compartido.
- ❖ El coach observa la simulación y las reacciones del cliente para comprender si está estancado o si logró algún entendimiento nuevo.
- ❖ El coach pausa para discutir la simulación en los momentos que le parezcan indicados.

La discusión de la simulación
(Altamente variable, aunque cada interacción, típicamente, puede tomar menos de 5 minutos.)

- ❖ El coach invita al cliente a compartir sus observaciones lógicas, anímicas y corporales, tanto bajo su rol como en sí mismo.

- ❖ El coach comparte sus observaciones como coach y en su papel del role play.
- ❖ El coach le pregunta al cliente qué aprendió y cómo lo haría diferente.
- ❖ El coach invita al cliente a repetir la simulación desde otras perspectivas, cambiando roles.
- ❖ Se repite el proceso cuantas veces le parezca útil al cliente y a su coach.

Uso del role play en Coaching grupal o de equipos

El uso del role play en el Coaching grupal es muy similar al del Coaching individual. Simplemente se pueden tener más observadores y más personas representando roles a la vez.

A medida que el coach adquiera mayor destreza en el uso del role play, puede incorporar mayor creatividad en todos los aspectos de la herramienta. Esta flexibilidad la hace una gran aliada del proceso de Coaching para acelerar el aprendizaje y ampliar perspectivas.

3. Psicodrama en el Coaching

👤	👥👥	👤	○	▦	—		♻	

Jacob Levy Moreno, creador del psicodrama, profundizó en las curvilíneas escenas que se iban representando en los escenarios de las vidas de sus pacientes y entró en el mundo social y relacional para comprender la maravillosa creatividad del ser humano, para hablar de aquello que estaba prohibido expresar y para escenificar aquello que en la "vida real" podía significar penalización legal.

Los seres humanos construimos y cambiamos escenarios constantemente en el transcurso de nuestras vidas, a medida que tomamos decisiones que nos llevan a enfrentar nuevos roles, nuevos desafíos, nuevas aventuras, y en algunos escenarios podemos considerar que somos protagonistas o podemos pasar a papeles secundarios, de acuerdo al guión de vida que hayamos decidido. Lo que sí nos distingue es que siempre vamos a ser protagonistas y responsables de las decisiones que tomamos.

El mundo no se adapta a nosotros, es todo lo contrario, por eso, nuestro poder personal, el poder de nuestras historias, radica en poder decidir cómo nos vamos a relacionar con ese mundo, con esas circunstancias que nos rodean.

¿Qué es el psicodrama?

Para su creador, es una ciencia que explora la verdad mediante métodos dramáticos (Moreno, 1993) y es que el psicodrama nos brinda una metodología que permite explorar problemas, motivando a los participantes no solo a narrar la situación sino también a dramatizarla, llevando el problema a otro nivel de involucramiento y de toma de conciencia.

Se va de la verbalización a la posibilidad de explorar pero en la acción misma. De este modo, el cliente puede representar una situación que lo esté afectando, en lo personal o en lo laboral. Esta representación se puede hacer de manera individual o en grupo y en este caso el cliente puede, inclusive, llamar a personas del grupo para representar algún aspecto o a una persona de la historia que está narrando. Observar la situación o el problema desde afuera permite ver otra perspectiva, y tomar conciencia de aspectos que desde la sola narrativa no se veían.

El psicodrama potencia el crecimiento personal de una manera más rápida, y es de fácil aplicación. En él se combina el movimiento del cuerpo y el trabajo con lo simbólico o metafórico, de una forma ágil y directa. Esto permite una toma de conciencia más rápida y eficiente. En el Coaching resulta una excelente herramienta, ya que permite toma de conciencia, ver desde otra mirada, observar posibles limitaciones, mostrar opciones y plantear un plan de acción.

¿Cuál es el poder del psicodrama?

Algunos de los aspectos poderosos del psicodrama son que permite traer a escena pensamientos que no se han verbalizado, mostrar creencias de manera más espontánea, plantear opciones y planes de acción de forma inmediata. Se lo puede emplear para plantear una escena de una situación personal o laboral. Es un espacio que se crea para explorar opciones, donde el cliente se siente seguro, puede practicar y evaluar alternativas que vayan más alineadas con sus valores y creencias, y elaborar planes de acción que sean desafiantes y estén alineados con los cambios del momento.

Pasos para utilizar el psicodrama

Se puede aplicar el psicodrama de varias maneras en una sesión de Coaching. Estos pasos pueden resultar útiles en el proceso:

La antesala
(Altamente variable, aunque típicamente puede tomar menos de 5 minutos.)

❖ El coach reconoce que surge un momento apto para utilizar el psicodrama.

❖ El coach presenta el psicodrama como herramienta, aclarando que es un espacio para ver las cosas desde diferentes puntos de vista.
❖ El coach y el cliente co-crean los elementos del psicodrama, incluyendo la clarificación de normas, la situación, y los personajes.

El psicodrama
(Altamente variable, aunque
típicamente puede tomar menos de 10 minutos.)

❖ El cliente y el coach recrean la escena como la han pactado, interactuando en el psicodrama de manera orgánica.

La discusión del psicodrama
(Altamente variable, aunque puede tomar
alrededor de 10 minutos.)

❖ El coach invita al cliente a compartir sus observaciones lógicas, anímicas y corporales.
❖ El coach le pregunta al cliente sus impresiones y aprendizajes desde distintas perspectivas.

III. Aplicaciones

1. Storytelling

Caso individual
Estoy luchando con la toma de decisiones en mi carrera

En el Coaching individual, el storytelling puede utilizarse para ayudar al cliente a explorar sus experiencias pasadas y encontrar significado en ellas. Imagina a un cliente que está luchando con la toma de decisiones en su carrera. Durante una sesión, el coach podría pedirle que comparta una historia significativa de su pasado profesional, destacando un momento en el que tomó una decisión difícil. Al analizar la historia junto a su coach, el cliente puede ganar claridad sobre sus valores fundamentales y cómo estos valores han influido en sus elecciones profesionales. La historia actúa como un espejo que refleja sus patrones, permitiéndole explorar nuevas perspectivas.

Caso de Equipos
**Compartiendo historias y creando futuros
en colaboración**

Podemos valernos del storytelling para reconocer y trabajar las tensiones y las inquietudes en el equipo y en el ambiente que lo rodea, utilizar el poder de las historias para catalizar la transformación.

Alentar al equipo, por ejemplo, a compartir historias individuales, sueños y aspiraciones, puede permitir que se descubra, a través de estas historias personales, la posibilidad de crear confianza y comprender mejor las motivaciones y las fortalezas de cada uno. La idea es que cada historia contribuya al tejido colectivo.

Los miembros, al compartir experiencias recientes de proyectos, mejoran la comunicación, además de tener la posibilidad de destacar los éxitos, los desafíos, los fracasos y los aprendizajes. Esto fomenta un ambiente de mejora continua.

Al crear una historia conjunta sobre el viaje que están emprendiendo en equipo, los integrantes pueden definir los valores que los unen y visualizar un futuro y una visión en común, y convertir esta historia compartida en una brújula moral que los oriente en momentos de incertidumbre, y les posibilite celebrar sus logros y compartir sus aprendizajes.

Los resultados son notables. Hay aumento del nivel de colaboración, de la creatividad y de la satisfacción laboral. Se fortalecen los lazos dentro del equipo, mientras se aporta a la transformación de la cultura organizativa, a través de la creación de una historia en común.

2. Role play

Caso de conversación futura
¿Cómo le pido un aumento salarial a mi jefa?

❖ Contexto compartido: El cliente vive en un lugar de alta inflación y su jefa también se queja de su salario.
❖ Role play: Conversación entre el cliente y la jefa para pedir aumento de salario.
❖ Roles: El cliente hace de sí mismo y el coach hace de la jefa. Cambian los roles para la segunda interacción de la simulación.
❖ La simulación: El cliente pide de favor que se considere un aumento de sueldo porque no está a la par con la media de su profesión y el coach pausa la simulación.
❖ La discusión: El coach le pregunta al cliente qué ve. El cliente dice algo difuso y el coach le sugiere hacer la simulación nuevamente con el coach haciendo ahora el rol del cliente. Hacen la simulación con el coach diciendo exactamente lo mismo que había dicho el cliente en el mismo tono. El cliente pausa la simulación diciendo que parece que está suplicando en vez de tratarse a sí mismo como un profesional que se merece la debida compensación. Pide hacer la simulación varias veces para refinar la perspectiva del profesional que se merece una justa compensación.

A medida que el coach adquiera mayor destreza en el uso del role play, puede incorporar mayor creatividad en todos los aspectos de la herramienta. Esta flexibilidad la hace una gran aliada en el Coaching para acelerar el aprendizaje y ampliar perspectivas.

3. Psicodrama

En el psicodrama se plantean escenas que pueden resultar conflictivas para el cliente, y el objetivo es ayudar a resolver las dificultades que se le presentan, que pueden ser problemas de comunicación, de emociones reprimidas, e inclusive creencias que obstaculizan cambios de conducta. Esta técnica se diferencia de las constelaciones familiares, de Bert Hellinger, en que aquí se representan situaciones del pasado que aún están vigentes en nuestro interior y que nos hacen repetir comportamientos. Lo central de la constelación es que permite evidenciar el poder de conexión que cada persona tiene con su familia en una o varias generaciones y donde las lealtades forman parte del comportamiento habitual.

Dada esta diferencia, a continuación compartimos algunos casos donde los clientes recrearon el escenario que forma parte de su historia. Con imaginación, creatividad y un caudal de espontaneidad, se puede trabajar inclusive con los objetos que forman parte de la escena que narra el cliente, transformarse en personajes parlantes, capaces de descubrir otro punto de vista en un escenario.

Caso individual
Me siento siempre juzgado, como en un tribunal

Un cliente, en su sesión de Coaching, abre la conversación manifestando que en su trabajo se siente como si estuviera frente a un tribunal, siempre juzgado. Su relación con el supervisor es muy tensa y descalificadora y esto lo lleva a sentirse desmotivado.

Análisis

Este cliente, ya de entrada, habla de su situación de manera metafórica: relaciona su ambiente laboral con un tribunal. Indica que su supervisor siempre lo acusa y piensa que tiene enfrente un fiscal crítico, evaluador, que solo resalta aspectos negativos, que lo muestra ante el equipo como alguien olvidadizo, irresponsable, poco cuidadoso y que no es capaz de asumir el control de los errores.

También trae en su narración la figura de la secretaria, una persona que lo apoya en los momentos álgidos.

Frente a la severidad de este "fiscal", el coach le muestra varios sombreros y lo invita a colocarse el sombrero de su "yo trabajador".

El cliente plantea que es necesario tener un abogado defensor y el coach lo invita a ponerse ese sombrero.

El rostro del cliente "abogado" se paraliza. No tiene argumentos sostenibles para oponerle al "fiscal".

Esta escena es reveladora para el cliente, que dice: "Ese abogado no aparece por ningún lado y no aboga por su cliente".

Así es como el cliente dice que la secretaria podría fungir de abogado defensor. Se coloca el sombrero de "secretaria" conocedora de sus capacidades. "Ella" va describiendo escenas y acontecimientos que a lo largo de la vida laboral muestran las competencias del cliente y los obstáculos que logra superar.

Cuando termina la larga lista, el cliente queda atónito porque sabe que todo es cierto. Permanece en silencio unos minutos y después dice:

—Creo que es hora de despedir al abogado.

—¿De qué te das cuenta en estos momentos?

—De que puedo ser mi propio abogado, porque tengo los argumentos, los hechos para convencer a cualquier juez. Puedo testificar sobre mis éxitos, mis resultados y los desafíos que me he planteado en la vida. Creo que este nuevo abogado puede ser compasivo y reconocedor, y además, me doy cuenta de que puedo pedir ayuda si la necesito.

Estos movimientos de roles dentro de la escena del "tribunal" le permitieron al cliente observarse y empoderarse para tomar las acciones que lo ayuden a tener una conversación con su supervisor. Para el cliente es significativa la figura de la secretaria, que se permite resaltar aquello que él mismo no se atreve a reconocerse. La figura de la "secretaria" es el personaje a quien él identifica como la persona a la cual puede pedirle ayuda en el momento de implementar su plan de acción.

El cliente es el protagonista absoluto de sus escenarios, y acerca al coach a aquello que él entiende que necesita explorar con profundidad durante el encuentro.

IV. Conclusiones

El storytelling, el role play y el psicodrama permiten crear conciencia y movilizar el pensamiento y la creatividad humana. El cliente que vive la experiencia aprende a convertirse en protagonista de su vida. Enfrenta los conflictos de la cotidianidad, ejerciendo una mirada crítica y obteniendo un aprendizaje esencial para entenderse a sí mismo.

Las historias que trae el cliente se dialogan con naturalidad y se viven desde otros puntos de vista. El cuerpo en su totalidad entra en escena para experimentar lo que quiere contar. Esto se alcanza por la interacción con otros o consigo mismo, distinguiendo las necesidades, las preocupaciones y los deseos, lo que le permite adquirir su máxima expresión a través de su forma, ritmo y memoria. Las emociones aparecen y los juicios se reconocen.

El empleo de estas herramientas permite reflexionar sobre la manera de relacionarse con uno mismo y con el mundo que lo rodea, y brinda oportunidades de generar cambios a partir de lo descubierto, así como de desarrollar otras habilidades que permitan conseguir mejores resultados.

Bibliografía

Bandura, A.: *Social Learning Theory*, Prentice Hall, 1977.

Becerril-Maillefert, C.: *Psicodrama: Desarrollo personal y Coaching con la terapia que promueve la espontaneidad como recurso*, Amat Editorial, 2017.

Bello, M. C.: *Introducción al psicodrama: guía para leer a Moreno*, Publicaciones EMPS, 2021.

Bloom, L.: *Cinderella and the Coach - the Power of Storytelling for Coaching Success!*, 2011.

Campbell, J.: *The Hero With a Thousand Faces*, Princeton University Press, 1968.

Cyrlunik, B.: *(Súper) Héroes ¿Por qué los necesitamos?*, Gedysa Mexicana, 2017.

Gallo, C.: *The Storyteller's Secret: From TED Speakers to Business Legends, Why Some Ideas Catch On and Others Don't*, St. Martin's Press, 2016.

Henche, I.: *El regalo del lobo: psicodrama simbólico y cuento de hadas*, Arzalia Ediciones, 2021.

Jung, C. G.: *Arquetipos e inconsciente colectivo*, Paidós Ibérica, 1981.

Kolb, D. A.: *Experiential Learning: Experience as the Source of Learning and Development*, Prentice-Hall, 1984.

Motos Teruel, T.; Ferrandis, D.: *Teatro aplicado: teatro del oprimido, teatro playback, dramaterapia*, Editorial Octaedro, 2015.

Vaimberg, R.; Lombardo, M.: *Psicodrama de grupo y psicodrama*, Editorial Octaedro, 2015.

En la Web

Harvard University: *Role Play.* https://ablconnect.harvard.edu/role-play-research

Story Coach. (n.d.). [Website]. https://story-coach.com/ (2023)

The Wellbeing Planet. (n.d.). [Website]. https://thewellbeingplanet.org/

https://www.ted.com/talks/benjamin_zander_the_transformative_power_of_classical_music?language=es

Zander, B. (Conferenciante). (2008). The transformative power of classical music [Video]. TED.

Capítulo 6

Metáforas y Coaching

Susie Warman, Vicky Bigio, Rosa Cañamero,
Oswaldo Vicente y Claudia Lalloz

I. Introducción a la técnica

1. El poder de las metáforas al servicio de la creatividad

Las metáforas son recursos estilísticos que permiten conectar una imagen mental que creamos con una situación real para la que las palabras cotidianas resultan insuficientes. De ahí que el poder creador del que tanto hablamos en Coaching se hace tangible al emplearlas como herramientas de intervención. El poder de las metáforas no radica en la palabra en sí sino en la representación de una imagen para quien las emplea. Tienen la fuerza de habilitar la expresión de lo inefable y de facilitar decir, de manera simple, lo que parece complejo.

Cada metáfora es una construcción tan personal que la misma expresión cobra sentidos diferentes según el sujeto que la traiga a la conversación. Ahí radican la riqueza y la fuerza del apalancamiento en nuestro proceso de intervención. Veremos en este capítulo cómo la utilización de este recurso enriquece y facilita la creación de conciencia durante la sesión.

Una de las cuestiones más importantes para percibir el valor de una metáfora es comprender que se trata de un proceso de desplazamiento de significado. Etimológicamente, el término *metapherein* significa "ir más allá de" (*meta*) y "trasladar" (*pherein*), por lo cual en toda metáfora está implícito el sentido de traslación o desplazamiento de significación. No se trata de las palabras en sí sino del desplazamiento de su significado para quien las emplea.

En este capítulo, nuestra intención es que, como coaches, podamos ver que ese desplazamiento, generado de manera inconsciente por nuestro cliente, pueda ser la llave de acceso a la expansión de conciencia de lo que quiere para sí.

Uno de los aportes en torno al uso de las metáforas lo traen el lingüista George Lakoff y el filósofo Mark Johnson, quienes en la década de 1970 hicieron hincapié en el carácter multidisciplinar de la metáfora como forma de comprender el mundo y darle sentido a lo que percibimos para, consecuentemente, actuar[9]. Dejaron demostrado cómo los procesos del pensamiento humano son metafóricos, por lo cual las expresiones y los escenarios de futuro a los que habilitan también lo son. ¿Hacia dónde se traslada el proceso de pensamiento de nuestro cliente cuando dice que hablar con su jefe es ir a una batalla campal? ¿Qué creencias hay en esa expresión? ¿Qué dice de sí mismo, qué de su jefe,

---

9   Lakoff, G.: *Metáforas de la vida cotidiana* (1986).

qué de la relación y qué de los resultados que juntos pueden crear? Son preguntas que nos hacemos los coaches.

Susie Warman, en *Coaching Supervision, Voices of the Americas* (2023), nos dice: "Las metáforas vienen cargadas de información muy valiosa [...] invitan a nuestro cerebro izquierdo a tener acceso a esa información".

En la misma línea, Sullivan y Reese (2008), expresan: "Las metáforas son el lenguaje de la mente inconsciente donde las palabras representan símbolos de algo más, muchas veces creando imágenes que contienen gran información". Estas imágenes cobran gran magia durante la sesión de Coaching por medio de la asociación.

2. Los paradigmas culturales subyacentes en las metáforas

¿Qué dicen de nosotros y de nuestros clientes las metáforas que surgen en la conversación?

Un aspecto importante a considerar sobre las metáforas es que surgen en respuesta a un conjunto de valores y sistemas de creencias de quien las enuncia. Conforme vemos el mundo, tenemos a la mano expresiones metafóricas que representan tanto nuestros pensamientos como las emociones que los generan. Hacemos visible nuestro mundo a través de las metáforas que tenemos disponibles para enunciar.

Veamos dos ejemplos de paradigmas culturales: "mi vida es una carrera constante" frente a "mi vida es una danza con la armonía del universo". Son dos metáforas que hablan de paradigmas culturales diferentes que conllevan valores axiológicamente distintos: el primero, la competitividad, la exigencia; el segundo, la armonía y el equilibrio. Podríamos inferir, occidente frente a oriente, pero esa no es nuestra función, ya que habrá orientales y occidentales que representan los dos paradigmas. Los coaches solo exploramos en la relación existente entre la expresión que acabamos de escuchar y lo que representa para el cliente, tanto a nivel personal como relacional y de resultados

Tal como lo expresa Lakoff, "las metáforas están basadas en la propia experiencia del sujeto".[10]

Para que la metáfora revele al cliente estos aspectos de su ser solo debemos ir alumbrando con preguntas las palabras que van emergiendo, las emociones con las que se va conectando y esperar a que pueda descubrir el sentido profundo que emerge desde el poder inherente de sus metáforas.

3. Las metáforas tienen movimiento y profundidad

¿Qué tan conscientes somos del movimiento que las metáforas van teniendo a la largo de la sesión?

Imaginemos que estamos frente al mar, una hermosa playa y una diversidad de olas. Hay quienes se quedan contemplándolas desde la orilla, algunos que ingresan de golpe y otros que poco a poco van encontrando su propio ritmo para entrar a ese escenario que desde afuera es fácil contemplar.

Podríamos decir que, en Coaching, hacer uso de las metáforas tiene el mismo movimiento. No todos vamos a ir al mismo nivel de profundidad ni nos vamos a lanzar de la

---

10 "Más allá de cuán arbitrarias puedan ser la lengua, la cultura, y las subculturas, las metáforas siempre están basadas en la propia experiencia del sujeto y en cómo vive esa determinada experiencia". Para Lakoff y Johnson, la "síntesis experiencialista" es la negociación e interacción continua que desarrollamos entre tres elementos: el ambiente y la gente que nos rodea, nuestra estructuración coherente de la experiencia en metáforas y el significado y sentido que les atribuimos." (Nubiola, 1999).

misma manera o con la misma fuerza exploratoria al escucharlas, y habrá también quienes ni siquiera las escuchen. No es cuestión de juzgarnos sino de empezar a ser conscientes de que, a medida que vamos progresando en esta profesión, el nivel de exploración en el mundo metafórico va ganando profundidad, porque lo importante es que tenemos el coraje de zambullirnos. ¿Querrá nuestro cliente hacerlo también? He aquí otro desafío al que iremos acompañando a quien aún no se haya puesto el traje de baño y crea que, al hacerlo, puede marcar una diferencia. El tiempo está en manos del cliente y siempre es su decisión si querrá o no probar cómo se siente al verse con un nuevo atavío.

Durante la sesión, la metáfora puede ir cambiando de tamaño, color, intensidad, textura, puede generar diferentes emociones hasta convertirse en el verdadero descubrimiento. Desarrollar esta habilidad comunicacional le permite al cliente desplazarse y crear una metáfora que lo haga contemplar tanto su escenario actual como el de su futuro. Es vislumbrar en esa playa la salida del sol y su ocaso. ¿Qué representa para nuestro cliente este desplazamiento?

Algunas preguntas para hacernos hasta aquí:

- ❖ ¿Qué dice de ti esta metáfora?
- ❖ ¿Qué dice de tu mundo?
- ❖ ¿Qué valores encuentras en esta imagen?
- ❖ ¿Cómo quieres que sea esta imagen en tu escenario de futuro?
- ❖ ¿Con qué emociones te conecta ese nuevo escenario?

Lo importante, en nuestro espacio de intervención, es no interpretar, no darles nuestro sentido a las metáforas del cliente sino preguntarle por lo que representan y significan para él.

II. Aplicación de la técnica

🧍	👥👥	👤	○	▦	−	+	♻	→

Veamos algunos aspectos claves para que el poder de la metáfora cobre fuerza en la sesión.

1) **Conocer bien al cliente,** entender sus necesidades y metas, utilizar su estilo de aprendizaje y tener una visión clara de su situación. Esto le permitirá al coach seleccionar y sugerir una metáfora que sea relevante y significativa.

2) **Tener en cuenta el contexto y el momento oportuno** para introducir una metáfora. Cada individuo es único, por lo que es necesario sintonizar con su estado emocional y su disposición para explorar nuevas ideas. Una metáfora puede tener un impacto profundo, pero solo si se presenta en el momento adecuado, cuando el cliente está abierto a recibir y reflexionar sobre ella.

3) **Escuchar de manera activa, con atención**. De esta manera, el coach podrá identificar las palabras y las expresiones claves utilizadas por el cliente para describir su experiencia y sus emociones. Estas palabras pueden convertirse en pistas para seleccionar una metáfora adecuada que resuene en el cliente y facilite su comprensión y su reflexión.

4) Considerar la coherencia y la congruencia de la metáfora con el proceso de Coaching en curso. **La metáfora tiene que estar alineada con los objetivos y los temas que se están abordando**, de modo que sea un recurso efectivo para generar comprensión y promover el cambio deseado.

5) La **flexibilidad del coach,** ya que cada cliente es único, y por lo tanto, es importante que el coach sea flexible y se adapte a las necesidades de su cliente y a su estilo de pensamiento y aprendizaje. Si una metáfora no parece tener el efecto deseado o no se alinea con el cliente, el coach tiene que estar abierto a explorar otras opciones y ajustar su enfoque. La capacidad de adaptarse al estilo de pensamiento y las preferencias del cliente ayudará a encontrar la metáfora más impactante y significativa.

6) El coach debe ser **consciente de su propia elección de metáforas** y de cómo la presenta. La forma en que transmite una metáfora puede marcar la diferencia en su impacto.

7) Es importante **utilizar un lenguaje claro y preciso, y asegurarse de que la metáfora sea fácilmente comprensible para el cliente.**

8) También se puede invitar al cliente a explorar y compartir su propia interpretación de la metáfora, fomentando así un diálogo enriquecedor y una mayor comprensión.

9) **Evitar imposiciones** por parte del coach también es un factor imprescindible en el uso de las metáforas. El coach necesita tener cuidado de no imponer sus propias interpretaciones o significados a las metáforas utilizadas. También sus propias metáforas, sin considerar la perspectiva del cliente. En cambio, debe fomentar la participación activa del cliente y permitirle explorar y desarrollar sus propias metáforas y su comprensión de cada una. Esto promoverá un mayor sentido de apropiación y autodescubrimiento, y facilitará el proceso de transformación personal.

10) **Actuar de manera ética y respetuosa**. Es preciso evitar el uso de metáforas que puedan resultar ofensi-

vas o inapropiadas para el cliente, teniendo en cuenta su contexto cultural y sus creencias personales. El respeto por su individualidad y la sensibilidad frente a sus circunstancias son elementos claves para garantizar un entorno de Coaching seguro y efectivo donde pueda explorar diferentes perspectivas.

1. ¿Cómo y en qué momento utilizar las metáforas?

Una vez que hemos tenido en cuenta estos **aspectos fundamentales** para aprovechar de manera efectiva el potencial de las metáforas, es importante explorar los **diferentes momentos y formas** en los que podemos utilizarlas durante una sesión de Coaching. Estos son algunos de los momentos y enfoques en los que las metáforas pueden desencadenar poderosos procesos de transformación personal y profesional:

1) **Establecer un contexto.** Al comienzo de una sesión, las metáforas pueden ser una poderosa herramienta para establecer el contexto al crear una imagen vívida y significativa que conecte con la situación o el desafío específico que tiene el cliente. Puede ayudar a ilustrar de manera simbólica su situación actual, proporcionando un marco de referencia compartido entre el coach y el coachee. Por ejemplo, si el cliente está experimentando dificultades en su carrera profesional, se puede utilizar la metáfora de un camino lleno de obstáculos y curvas para describir esta situación.

2) **Visualizar metas.** Se puede invitar al cliente a que elija una metáfora que represente el resultado deseado y pedirle que describa las características de esa imagen. Por ejemplo, si el cliente verbaliza que

el resultado buscado lo visualiza como estar en la cima de una montaña, se le puede decir: "Imagina que has alcanzado tu objetivo y estás en la cima de esa montaña. ¿Qué ves a tu alrededor? ¿Cómo te sientes?". Esto lo ayudará a crear una imagen mental de su objetivo y podrá generarle claridad, inspiración y motivación.

3) **Explorar la situación actual**. Se puede utilizar una metáfora para que el cliente describa y explore su situación y luego preguntarle acerca de ella. Por ejemplo, si el cliente habla de que su vida ahora es un paisaje nevado, se le puede preguntar: "Si tu vida ahora es un paisaje nevado, ¿cómo lo ves? ¿Qué características tiene?". Esto lo puede ayudar a conectar de manera simbólica con la situación, permitiéndole reflexionar sobre su experiencia de manera diferente, más profunda y personal.

4) **Identificación de patrones.** Las metáforas también son muy útiles para explorar patrones de pensamiento o comportamiento limitantes. Si notamos que el cliente repite ciertos patrones o se encuentra atrapado en una mentalidad específica, una metáfora puede ayudarlo a ver su situación desde una nueva perspectiva y abrir la puerta a nuevas posibilidades. Por ejemplo, si se siente atrapado, se le puede decir: "Imagina que estás en un laberinto. ¿Qué estrategias podrías utilizar para encontrar una salida?". Esto lo invita a reflexionar y a considerar nuevas ideas.

5) **Explorar nuevas perspectivas**. Las metáforas pueden ayudar a los clientes a explorar diferentes perspectivas o enfoques con relación a su situación actual. El coach puede presentar una metá-

fora que represente una forma alternativa de ver la situación y luego preguntarle al cliente cómo se relaciona esta imagen con su propia situación. Por ejemplo, se le puede decir al cliente: «Imagina que tu desafío es una montaña. ¿Qué diferentes caminos podrías tomar para superarla?» Esto fomenta la creatividad y el pensamiento lateral.

6) Explorar emociones y experiencias internas. Las metáforas son útiles para explorar y comprender las emociones y las experiencias internas del cliente. Se le puede pedir que describa sus emociones utilizando metáforas o imágenes visuales. Por ejemplo, se le puede preguntar: "Si tu emoción fuera un color, ¿cuál sería?», «si tuvieras que describir tu experiencia actual como una película, ¿de qué género sería?" o "si fueras el personaje de una película, ¿qué crees que se diría de ti?". Preguntas de este tipo ayudan al cliente a conectarse con sus sentimientos de una manera más intuitiva y profunda.

7) **Establecer un tono emocional y transmitir mensajes sutiles**. Se puede compartir una metáfora con el cliente que lo haga conectar con la emoción que necesita para afrontar el desafío que se le presenta. Por ejemplo: si un cliente tiene un desafío que requiere valentía y determinación, el coach podría utilizar la metáfora de "escalar una montaña empinada". Esta imagen evoca una sensación de esfuerzo, superación de obstáculos y la necesidad de perseverancia. Al utilizarla, el coach establece un contexto que implica que el cliente se enfrentará a desafíos, pero también transmitirá la idea de que superarlos es posible con el enfoque adecuado.

8) **Desafiar creencias limitantes**. Las metáforas pueden ser utilizadas para desafiar las creencias limitantes

y ayudar al cliente a encontrar nuevas perspectivas. Se le puede presentar una metáfora que desafíe la creencia limitante y le permita ver la situación desde una nueva perspectiva. Por ejemplo, si se ve a sí mismo como un pez pequeño en un estanque, se le puede presentar la metáfora de un océano infinito y preguntarle: "¿Cómo podría ser tu vida si te vieras como un pez capaz de nadar en aguas más amplias?". Si el cliente cree que no es lo suficientemente fuerte para superar un desafío, se puede utilizar la metáfora de un árbol resistente que se adapta al viento y preguntarle: "¿Cómo podrías desarrollar esa resistencia en tu propia vida?".

9) **Facilitar el proceso de cambio.** Las metáforas pueden utilizarse también para facilitar el proceso de cambio y transformación del cliente. El coach puede presentar una metáfora que represente el resultado o el estado deseado y pedirle al cliente que explore cómo podría llegar ahí. Por ejemplo, si está trabajando en mejorar su autoestima, se puede utilizar la metáfora de una flor que florece gradualmente y preguntarle: "¿Qué pasos puedes tomar para nutrir tu propio crecimiento y desarrollo?".

10) **Estimular la creatividad y generar ideas.** Cuando el cliente se enfrenta a un problema o desafío, las metáforas pueden ser utilizadas como una herramienta para estimular el pensamiento creativo y generar nuevas ideas y soluciones. Presentar la situación en términos metafóricos puede permitirle explorar diferentes enfoques y considerar opciones que no habría considerado de otra manera. Se puede utilizar una metáfora para presentar una situación problemática y pedirle al cliente que explore soluciones a partir de esa imagen metafórica.

Por ejemplo, si se encuentra en una encrucijada, se le puede decir: "Imagina que estás en un bosque lleno de senderos. ¿Qué nuevos caminos podrías explorar para encontrar una solución?". Esto puede ayudarlo a pensar más allá de las soluciones convencionales.

11) **Reflexionar sobre el aprendizaje de la sesión**. Se puede invitar al cliente a utilizar una metáfora que sintetice de manera visual y emocional los logros, aprendizajes y progresos realizados durante la sesión. Por ejemplo, si el cliente ha trabajado en el desarrollo de habilidades de comunicación, se le puede preguntar: "Si tuvieras que resumir tu crecimiento o el aprendizaje sobre ti mismo que has hecho en esta sesión con relación a la comunicación en una imagen, ¿cuál sería?".

12) **Cerrar la sesión**. Invitar al cliente a finalizar la sesión con una metáfora puede crear un momento especial de reflexión y conexión que lo ayude a consolidar el trabajo realizado y que lo inspire para seguir avanzando hacia su mejor versión. Proporcionar una imagen que se puede llevar después de la sesión fomenta la motivación del cliente, y lo deja con una sensación de empoderamiento y claridad sobre los próximos pasos a seguir en su camino de crecimiento. Por ejemplo, si trabajó en el desarrollo de su confianza, se le puede preguntar: "Si tuvieras que describir tu confianza actual como un objeto, ¿cuál sería?". Esto le permite integrar su crecimiento y visualizar su progreso. Además, el uso de metáforas al cierre puede ayudarlo a reforzar mensajes positivos.

2. Una metáfora: Coaching con alma de Quijote

Muchos de nosotros vivimos nuestra profesión con el alma repleta de sueños e inspirados, como el personaje de Cervantes, en acompañar a quienes se atrevan a vivir sus propios ideales, movidos por la pasión de desafiar cualquier obstáculo, hacerles frente a las adversidades y promover el bien ayudando a hacer del mundo un lugar mejor.

Por ese motivo, además de reflexionar sobre la metáfora como instrumento de intervención en nuestras sesiones, queremos compartir una visión metafórica de nuestro propio ser.

"Con alma de Quijote" expresa metafóricamente la fuerza vital que nos mueve día a día a continuar. Y así como "la pluma es la lengua del alma", las palabras aquí compartidas expresan la verdadera conexión con el ser de nuestra profesión.

Nos desplazamos cada día acompañando desafíos y sueños, no solo propios sino de nuestros clientes, y al igual que el afamado personaje literario, vamos por la vida dialogando y proponiendo maneras diferentes de hacerle frente a la realidad.

Algunas veces somos Sancho Panza ofreciendo dosis de cordura; otras, Don Quijote impulsando a romper con la comodidad. Somos, de una o de otra manera, dos voces que susurran ecos de posibilidad frente a datos de realidad.

Coach y coachee, como Don Quijote y Sancho, nos sentimos unidos por querer que las cosas pasen, que la realidad pueda ser cuestionada, que lo que mira uno pueda no ser visto por el otro. En definitiva, tenemos en común que queremos crear un mundo más justo, más humano, en el que la palabra y el amor se entrelacen armónicamente.

Así como Sancho al final de su vida literaria se "quijotizó" y Don Quijote se "sanchificó", nosotros también vamos transformando nuestras vidas con cada uno de nuestros clientes y somos en un momento la sumatoria de las experiencias que juntos hemos sabido crear. La transformación es bidireccional, y el enriquecimiento, mutuo. Tenemos en común la fuerza inspiradora que nos impulsa: más allá de cualquier limitación, de los miedos que nos puedan aparecer, creemos intensamente que sí es posible ir por aquello que queremos. Y esa es una convicción desde la cual cada uno de nosotros puede enfrentar cualquier adversidad. En términos metafóricos, en un momento nuestro hidalgo caballero le dice a su interlocutor: "El amor es un fuego que arde sin ser visto". ¿No es acaso esa misma pasión la que nos une más allá de cualquier circunstancia?

Avancemos con nuestra pluma y nuestro corazón para descubrir el poder de este recurso lingüístico y la realidad que se genera al emplearlo. Como si se tratara de un lienzo en el cual vamos trazando pinceladas para expresar nuestro mundo interior, las metáforas van dando luz con la misma naturalidad que el sol nace y se esconde en nuestro cotidiano vivir.

"Ladran Sancho, señal que cabalgamos"

Cuando hacemos algo que genera impacto, indefectiblemente damos de qué hablar. Y si de una profesión se habla bastante es de la nuestra. El Coaching está en boca de todos y lo seguirá estando en la medida en que ejerzamos nuestra profesión con responsabilidad.

Estamos en movimiento, creando realidades de manera permanente, convirtiendo nuestro día a día en una hermosa aventura en la que muchas veces hallamos obstáculos y críticas. "Ladran Sancho, señal que cabalgamos" representa metafóricamente el gran desafío que los coaches tenemos hoy en relación con la mirada sobre nuestra profesión. E incluso, podemos preguntarnos: "¿Qué eco queremos generar sobre nuestro modo de ser y hacer?".

III. Casos

La visibilidad de las metáforas en nuestras sesiones

Llegó el momento de abrir las puertas y ver casos concretos del uso de metáforas en nuestras propias sesiones. Con seguridad, a medida que las leas, vas a ir recordando las que te aparecieron a ti. Fíjate cómo vamos amalgamando lo que siente, piensa y dice el cliente con lo que trae como acuerdo de sesión. He aquí nuestros ejemplos basados en casos reales.

Ejemplo 1[11]

—*Estoy muy frustrada. Nadie me deja hablar en la junta. Trato de participar y me siento invisible. Comienzo por hablar, pero alguien más senior que yo me interrumpe. Siento que no soy parte del equipo y que mis opiniones no les interesan.*
—Si pudieras describir lo que sientes en una imagen, ¿cuál sería?
—*¿Recuerdas cuando éramos niñas y jugábamos a brincar la reata? Siento que yo soy una de esas niñas que está en fila para brincar y no se atreve. Me da miedo, mucho miedo.*
—¿Cómo es ese miedo?
—*Es peligroso. Me da miedo que la cuerda me lastime. Inclusive siento que todas las demás niñas me pasan y brincan y yo me sigo quedando atrás. Lo más triste es que nadie lo nota.*
—Y si te decidieras a entrar a brincar, ¿cómo sería?
—*Siendo más valiente. No esperando a que alguien me diga "Luisa, brinca", sino yo tomar la iniciativa.*
—¿Cómo se relaciona la valentía con ser invisible?
—*Tiene que ver con mi poder, con dejar de dudar de mí misma. Y si brinco la reata y me caigo, me levantaré.*

11 N. del E.: Para facilitar la lectura, las intervenciones de los coaches están en redonda y las de los clientes en itálica.

Ejemplo 2

—*Estoy cansado, no logro enfocarme en lo que necesito. Me duermo muy tarde. Me siento estresado.*

—¿Y qué te pasa cuando estás estresado?

—*Me paralizo y no avanzo.*

—Si pudieras disfrazarte de algo que mostrara lo que estás sintiendo, ¿de qué sería?

—*Me disfrazaría de portero de fútbol. En algunos países le dicen "arquero".*

—¿Qué le pasa a este portero?

—*Todos le tiran a gol. Una pelota tras otra. Y no logro parar ningún tiro. Las pelotas entran a la red y me meten gol. A veces me lastiman.*

—Y cuando te llega esa pelota, ¿cómo te estás mostrando?

—*Chiquito, impotente, miedoso. Me paso la vida recibiendo pelotazos.*

—¿Cómo te gustaría parar esas pelotas?

—*Con orgullo, corriendo por la pelota y que todos los espectadores me admiren.*

—Y para ser ese portero orgulloso al que todos admiren, ¿qué tienes que comenzar a hacer?

Ejemplo 3

—*[…] Me debato entre seguir mintiendo con mi cara. Cómo encontrar la manera de decir lo que pienso y a la vez sentirme cómoda [...] Cómo ayudar a mi equipo sin dejarme a mí de lado [...] Es algo que me inquieta demasiado…*

—Si esta fuera una película, ¿cuál sería el título?

—*"Destrucción silenciosa". Me va minando a mí. Trato de parecer maja todo el tiempo, con mi sonrisa… Cómo lograr no sentirme mal, que no me haga daño y poder decir "esto me molesta". Me doy cuenta de que hago lo que sea por evitar el conflicto.*

—¿Y qué pudiera ser lo opuesto a la "destrucción silenciosa" de la que me hablas?

—*"Florecer poco a poco". Si lo digo bien, desde el cariño..., con dulzura...*

—¿Y cómo podrías hacer para que las flores florezcan?

—*Diciendo lo que pienso. Son unas flores chiquititas y van creciendo... Florecillas del campo, como las margaritas pequeñitas que crecen en la grama.*

—¿Y qué tiene que tener ese campo para que las florecillas crezcan?

—*Valentía. Me cuesta estar ahí.*

—¿Cómo sería conectarte con esa valentía?

—*Estando concentrada. Dedicándome a escuchar. Conozco a la gente de mi equipo y sé cómo decirle las cosas, dedicarles tiempo a ellos, estar para ellos, pero sobre todo, poder decirles las cosas como las pienso.*

—Entonces, ¿cómo podrías abonar ese campo de flores?

—*Me ha gustado mucho esto de ver las dos facetas, la destrucción silenciosa y las flores que nacen poco a poco. Me ayuda muchísimo. Voy a darles una dosis de abono diariamente para que crezcan y se hagan fuertes.*

—¿Qué sería para ti esa dosis de abono?

—*Pues, la verdad... Diciendo lo que pienso... de buena forma, como soy yo... arriesgándome a ser valiente... y ver que no pasa nada.*

Ejemplo 4

—*Ahora es una vía de poner en el mundo lo que quiero poner, que se está convirtiendo en la vía única posible que ahora mismo encuentro, que antes estaba cerrada como una puerta que de algún modo yo sabía que podía abrir, pero ahora es como que ya estoy empezando a abrirla.*

—¿Y adónde da esa puerta?

—*Je je je... Qué bueno. Pues, mira... se abre la puerta y se abre realmente y de pronto hay varios espacios. Y son espacios de colores, en el sentido de posibilidades. Son espacios de poder abrir vías de ingresos y es genial porque la posibilidad de abrir y de hacer todo esto viéndolo... Es como que se abre la puerta y hay dos o tres vías diferentes que, además, permiten llegar a un lugar que está un poco más lejos y que tiene un arcoíris en medio que es como un símbolo, la sensación de un símbolo de "aquí es donde quieres estar", con lo cual encuentro distintas vías, y además un fin, un final en algún momento que es un sitio agradable para mí. Así es que de pronto abro un mundo... eh, abre un mundo esa puerta. Es genial.*

—¿Y qué tan importante es para ti conseguir cruzar esa puerta y llegar al arcoíris?

—*Es vital realmente, porque con esto que te comentaba de todos estos años generando información, generando posibilidades, estaba atascada, estaba atascada pero no era una puerta, era un muro. Y la posibilidad de ver la puerta y de encontrar la forma de abrirla, de pronto es como que abre, suelta y suelta las posibilidades de poder generar una vía de ingresos y poniéndolo como de forma más concreta del día a día. Es generar la vía de ingresos, generarla de un modo que era lo que estoy queriendo crear, que esté más estable dentro de la inestabilidad que hay en este mundo que tenemos ahora con la pandemia y todo, y además está conectada con tener ya una base y tener una forma de poder ponerlo de forma práctica ya, en breve, en días, en el mundo. Con lo cual es como esencial, de pronto toma mucho sentido y como toma mucho sentido dentro de todo este hablarlo a nivel de imágenes y demás, está como muy en el suelo, porque yo, además de ver el arcoíris, veo que tengo mi hojita de Word con mis escritos hechos, tengo mis imágenes para poder mostrar eso a través de Internet con una imagen. O sea, tengo como los retazos de todo. Lo que tengo que hacer es colocarlo de la forma, con este atributo nuevo que es que sea práctico, inteligible y vendible, que sea comercializable. Y que a partir de ahí llegue el dinero, que es lo esencial ahora, para que yo llegue al arcoíris que está ahí al fondo.*

Nuestro desafío para ti

¿Te animas a descubrir qué metáforas hemos empleado en este capítulo?

IV. Conclusiones

¡Seamos la metáfora que queramos ver en el mundo!

Pudimos observar cómo las metáforas representan una valiosa herramienta para el Coaching, ya que tienen el poder de abrir puertas hacia nuevas perspectivas y formas de pensar. Al considerar cuidadosamente los aspectos previos fundamentales y comprender los momentos y enfoques más apropiados para utilizarlas, es posible ayudar al cliente a aprovechar al máximo el potencial transformador de las metáforas en su proceso de Coaching. Es una herramienta creativa y efectiva que facilita el crecimiento y el aprendizaje, competencia clave en nuestra intervención.

Como todo proceso de aprendizaje, lo esencial no es el recurso en sí sino nuestra propia conexión con el recurso.

Las **metáforas que iluminan** tienen sentido cuando conectamos con el inmenso poder que pueden generar no solo en nosotros sino en nuestros clientes y en la profesión.

¡Seamos la metáfora que queramos ver en el mundo! He aquí nuestra contribución sobre nuestra identidad, fuente inagotable de creatividad.

Los coaches somos artistas que vamos dando pinceladas para crear una obra que solo puede ser descubierta por quien esté disponible para dejarse atravesar por su poder.

Somos arquitectos que proyectamos escenarios que nos conecten con la seguridad, la armonía y el bienestar.

Somos la palabra que acompaña, espera y desafía.

Y la música que conecta sin fronteras.

Vibramos con la libertad de elección y conectamos con el respeto y la integridad de cada uno de los que tocan a nuestra puerta.

Que nuestro *ser* y *hacer* nos trascienda, así como a lo

largo de los siglos ha trascendido la fuerza interior de nuestros protagonistas cervantinos. Este es nuestro legado.

Susie, Vicky, Rosa, Oswaldo y Claudia te invitamos a encender esa luz que, al alumbrarte, ilumina indefectiblemente la senda de las siguientes generaciones de coaches profesionales.

¡Gracias por sumarte a esta aventura!

Bibliografía

Erikson, E.: *Identity: Youth and Crisis*, W. W. Norton & Company; 1st edition, 1968.

Kuhn, T.: *The Structure of Scientific Revolutions*, University of Chicago Press, 1996.

Lakoff, G.: *The Contemporary Theory of Metaphor*, Cambridge University Press, 1993.

Lakoff, G.; Johnson, M.: *Metaphors We Live By*, University of Chicago Press, 1980.

Morgan, A.: *What Is Coaching?*, Sage Publications Ltd, 2018.

Warman, S.: *Creative Journey in Coaching Supervision*, Coaching Supervision, Voices of the Americas, Routledge, 2023.

Warner, T.: *Paradigms: The Business of Discovering the Future*, Basic Books, 1995.

Whitmore, J.: *Coaching for Performance: Growing Human Potential and Purpose*, Nicholas Brealey Publishing; 5th edition, 2017.

Coaching con objetos

Capítulo 7

Vision boards en Coaching

Mirna Pérrez Piris, Renata Rivera Vela
y Damián Goldvarg

I. Introducción

Los *vision boards* o pizarrones de visiones, en español, son recursos poderosos con los que personas enfocadas en el logro de su objetivo y el crecimiento personal pueden expresar sus metas, sus sueños y sus deseos. Se trata de una técnica de visualización creativa que permite construir un *collage* de imágenes, frases inspiradoras y objetivos de vida.

A continuación, explicaremos cómo funcionan, en qué consisten y cómo pueden apoyarte en tu camino al éxito.

Esta técnica se basa en el concepto de que visualizar tus metas te apoyará a lograrlas. Al crear una visión precisa de tu futuro ideal, estás permitiendo que tu cerebro y tu conciencia trabajen juntos para crear la realidad que deseas.

La creación que permiten los *vision boards* es una actividad divertida y creativa. Puedes elegir imágenes de revistas, fotos tuyas, palabras inspiradoras y cualquier cosa que represente tus sueños y tus objetivos. Lo importante es que lo que elijas te motive y te recuerde constantemente tus metas.

El recurso es útil en cualquier ámbito de la vida, para plantear desde objetivos financieros hasta físicos y espirituales. Si tienes algún objetivo en mente, te invitamos a crear un *vision board* para ayudarte a alcanzarlo, mantenerte motivado y recordar tu propósito.

Además, son una forma efectiva para visualizar y planificar tus metas a largo plazo en lugar de enfocarte solo en los resultados inmediatos, así podrás tomar decisiones asertivas que los hagan posibles. Esto te permitirá mantener una perspectiva más amplia, exitosa y enfocada.

Un *vision board* es una forma efectiva de desarrollar tus habilidades de pensamiento visual. Al crearlo, estás entrenando tu cerebro para que visualice tus metas y objetivos de manera clara y concisa. A medida que continúas trabajando con él, estarás mejorando tu capacidad para visualizar y enfocarte en lo que realmente es importante para ti.

II. **Beneficios de los *vision boards***

Cuando les presentamos la oportunidad de desarrollar un *vision board* a nuestros clientes de Coaching, les damos un espacio para visualizar aquello que es significativo para ellos. Esto les permite darse un espacio para identificar valores, prioridades, que son de importancia en su vida en el presente y en el futuro. Además, estimula la reflexión profunda, y apoya que cada uno pueda conectarse consigo mismo.

Mientras el cliente va reflexionando sobre qué quiere, qué le da significado a su vida, entra en un proceso interno profundo que le permite distinguir lo que es valioso para él y en dónde focalizar lo que desea lograr, alcanzar. Esto implica comprender a un nivel profundo dónde enfocar su energía, y habilita un proceso de desarrollo/crecimiento tanto profesional como personal vinculado con lo que haya seleccionado en su *vision board*. A la vez, entra en contacto con sus sentidos, sensaciones y emociones. Mientras está eligiendo fotos y palabras de revistas, a partir de metáforas, está identificando sus prioridades.

Al crear los *vision boards* se trabaja con todos los sentidos: la vista, para *ver* qué se está eligiendo, leyendo; la audición, al *escuchar* a alguien compartir una idea, una pregunta significativa por parte de su *coach* o de alguna persona clave en su vida que permita al cliente cuestionarse a sí mismo y tener mayor claridad; el tacto, porque el momento de *tocar* una revista, la cartulina o el pegamento son parte del proceso. ¿Qué siento al tocar esto o aquello? ¿Qué sensación me da? ¿El material es sedoso o áspero? Dependiendo de lo que toco, es posible tomar conciencia de si me gusta o no, de cómo me hace sentir.

Como observamos, el proceso de trabajo con *vision boards* incentiva la comprensión de cómo los sentidos y las sensaciones son vitales en el proceso de introspección y del encuentro con uno mismo.

En la siguiente sección, se ofrecen ejemplos de cómo los sentidos contribuyen al momento de estar haciendo el *vision board*.

Un beneficio increíble de trabajar con esta técnica es que el cliente también está en un estado de misticismo, conocido como *the flow*, es decir, dejándose fluir y estando presente, enfocado y concentrado en lo que está haciendo. Entra en un espacio en donde se puede llegar a preguntar "¿por qué elijo esta imagen?", "¿qué significa este pensamiento para mí?", "¿qué representa?", "¿con qué lo asocio?". Este tipo de preguntas, que conllevan sentimientos, traen a la superficie una mayor claridad de qué cobra importancia para el cliente en un momento determinado de su vida y qué quiere para su futuro.

Otro beneficio de hacer un *vision board* es que el cliente se puede enfocar en varias dimensiones de la vida: la personal, la carrera profesional, el rol que ocupa dentro de su familia. Esta técnica lo convierte en dueño de decidir, elegir y priorizar. Nadie más que él elige dónde enfocarse, cómo hacerlo, qué seleccionar, porque es su sueño y no el de otra persona. Se trata de la realidad que desea lograr/alcanzar. Es su propia creación.

Existe también la posibilidad de utilizar *vision boards* en procesos de Coaching grupal. En estos casos, es interesante observar la colaboración que da lugar a una creación conjunta y brinda la posibilidad de establecer conversaciones de alta comprensión entre los participantes.

Otra posibilidad es que cada integrante del equipo construya su propio *vision board* y luego los compartan. Esto ofrece la oportunidad de que cada persona comunique cuáles son sus intereses y sus metas, lo que contribuye a desarrollar la escucha de todos, aporta a la cohesión y al deseo de conocerse más, además de fomentar el diálogo. Esta variante también brinda la oportunidad de conectar con los valores de cada uno y con los que sostiene el grupo. Al compartir los participantes lo que es significativo para uno y para otro, pueden encontrar puntos de coincidencia y diferencias. Esto contribuye a tener conversaciones de mayor impacto, que permitan comprender cómo se relacionan y qué posibilidades existen para continuar fortaleciéndose mutuamente.

III. Uso de la técnica

Cómo hacer un *vision board*

Una receta para crear un tablero de visión[12]

Ingredientes:

❖ Cartulina (al menos 2'x3' para exhibir).
❖ Revistas variadas, periódicos, calendarios (no necesariamente relacionados con el trabajo de Coaching), con imágenes.
❖ Tijeras.
❖ Pegamento en barra, cinta adhesiva o alfileres para fijar las imágenes.
❖ Una mente despejada.
❖ Un espacio de trabajo creativo y abierto.

Tiempo necesario: 1-2 horas

1. Crea un ambiente tranquilo, abierto y creativo escuchando una meditación guiada, música o una historia inspiradora. También puedes encender una vela.
2. Crea un destino consciente haciéndote en silencio las siguientes preguntas:
   a. ¿Qué oportunidades quiero aprovechar en mi vida laboral? ¿En qué entorno quiero trabajar? ¿Con quién quiero trabajar?, ¿Qué actividades quiero reducir o evitar?
   b. ¿Qué quiero cambiar en mi vida personal? ¿Qué hábitos saludables quiero adoptar? ¿Qué hábitos destructivos quiero dejar atrás?
   c. ¿Dónde quiero vivir? ¿Quiero hacer algún cam-

---

12 Recurso compartido por Jeanne Rossomme, fundadora y presidente de RoadMap.

bio en mi hogar, en mi empresa o en mi comunidad?

d. ¿Dónde quiero pasar más o menos tiempo?

3. Comienza a hojear los materiales visuales variados que recolectaste. Recorta frases o imágenes que te "hablen". No te cuestiones a ti mismo. Simplemente, permite que tu intuición guíe suavemente tu atención.

4. Pega estas imágenes en tu tablero con pegamento en barra, cinta adhesiva o alfileres. Ten en cuenta pegar primero las imágenes más grandes para el fondo y luego frases o imágenes más pequeñas encima.

5. Puedes decorar aún más el producto terminado con pegatinas, purpurina, bolígrafos y pintura de colores, sellos, cintas. ¡Todo lo que tu creatividad desee!

6. Exhibe tu trabajo en una pared de tu espacio de trabajo o de tu casa, para mantener el enfoque en las cosas importantes para el próximo año.

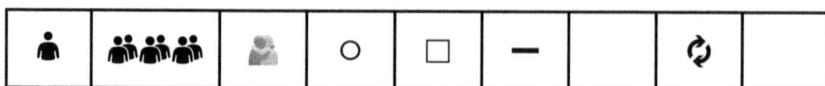

👤	👥👥👥👥	🧑	○	□	—		⟳	

IV. Casos[13]

En algunas sesiones de Coaching, por la naturaleza de los temas explorados, utilizar el *vision board* como una herramienta de visualización para los *coachees*, así como la concreción consciente de los propios pensamientos y su contexto de manera ideal, les brindó impulso, marcó el "Norte",

---

13 Los clientes Enrique Espinosa Lara, María Eugenia Ramírez, Sofía Pérez Gasque Muslera y Ernesto Rueda Mejía dieron autorización para que sus tableros y sus testimonios sean publicados en este libro.

aportó la "brújula" que permitió hacer tangible lo que rondaba durante años en el inconsciente, o bien, en los pensamientos relacionados con el cumplimiento de sueños y el alcance de metas.

Por este motivo, decidimos conversar con cuatro clientes que realizaron su *vision board* hace tiempo para corroborar si les funcionó, cuál fue el impacto en su vida al utilizarlo y si recomiendan su uso a los coaches y los coachees.

En diciembre de 2013, durante la octava sesión de su proceso de Coaching, Enrique Espinosa Lara se dio cuenta de que era un gran momento para empezar el año siguiente con metas importantes, y el *vision board* fue una herramienta valiosa para saber en cuáles podría enfocarse.

El primer paso es elegir si el formato que se usará será físico o digital. En el caso del primero, la creatividad también permea a los materiales seleccionados, y cuando se elabora de la segunda forma se puede emplear una sola imagen de base, como por ejemplo, un *slide* en *Power Point*, *Canva* o cualquier otra aplicación y *software* para diseñar incluso una presentación con varias diapositivas o dimensiones (2D, 3D).

Usualmente, los clientes no saben cómo quedará terminado, pero cuando van a poner "manos a la obra" empiezan a esbozar en la mente un boceto de las imágenes significativas, los mensajes, las palabras, los números que les interesa integrar en un *vision board* personal y único, cuya característica distintiva es la fuerza potenciadora de la proyección futura.

Compartimos el testimonio de Enrique:

La manera en cómo elegí darle forma a mi vision board *fue a través de imágenes de Internet, un poco caricaturescas, pero en su momento era algo con lo que conectaba. Buscaba que al simplemente verlas pudieran reflejar lo que estaba declarando.*

Mapa Kike 2013

Crear una relación amorosa y apasionada con Manolo

Crear cenas y momentos espaciales con Manolo

Hacer ejercicio de 5 a 7 días a la semana

Hacer Chequeo Médico
Hacer visita al dermatólogo

Generar un peso de 72Kg

Crear Ingresos superiores al 1'000,000 de pesos en el año 2013

Asistir a clase de Zumba de 2 a 3 días a la semana

Hacer visita al dentista y seguir el tratamiento

Meditar 7 días a la semana

Generar viajes, San Antonio , NY y más

Participar como facilitador en conferencias, talleres y cursos

Generar reuniones y fiestas a lo largo del año

Correr diferentes carreras de 5, 10, 15 Km y medio maratón

Generar el pago del crédito hipotecario de Villa Romana

Leer de 30 a 60 min de 3 a 5 días por semana

Generar espacios de trabajo de Coaching Empresarial

Participar en diferentes cursos relacionados a Coaching Habilidades de Instructor Project Manager

Generar espacios de trabajo de Coaching Personal

Tomar fotos, y registrar fotografías en diferentes concursos

Desde que lo visualicé en mi mente y hasta verlo terminado me di el permiso de soñar, creer, basándome en mi poder de crear, y mientras lo hacía, sentí entusiasmo, compromiso, ilusión, claridad, confianza en que lo plasmado iba a ser realidad. Cuando lo terminé, estaba feliz, confiado en que mi vision board *era como un cómplice para no perder de vista las metas que deseaba. Proyectar lo que quería en ese momento, tener una idea o visión de cómo lo quería, aterrizar de manera visible mis metas, creó en mí mucho impulso, mayor claridad y acción para lograrlas.*

Después de diez años de haberlo hecho, puedo reconocer que la mayor parte de esas metas fueron concretándose a lo largo de ese año 2014, mientras que hubo otras que sostuvieron lo que quería. La meta más importante que logré entonces fue haber pagado mi casa.

Me parece una herramienta cien por ciento recomendable en el proceso de Coaching y muy poderosa, porque en primera instancia hace soñar.

El siguiente *vision board* fue creado por María Eugenia Ramírez durante su proceso de Coaching, en 2016.

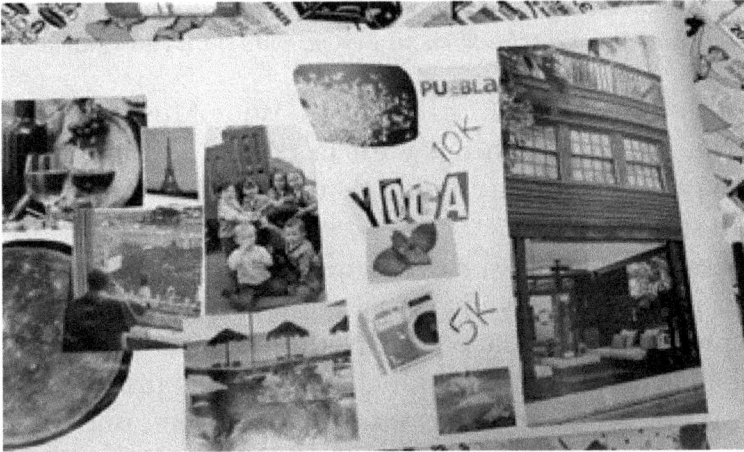

Los materiales que eligió María Eugenia fueron recortes de imágenes de revistas que pegó a manera de collage en una cartulina.

Compartimos su testimonio:

Para empezar a crearlo, requerí centrarme en mí, conectar conmigo y con cómo me veía. En ese momento busqué y elegí tanto imágenes como frases para representar las metas que visualizaba en diferentes áreas de mi vida y que en ese momento no había alcanzado. Al estar elaborando el vision board *sentí emoción, alegría, ganas de cumplir lo que veía. No sabía cómo iba a lograrlo; sin embargo, confiaba en el proceso, y cuando lo terminé, me sentí motivada.*

A siete años de distancia de haberlo creado, me doy cuenta de que varias de las metas visualizadas las conseguí ese mismo año y otras requirieron más planeación, por lo que tardé más tiempo. También noto que una de las metas plasmadas, hacer ejercicio, es la que más trabajo me ha costado.

Como es una herramienta súper poderosa y útil, hago cada año un vision board *desde entonces. Me funciona, por-*

que en mi caso, el primer paso es hacer el vision board, *y el segundo, un plan concreto con los pasos para cumplir lo que plasmo. Ha sido un trabajo constante de introspección profunda sobre lo que quiero lograr y la concientización de los cambios que voy a hacer en mí y en mi vida para conseguirlo.*

A finales del 2017, Sofía Pérez Gasque Muslera empezó su proceso de Coaching, y en la cuarta sesión, el tema que exploró fueron sus sueños de vida, de donde derivó que creara su *vision board.*

Como en el caso de Enrique, estaba de cara al comienzo de un nuevo año, por lo que el momento fue más que propicio para hacerlo. Durante la sesión tomó conciencia de quince sueños que distaban de su presente. Dos sesiones después de haber usado *vision board,* pudo darse cuenta de que era posible para ella cumplir veinticinco sueños trabajando para esto a partir del año que estaba por comenzar.

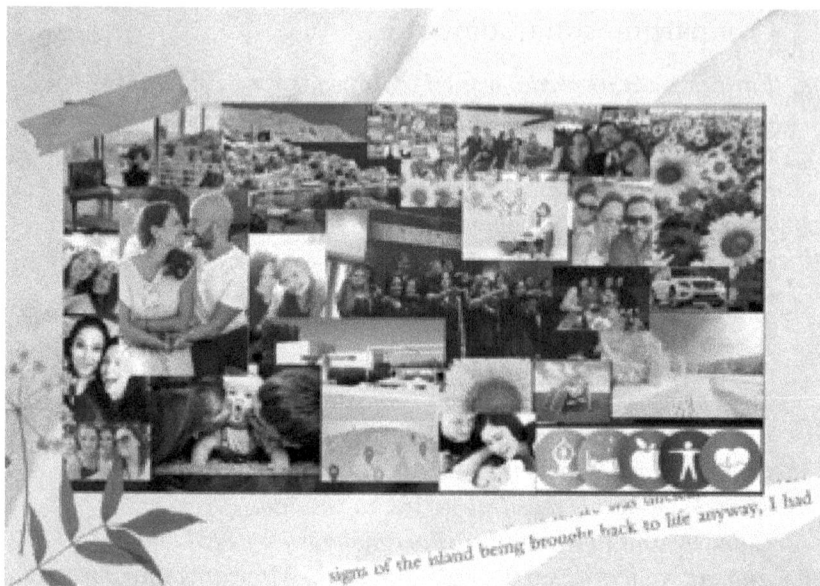

Recuerdo que quería algo simple, rápido de hacer y que pudiera tener en mi computadora o en el celular para verlo todos los días, así que encontré en Google lo que quería, dónde quería estar, e incluí fotografías de mi archivo propio, que me recuerdan el contacto de personas importantes para mí. Mi reflexión giró en torno a lo que siempre ha estado en mi vida, lo que quería que siguiera y lo que ya no quería. Así conformé mi propósito de vida.

Mientras elaboraba mi vision board, *descubrí que no eran las personas o los lugares que estaban en las fotos lo que más me importaba sino la emoción y el sentimiento que buscaba tener. Al hacerlo tuve mayor claridad tanto de la paz como de la tranquilidad que buscaba tener, porque estaba en un momento de ofuscación y dudas en mi vida. Cuando lo terminé, sentí congruencia.*

Parte de lo que puse ya estaba hecho, lo incluí para mantenerlo; otras cosas sí reflejaban el futuro. No todo lo he cumplido, pero estoy trabajando el camino para llegar a esto. Lo que más rápido sucedió es que conocí a quien hoy es mi esposo.

No identifiqué lo declarado visualmente con lo que logré casi de inmediato sino después de varios años, cuando volví a ver mi vision board. *Al darme cuenta de esto, sentí mucha satisfacción por cómo he fluido con mis deseos y anhelos.*

En julio de 2017, *Ernesto Rueda Mejía* estaba en la sesión dieciséis, antepenúltima de su proceso de Coaching. Había logrado cumplir lo que se proponía sesión por sesión, se sentía imparable y se visualizaba yendo hacia adelante, mejorando... el *vision board* sería entonces la herramienta que le daría enfoque a lo que significaba *ir hacia adelante.*

Elegí representar en mi vision board *objetivos personales principalmente, buscando mejorar mi calidad de vida. Al diseñarlo, elegí metas que había tenido en mente a lo largo del tiempo, necesité de mi autoaceptación para crearlo.*

Fue crucial entender lo que quería lograr, así como tener la fuerza de voluntad para dejar ir objetivos sin avance que tuve por años.

Durante el proceso de creación, descubrí que un sueño sin objetivos no es más que eso. Visualizarlo y decretarlo, lo hizo real. Me llevó días armar mi vision board, *porque para mí fue un trabajo para aterrizar lo que más quería y dejar ir aquello que solo me estaba causando pesar. Así que cuando lo terminé, sentí tranquilidad y felicidad.*

Ahora que lo reviso nuevamente, me doy cuenta de que algunos objetivos cambiaron y se aplazaron debido al giro radical que le di a mi vida. Otros los logré en un plazo de cinco años. Es importante mencionar que a raíz de esto definí tareas concretas y hacía una revisión periódica de mis objetivos para checar si había alguna desviación.

Dos resultados concretos que obtuve, originados por esta herramienta, fue el volver a confiar en mí, así como disfrutar mis momentos sin culpa.

El haberlo hecho le dio una forma integral a mi proceso de Coaching, porque pude plasmar lo que visualizaba y aterrizar con claridad los decretos de mis metas.

Por todo esto, recomiendo a todos que lo hagan, por lo menos, una vez en su vida.

En este caso, Ernesto eligió el formato digital y empleó varias diapositivas. Puso primero la que entendió que daba base a las demás, y después le dio espacio a cada una de las otras con sus declaraciones específicas.

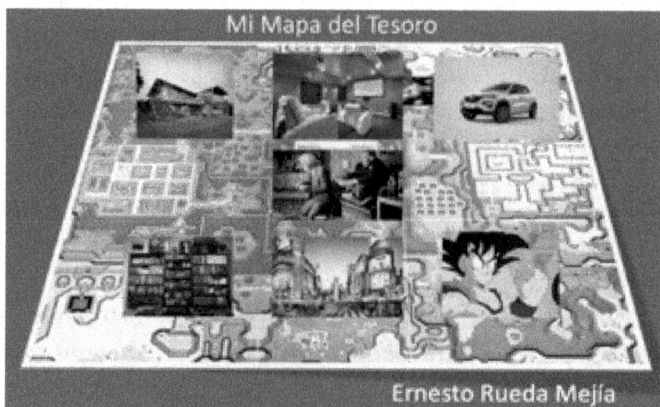

Mi Mapa del Tesoro

Ernesto Rueda Mejía

V. **Recursos**

1) **Canva.** Es una plataforma de diseño gráfico en línea, gratuita. Ofrece numerosas plantillas y elementos que se pueden utilizar para crear un *vision board*. También se pueden cargar las propias imágenes y personalizar así el tablero.

2) **Pinterest.** Se trata de una plataforma de descubrimiento visual donde es posible encontrar inspiración para elaborar un *vision board*. Se puede crear un tablero privado guardando imágenes que representen metas y aspiraciones.

3) **Aplicaciones de *vision board*.** Hay varias aplicaciones específicas disponibles para dispositivos iOS y Android. Entre ellas: DreamItAlive, Vision Board 2 y Hay House Vision Board. Estas aplicaciones ofrecen diversas características, como la capacidad de crear tableros de visión digitales, establecer recordatorios y hacer un seguimiento del progreso hacia las metas.

4) **Revistas.** Otra posibilidad es recortar de revistas imágenes y palabras que inspiren y representen las me-

tas. Se las puede organizar en una cartulina o en un cuaderno.

5) **Otros recursos en línea.** Hay varios sitios web que ofrecen imágenes y plantillas imprimibles gratuitas para *vision boards*. Por ejemplo, Free Printable.com y The Law of Attraction Blog.

6) **YouTube.** Se pueden encontrar en este sitio lugares que ofrecen orientación sobre cómo crear un *vision board*. Son instructivos que ayudan a elegir los materiales, describen las mejores prácticas para elaborar un *vision board* y comparten consejos y trucos para hacer que el tablero sea efectivo.

VI. Conclusiones

En el fluir cotidiano de los pensamientos, si no tienen expresión tangible, se diluyen o se olvidan.

Como herramienta complementaria del Coaching, el *vision board,* le permite al cliente hacer conscientes los sueños y las metas que pueden haber estado en su mente durante mucho tiempo y no fueron concretados.

En varias sesiones de Coaching, los clientes expresan que no han alcanzado sus metas, o bien, que tienen sueños que no se han cumplido en su vida, como si fueran imposibles de alcanzar o estuvieran esperando que les lleguen mágicamente.

A lo largo de nuestra carrera profesional, pudimos observar cómo las generalizaciones en el lenguaje crean confusión, falta de claridad mental o incluso de visión hacia lo que se busca crear en el futuro para cambiar o transformar el presente. Por ejemplo, algunos clientes expresan que viajar los hace felices; pero es indagar a dónde específicamente les gustaría ir en los próximos años lo que brinda claridad. También comparten en las sesiones que les gustaría poner un negocio, pero no saben exactamente cuál. O bien, que necesitan transformar su vida porque la actual está estancada; pero al preguntarles sobre el "nuevo muelle a dónde llegar", no tienen idea.

En resumen, los *vision boards* son una herramienta poderosa para ayudarte a alcanzar tus objetivos y soñar en grande. Con una técnica tan sencilla como crear un *collage* de imágenes, palabras y frases inspiradoras, se puede entrenar la mente para enfocarse en lo que realmente importa y lograr lo que se desea. Así que, a quien aún no lo haya hecho, lo animamos a crear el suyo.

Te invitamos a crear tu propio *vision board* y a que les propongas a tus clientes que conecten con sus sueños a través de la creación del suyo. Apóyate en esta valiosa herramienta para sintonizar con la belleza de ver posibilidades.

¡Ve por tus sueños!

Bibliografía

Rossomme, J: *The Secret of Getting Better Customers*, Roadmap Marketing, 2012.
Schwarz, J.: *The Vision Board: The Secret to an Extraordinary Life*, 2008.

Capítulo 8

Coaching y LEGO®

Brenda Vélez, Claudia Puente, Pau Arigós
y Cristina López

I. Introducción a la técnica

El Coaching es una disciplina en constante evolución y existen numerosas técnicas y enfoques disponibles. La elección de las técnicas adecuadas dependerá del contexto y de los objetivos específicos de cada sesión.

El enfoque que propone utilizar LEGO® para potenciar el aprendizaje se basa en varios fundamentos teóricos que respaldan su efectividad.

Algunos de ellos son:

1) **Constructivismo.** De la mano de autores como Piaget, Vigotsky y Papert, por mencionar algunos de los teóricos más importantes, sostiene que el aprendizaje se construye activamente a través de

la interacción con el medio. Al utilizar diversos instrumentos, los participantes pueden construir y manipular objetos físicos, lo que les permite crear representaciones de sus ideas y sus conocimientos. Esta acción de construcción proporciona una experiencia práctica que permite desarrollar una comprensión más profunda de los conceptos.

2) **Aprendizaje basado en la experiencia.** Este enfoque (Kolb, 1998) postula que los individuos aprenden mejor cuando participan en situaciones y actividades significativas. Es muy importante para el aprendizaje tomar en cuenta: la experiencia concreta, la observación reflexiva, la conceptualización y la experimentación. Al utilizar LEGO®, los participantes se involucran en una experiencia de aprendizaje práctica y multisensorial, y esto les permite explorar, experimentar y aprender.

3) **Gamificación.** Varios expertos en la materia coinciden en que la *gamificación* es reconocida como una poderosa herramienta educativa que fomenta la motivación, la creatividad y la resolución de problemas. Sus bases son la motivación intrínseca, la colaboración y la experiencia de aprendizaje de manera activa. Al utilizar LEGO®, se promueve el juego como parte integral del proceso de aprendizaje. Los participantes pueden crear escenarios, resolver problemas, trabajar en equipo y explorar diferentes posibilidades, lo que facilita un aprendizaje más significativo y lúdico.

Estos fundamentos teóricos respaldan el uso de LEGO® como herramienta para potenciar el aprendizaje, ya que permite a los participantes construir, experimentar, jugar y reflexionar sobre sus experiencias de manera activa y participativa. Esto contribuye a un descubrimiento más profundo, significativo y motivador.

Por otra parte, es importante recordar que los cuentos y las anécdotas han sido los grandes distintivos utilizados por las personas y las culturas del mundo, para preservar sus historias. La metodología con LEGO® demuestra ser una poderosa técnica que combina las estrategias de aprendizaje activo, resolución de problemas y comunicación, con los estilos de aprendizaje (visual, auditivo y kinestésico) de los participantes. El efecto es la maximización de los procesos de pensamiento, la creatividad, la solución de problemas y el desarrollo de la inteligencia emocional, entre otros.

II. **Uso de la técnica**

♟	♟♟♟♟		○	▨	—		↻	

Estudios revelan que nuestras manos están conectadas entre un setenta y un ochenta por ciento con nuestras células cerebrales. Al utilizar las manos involucramos ambos hemisferios del cerebro en nuestro proceso de pensamiento. Esto implica que cuerpo y mente son parte de la experiencia de aprendizaje, e involucrarlos a los dos permite ampliar visiones y detectar ideas limitantes.

Hagamos un ejercicio. Cierra los ojos e imagina los bloques LEGO® que estás usando. Date unos minutos y piensa a dónde te has trasladado, con qué o con quién has conectado y qué sentimientos han aflorado. Es seguro que tuviste una experiencia breve y a la vez lúdica.

El método de facilitación con LEGO® es un modelo innovador de intervención que busca la expresión de ideas y la comunicación interpersonal. Se construye utilizando metáforas y storytelling. También es un poderoso medio para desbloquear el conocimiento y el pensamiento múltiple en la persona (Kristiansen y Rasmussen, 2014). Esto se refleja en el aprovechamiento de los sistemas mentales de la imaginación y la narración para observar el contexto y orientar hacia la resolución de los desafíos.

El trabajo con LEGO® es útil para promover la conectividad con otros, la conversión de emociones, el desarrollo cognitivo y la toma de acción de los clientes (Pay-Ling, 2018). La evidencia empírica y anecdótica sobre el uso de LEGO® muestra beneficios para las personas, los grupos y las organizaciones (Ross y Victor, 2018), además de generar un efecto positivo en la promoción de la autoeficacia de los clientes (Pay-Ling, 2018) y el desarrollo de habilidades (Lloyd-Smith, 2019).

En Coaching, se aprovecha de manera efectiva el uso de la técnica LEGO® como parte del intercambio de ideas y pensamientos. Esto requiere que siempre se invite al cliente a pensar, comunicar y mantener la atención a su proceso mediante preguntas y el trabajo con los bloques.

Es parte del proceso que el cliente sienta, en algún momento, que no sabe qué va a construir. Sin embargo, se lo invita a que mantenga la presencia en su proceso y construya algo. Recordemos que nuestras manos están conectadas con nuestras células cerebrales, por lo que mantenerse utilizando las manos dará lugar a la generación de ideas que posteriormente le brindarán sentido al cliente.

El sistema de trabajo con la técnica LEGO® contiene las siguientes fases:

1) **Fase de Acción.** Se caracteriza por la definición de la meta, el espacio para la imaginación y el desarrollo de la construcción con LEGO®.

2) **Fase de Interacción.** Es la etapa de la narración, de dar sentido a la construcción realizada y del intercambio de historias. Se evoca la comprensión, la concienciación y el aprecio.

3) **Fase de Transformación.** En esta fase se consolida la reflexión y los aprendizajes del proceso. Es el punto de reconocimiento de potenciales puntos ciegos, se vive la experiencia del descubrimiento, el "momento ¡aha!".

El "momento ¡ahá!" es un término utilizado para reflejar la identificación o experimentación de una experiencia gratificante o reveladora. Se manifiesta como una sensación lo suficientemente fuerte como para poder impulsar el comportamiento y la toma de decisiones. Típicamente, se reconoce cuando ocurre. El "momento ¡ahá!" de una conversación de Coaching es efecto del nivel de interacción y de la alianza de trabajo entre el coach y el cliente. Cuando ocurre, ayuda a disolver los límites percibidos por el cliente y facilita las posibilidades, provocando una sensación de capacidad de realización.

El trabajo con LEGO® en sus tres fases presenta una propuesta de valor mediante un espacio para la creación. Esto es útil para expandir la visión del objetivo, qué ha ocurrido, dónde se encuentra en el momento de la sesión, qué descubre y cómo añadirá valor a su vida.

Al adaptar esta técnica a un espacio de Coaching, es indispensable observar las siguientes recomendaciones. Te invitamos a que viajes, como coach profesional, a la visualización de cómo crear el espacio:

1) Es necesario crear un ambiente seguro, lúdico y confortable para el cliente. Esto incluye prepararlo invitándolo a co-crear un espacio apto para la

apertura, la expresión, la diversidad y la asunción de riesgos.

2) El coach debe tener suficientes materiales disponibles. Además, su presentación y disponibilidad debe ser ordenada y adecuada. Por otra parte, tiene que ser el cliente quien seleccione los materiales de trabajo que desee utilizar.

3) El rol del coach es "ser coach" y mantener el espacio de Coaching en todo momento. Debe tener cuidado de no convertirse en facilitador o asesor. La clave es no perder de vista que los LEGO® son una herramienta para cimentar, provocar comunicación, evocar conciencia y promover el crecimiento y el aprendizaje del cliente.

4) El coach, desde un espacio de presencia, debe conectar con preguntas que profundicen en las esencias del "quién" y el "qué" ante las reflexiones que hace el cliente mientras construye con los bloques.

Hay muchas razones que explican el creciente interés en el uso de esta técnica en el espacio de Coaching. Una de ellas es la efectividad probada de sus resultados, principalmente por la atmósfera constructiva y el ambiente de confiabilidad que distingue su contexto; distinciones que comparte con el Coaching profesional. Por otra parte, la integración de esta herramienta a nuestra práctica no es nueva, ya que desde hace más de una década, coaches de diversas partes del mundo la han integrado a su trabajo con los clientes.

Algunos casos en los que se puede aplicar con éxito esta metodología desde el Coaching son:

❖ Puesta a prueba de escenarios reales que el cliente se encuentra afrontando.

❖ Proyección de la mirada sobre sí mismo y su efecto en los demás.

❖ Alineación con otros desde un lenguaje compartido.
❖ Desarrollo de conversaciones cruciales.
❖ Desarrollo de visión y exploración de valores.
❖ Mecanismo de apoyo en la superación de obstáculos.
❖ Gestión del cambio.
❖ Desarrollo de equipos (familia, comunidad, profesional).
❖ Planificación y toma de decisiones.
❖ Estrategia para apoyar las conversaciones.
❖ Pensamiento de diseño.

III. Nos ponemos en movimiento

Siguiendo el método no directivo para acompañar a los clientes en sus procesos de Coaching, las herramientas de trabajo que se utilizan están a la vista para que sea él quien elija utilizar el recurso durante la sesión. Sugerimos que en la instancia de macroacuerdo se hable con el cliente sobre las herramientas de trabajo que se utilizan, para que después surja de él o del coach qué se va a emplear.

En el caso que compartiremos a continuación, la clienta venía trabajando sobre un cambio en su área de trabajo, con la idea de dejar el negocio familiar para enfocarse en su propio emprendimiento. En las últimas sesiones, desde la palabra hablada, no lograba pasar a la acción con aquellos "darse cuenta" y metas propuestas, por lo que manifestó "hay algo que no se está viendo". Pidió entonces utilizar LEGO® para representar su situación familiar y ver si de esta manera lograba emerger aquello que permanecía oculto.

Por cuestiones de confidencialidad, modificamos algunos datos y detalles del caso, con el acuerdo con la clienta.

1. Caso de Coaching individual

Acuerdo[14]

—¿Qué quieres trabajar hoy?

—*Lo que quiero es enfocar mi energía en mi nuevo proyecto, que es una consultora para emprendedores que recién comienzan, ¿sí? Quiero darle prioridad a esto, mi nuevo proyecto laboral.*

(Silencio.)

—¿Qué te está pasando con este nuevo proyecto?

(Silencio.)

—*A ver, me pasa que, si bien es lo que quiero, cortar con el negocio anterior me cuesta. Me está costando.* (Silencio.) *Es como que lo nuevo me entusiasma, es lo que quiero ahora, y a la vez, dejar lo viejo me cuesta.* (Silencio.)

—¿Qué es lo que te cuesta?

—*Todo me cuesta, porque es dejar lo conocido, lo que ya sé que funciona, y a lo que me dediqué muchísimos años.*

—Recién, cuando dijiste "todo", vi que sonreíste. ¿Qué significa para ti sonreír cuando hablas de lo que te cuesta? (Silencio.)

—*Bueno, no sé, es una forma de descomprimir, de aflojar la angustia...* (Silencio.) *Es que no quiero sentir angustia.* (Silencio.)

—¿Qué sientes que pasa con la angustia en este momento?

—(Llanto) *Siento que es momento de darle lugar, el espacio que evidentemente... (Silencio.) me está pidiendo tener en mi vida, porque por más que estoy tratando de enfocarme, más que tratando estoy enfocándome, y dando todo de mí para el nuevo proyecto, no tratando, porque no estoy pudiendo. Sí, claramente, no estoy pudiendo y siempre vuelvo a lo viejo, el negocio viejo que estoy dejando.*

---

14 N. del E.: Para la mejor lectura, decidí incluir en itálica las intervenciones del cliente y en redonda las del coach.

(Silencio)

—¿Qué es lo que no quieres sentir?

—*La angustia que me da dejar el negocio viejo es como...*
A ver... Es como un duelo.

—¿Cuál es el negocio viejo?

—*Es un negocio familiar virtual. Y es como que en todo*
esto que ya venimos hablando hace rato... Como si hubiera
algo que no estoy viendo. Como si hubiera algo escondido en
toda esta situación que no puedo ver y no sé qué hacer para
poder verlo.

—Noto que cambió tu tono de voz y que suspiraste
¿Qué significa esto para ti?

—*Es que... A ver... Es como un alivio y angustia a la vez...*
Siento que... O sea, me está cayendo una ficha al ver que
la dificultad que estoy teniendo es que lo que estoy dejando
es mi familia, y en realidad no la estoy dejando, porque hay
algo que no puedo ver y hace que no deje de trabajar con
ellos.

—Entonces, con este bloque que te cayó, ¿qué es lo
que quieres trabajar hoy?

—*Lo que hoy quiero trabajar es poder seguir conectándome*
con mi vulnerabilidad, o sea, con esto que aparece. Poder
aprender a conectarme con esto, porque eso es lo que en reali-
dad veo que me cuesta y me hace pensar. ¿Qué cosas no estoy
viendo para no animarme?

—¿Qué crees que no estás viendo?

—*No sé.* (Risas.) *Por eso digo.* (Risas.)

—¿Qué te hace reír ahora?

—*Nada, la costumbre de reírme por todo, tal vez. Es la acti-*
tud frente a todo. Enfrentarme a la vida con una sonrisa me
permite eso... Bueno, un poco esto que te decía de descompri-
mir lo que siento. Es mi armadura, sí. Por eso creo que hoy es
esto lo importante para mí, no es el tema que traje sino que
es aprender a ser vulnerable. (Silencio.)

Experiencia de aprendizaje

—¿Cómo fue en tu familia ser vulnerable?

—*Ah, no, olvídate. En mi familia no podías ser vulnerable, o no puedes ser vulnerable, porque o te retaban por ser sensible o se burlaban o lo usaban después en tu contra. Si decías algo un día, después, en otro momento, discutiendo, lo usaban para lastimarte, y así tratar de tener la razón en la discusión.*

—¿Qué te está mostrando?

—*Esto, que además de angustia tengo mucho miedo. Sí, esto, que además de angustia tengo mucho miedo.* (Silencio.)

—¿Miedo a qué?

(Silencio.)

—*No sé... Ahí creo que va lo que no puedo ver...* (Silencio.) *¿Podemos usar de nuevo los Legos?*

—Claro que sí. Acá están. ¿Cuáles quieres usar?

—*Las figuras de mi papá, mi hermano, mi familia, porque yo hoy quiero dejar, en realidad, ya dejé el negocio familiar. Y no lo termino de soltar quizá por esto, que me echen en cara en algún momento esto, que lo usen... no sé, como un arma. No sé si decir arma, pero sí como una herramienta, como un argumento en una discusión.*

—Ok, puedes colocarlos sobre el escritorio donde tú quieras. ¿Algún otro Lego?

—*Y a mí.*

(Silencio.)

—¿Qué observas en esa escena?

—*Veo que mi papá y mi hermano están mirando hacia un mismo lado y que yo los estoy mirando a ellos.* (Silencio.) *Siento que falta algo más para completar. Falta algo acá.*

—¿Qué falta?

—*No sé... ¿Puedo poner un Lego igual? Aunque no sepa qué es.*

—Claro, los que tú quieras.

—(Suspiro. Sollozo.) *Sí, ahora sí estamos todos.* (Silencio.)

—¿Qué pasó con ese suspiro y "ahora estamos todos"?

—*Y, sí, porque me emociona. Ese que está ahí es lo que me estaba faltando ver. Es mi proyecto. Yo los estaba viendo a mi papá y mi hermano con el negocio familiar y ni siquiera estaba en mi mente mi proyecto.*

Solamente los miraba a ellos. Y ahora sí está también lo que quiero yo.

—Con esto que comentas, ¿cómo te sientes ahora con la posición de cada Lego?

—*Los voy a cambiar de lugar. A mi familia, no. Ellos quedan donde están. Voy a cambiar a mi muñequita para que mire hacia mi proyecto y al proyecto mirándome a mí. Así.*

—¿Cómo te sientes ahora con esta escena?

—*Uf... (Risas.) Muchísimo mejor. ¿Sabes? Lo que siento que antes no estaba viendo es que internamente seguía enganchada con mi familia y con la angustia de lo que pueda llegar a pasar con ellos si yo me voy y me enfoco en lo mío. Pero a la vez, al estarlos mirando a ellos tampoco estoy viviendo mi vida, es como si toda mi energía hubiera estado bloqueada.*

—¿Ahora cómo está esa energía?

(Silencio.)

—*Está en mí. Está en mí, en lo que quiero. De hecho, sacaría a los Legos de mi familia y solamente dejaría al mío con mi proyecto.*

—¿Qué te impide sacarlos?

—*¡Nada! (Risas. Saca los Legos.)*

—¿Qué aprendiste hoy?

—*Bueno, principalmente, vi qué era eso que no podía ver, porque me daba cuenta de que a mí me da angustia irme del negocio familiar, pero no había visto el miedo de que eso genere algún tipo de consecuencia negativa de ellos hacia mí, y que al estar pendiente de mi papá y mi hermano, no solo no hago lo que ellos quieren que haga, sino que tampoco estoy haciendo lo que yo quiero hacer. Entonces, así no. No sirve.*

—¿Cómo sí sirve?

—*Y... Cuando me puse a mirar mi proyecto, yo sentía que nos estábamos mirando a los ojos como enamorados con el proyecto... (Risas.) Con una energía en aumento, con ganas de hacer, de aprovechar este envión.*

—¿Cómo vas a aprovechar el "envión"?

—*Voy a tener una charla con mi papá y con mi hermano. Les voy a contar lo que me está pasando y el miedo que estoy sintiendo de que irme del negocio influya en la relación personal que tenemos, de que esto implique en algún momento alguna echada en cara, como un "porque tú te fuiste..." o algo así.*

Seguimiento

Con la clienta se siguió trabajando en cómo ella se posicionaba respecto a su relación con el padre, y en diversos encuentros, los bloques y las figuras de los LEGO® fueron cambiando hasta que logró posicionar a dos del mismo grupo, en coherencia entre ella y su padre, y eventualmente, logrando la conversación con él.

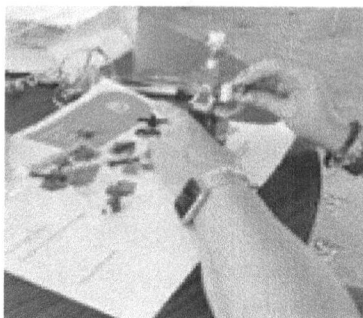

Coaching Individual con LEGO® -
Conexión con las fortalezas y las oportunidades
(Fotografía autorizada por la autora para ser utilizada en este libro.)

2. Caso de Coaching en equipo

Seguimos compartiendo, tanto con los coaches como con otras mentes inquietas que tengan este libro en sus manos, un caso de éxito llevado al mundo organizacional, a través de una sesión de Coaching con LEGO® ante una situación real vivida en una empresa multinacional.

Se conversó con el responsable del equipo y el patrocinador para conocer su mirada, el "para qué" de su llamado, y esto es lo que compartieron:

Vivimos una situación compleja en la compañía en estos momentos a nivel relacional entre varios equipos, y esto nos está afectando en los resultados [...]. La situación actual parte de la falta de éxito en el mercado con un producto de la marca en el que hemos depositado una gran expectativa, y esto ha provocado un enfrentamiento entre los departamentos de marketing, calidad, comercial y desarrollo de producto.

Se compartió con el responsable, el patrocinador y el equipo la mirada ética del Coaching para poder acordar cómo se llevaría a cabo el acompañamiento. Primero con cada uno de los cuatro equipos, y después con un Coaching sistémico que permitiera avanzar. Firmado el acuerdo, se agendó y se inició el proyecto.

La sala destinada para el encuentro era amplia, con grandes ventanales por donde emanaba una claridad natural que permitía no utilizar luz artificial. Al otro lado de los ventanales había un pequeño jardín que ornamentó la sesión y que utilizamos para salir a respirar y generar además movimiento con los equipos.

Comenzaron a llegar los asistentes. Había espacios preparados para los cuatro equipos y sillas repartidas por la sala. Se invitó a que cada persona eligiera una silla y se ubicara donde se sintiera cómoda. Esto permitió observar la comunicación, la disposición, la energía y la emoción de los participantes.

Se comenzó con la creación del contexto, generando un espacio de conversación y de confianza. Se les preguntó a los asistentes para qué creían que estaban en esa sesión, para qué había contratado el servicio de Coaching la empresa, y así se alinearon las expectativas. Se les invitó a que eligieran moverse del lugar inicial a medida que su sentir estuviera alineado con esto y se facilitó un espacio para cuando se sintieran preparados.

Posteriormente, se procedió a la creación de una alianza, donde acordaron el nivel de compromiso, la transparencia, la honestidad y el respeto en la comunicación sin juicio;

las sillas se iban aproximando; ya no había tanta distancia entre ellos. Se alineó el objetivo: lograr una mejora en la comunicación vinculada al producto y su venta entre todos los departamentos involucrados, que estaban presentes y sentados en círculo.

Creando la situación actual

Se les mostró a los miembros de los diferentes equipos una gran caja de LEGO® y se les pidió que construyeran una estructura con los bloques. Se invitó a que representaran cómo entendía cada equipo la situación que los había llevado a estar en ese momento en ese lugar. El objetivo iba dirigido a romper el hielo, a que conectaran emocionalmente con la herramienta y se rompiera la brecha de comunicación que se sentía entre ellos. Todas las sillas y sus ocupantes estaban en círculo y se percibía una energía diferente mientras construían.

Cuando se dio la consigna a los equipos para que construyeran un modelo con los LEGO® se buscó enfoque en el objetivo de la sesión: encontrar una mejora en la comunicación vinculada con el producto y su venta. Esto permitió que los departamentos se familiarizaran con la situación, identificaran cuáles eran los principales quiebres y vieran los desafíos que enfrentaban.

Los asistentes comenzaron a construir las estructuras con bloques de LEGO® y se les preguntó: "¿Qué dice lo que has construido?". Esto los invitó a co-crear una conversación acerca de su realidad y de las emociones que despertaba esa situación.

Algunas de las preguntas hechas durante la intervención:

❖ ¿Qué están contando de la situación actual?
❖ ¿Qué aspectos de la situación actual necesitan representar?

❖ ¿Cuáles son los factores principales que provocan esta situación?
❖ ¿Qué información se necesita para comprender mejor la situación?
❖ ¿Qué consecuencias están enfrentando?
❖ ¿Qué se puede aprender de la situación?

Situación ideal

Una vez que cada equipo construyó el modelo y comprendió la situación actual global, se les pidió que construyeran un nuevo modelo para la solución deseada. Esto les permitió identificar los recursos necesarios para alcanzar el objetivo.

Se les pidió que se preguntaran:

❖ ¿Qué recursos necesitamos para alcanzar el objetivo?
❖ ¿Cuáles son los pasos para alcanzar la solución deseada?
❖ ¿Qué procesos y herramientas decidimos utilizar para lograr el resultado?
❖ ¿Cuáles son los retos y las limitaciones que enfrentamos?

El momento del coach retador

El coach retó a los equipos, apelando a su creatividad, cuando les dio la consigna de que construyeran un modelo que representara la solución más innovadora posible. Esta actividad les permitió explorar nuevas ideas y encontrar soluciones que podrían mejorar el producto.

Las preguntas que orientaron la búsqueda fueron:

❖ ¿Qué ideas innovadoras podemos explorar?

- ❖ ¿Cuál es el mayor reto al que nos podemos enfrentar?
- ❖ ¿Qué representación es la más desafiante?
- ❖ ¿Qué requiere cada departamento para superar el reto?

Recogiendo aprendizajes

Finalizada esta parte, el coach hizo una reflexión con los equipos, para que compartieran sus ideas y sus experiencias. Centró el foco en los aprendizajes recogidos en el área de producto, comunicación y trabajo en equipo, y los participantes dijeron que se sintieron conectados y comprendieron mejor la situación de cada uno de ellos, se retroalimentaron y se motivaron, generando así una unidad retadora.

Las preguntas que se utilizaron fueron:

- ❖ ¿Qué aprendieron de ustedes y de la mejora de la orientación al objetivo?
- ❖ ¿Qué aprendieron del producto durante la sesión?
- ❖ ¿Qué aprendieron respecto a la necesidad de sinergia generada por los departamentos?
- ❖ ¿Qué conclusiones pueden sacar de nuestras conversaciones?

Entrando en acción

Llegó el momento de recoger aprendizajes y elaborar un plan de acción para llevar a cabo las ideas que se generaron durante la sesión.

El coach planteó estas preguntas:

- ❖ ¿Qué ideas surgen para mejorar?
- ❖ ¿Qué podrían hacer hoy que no se habían planteado antes?

❖ ¿Qué pasos debemos seguir para llevar a cabo nuestras ideas?

❖ ¿Qué recursos necesitamos para implementar el plan de acción?

❖ ¿Cómo podemos asegurar el éxito del plan de acción?

❖ ¿Qué se puede hacer para evitar enfrentamientos en el futuro?

❖ ¿Qué tipo de relación entre departamentos decidimos pactar? ¿Cómo van a saber que lo están consiguiendo?

❖ ¿Qué obstáculos pueden encontrar? ¿Cómo decidieron enfrentarlos?

❖ ¿Con qué fortalezas cuentan?

❖ ¿Qué valores decidieron que los acompañarán?

Cierre de la sesión

Al final de la sesión, el coach hizo una reflexión junto a los equipos, y habilitó de esta manera un espacio que permitió compartir ideas y experiencias.

Después, les solicitó a los participantes que evaluaran la sesión y compartieran cualquier retroalimentación que colaborara para mejorar la experiencia.

Los integrantes del equipo aprendieron durante la actividad de construcción con LEGO®:

❖ **Importancia de la diversidad.** Conversaron acerca de cómo cada uno tenía un enfoque diferente al construir sus torres individuales, lo que llevó a una variedad de formas y estructuras. Esto resaltó la importancia de la diversidad en los equipos y cómo diferentes perspectivas y habilidades pueden ser beneficiosas para el éxito.

❖ **Comunicación efectiva.** Los participantes de la sesión de Coaching hablaron de cómo la comunicación efectiva es crucial para el éxito del equipo y de cómo la falta de comunicación clara puede llevar a confusión.

Coaching de Equipos con LEGO®
Construcción de la visión de trabajo
(Fotografía autorizada por la autora para ser utilizada en este libro.)

El enfoque con LEGO® puede ser particularmente útil para brindar Coaching a equipos que tienen dificultades para comunicarse verbalmente o para abordar problemas complejos.

Al proporcionar un medio visual y táctil para la discusión, el equipo puede ser más efectivo al identificar y abordar los desafíos que enfrenta.

IV. Conclusiones

En este capítulo compartimos conceptos y prácticas que permiten evidenciar que el uso de LEGO® en el trabajo de Coaching contribuye a la generación de un espacio saludable, enmarcado por la presencia y la conciencia tanto del cliente como del coach.

Esta herramienta facilita la adquisición de nuevas perspectivas, una mejor experiencia de conectividad con otros, así como la promoción de un espacio expansivo que contribuye al desarrollo del potencial humano.

Resulta importante reconocer la utilidad que proporciona esta integración, para expandir las conversaciones de Coaching con flexibilidad y agilidad, en el trabajo individual y grupal. Sin embargo, es necesario tener en cuenta que el mayor poder para desatar la creatividad es siempre confiar y creer incondicionalmente en el potencial del cliente.

Confiamos en que estas páginas hayan contribuido al desarrollo profesional y que las estrategias e ideas compartidas refuercen tu creatividad y tu experiencia como coach.

Brenda, Claudia, Cristina, Pau

Referencias

Busch, E. L.; Rapuano, K. M.; Anderson, K.; Rosenberg, M. D.; Watts, R.; Casey, B. J.; Feilong, M. (2022): *The LEGO theory of the developing functional connectome.* bioRxiv, 2022-05. DOI: https://doi.org/10.1101/2022.05.24.493295

Hayes, C.; Graham, Y. (2020): *Understanding the building of professional identities with the LEGO® SERIOUS PLAY® method using situational mapping and analysis.* Higher Education, Skills and Work-Based Learning, 10(1), 99-112.

Kristiansen, P.; Rasmussen, R. (2014): *Building a better business using the Lego serious play method.* John Wiley & Sons.

Liang, D. N. Y.; Yun, F. N. J.; Minato, N. (2021): *Investigating the use of LEGO® Bricks in education and training: A systematic literature review.* Journal of Applied Learning and Teaching, 4(1), 107-113.

Pay-Ling, H. (2018); LEGO® *Based Clinical Intervention with LEGO® SERIOUS PLAY and Six Bricks for Emotional Regulation and Cognitional Reconstruction.*Examines Phy Med Rehab. 1(3). EPMR.000515. 2018. DOI: 10.31031/EPMR.2018.01.000515

Roos, J.; Victor, B. (2018): *How it all began: the origins of LEGO® Serious Play®.* International Journal of Management and Applied Research, 5(4), 326-343.

Smith, J. L. (2015): *Strategic Play: The Creative Facilitator's Guide.* eBook Partnership.

_____: *The Use of LEGO® SERIOUS PLAY™ with TEAMS.*

Viveros, S. C. (2017): *El aprendizaje significativo y las emociones: una revisión del constructo original desde el enfoque de la neurociencia cognitiva.* Congreso Nacional de investigación Educativa COMBE (pp. 1-10).

Capítulo 9

La caja mágica en Coaching

Damián Goldvarg y Norma Perel

I. Introducción

La caja mágica es un enfoque creativo que utiliza las metáforas para analizar escenarios y que consiste en seleccionar y organizar objetos en un espacio para explorar sus relaciones.

Este enfoque ayuda a revelar patrones, facilitar el diálogo entre el coach y su cliente –o el supervisor de Coaching y el coach supervisado– y aclarar situaciones complejas.

Esta herramienta puede ser empleada tanto en Coaching como en supervisión, y en todos los espacios que inviten a explorar situaciones desde un punto de vista sistémico. Enfatiza las relaciones entre los elementos y su contexto a través de metáforas.

II. **Fundamento teórico**

De acuerdo a Lily Seto (2020), la caja mágica es una herramienta especialmente útil cuando el cliente está interesado en explorar lo que está fuera de su conciencia. La elección de símbolos permite usar metáforas para acceder a partes inconscientes, es decir, a darse cuenta de aspectos que no estaban en su conciencia. Las metáforas son una herramienta poderosa en el Coaching, porque permiten obtener información sobre nuevos posibles comportamientos. Al emplear metáforas, se anima a las personas a explorar nuevas perspectivas y formas de pensar.

La caja mágica posibilita explorar temas o situaciones de Coaching a través de objetos que representan a los actores clave, las organizaciones y las experiencias que se traen a la sesión, como por ejemplo, el cliente, su familia, el jefe, la presión, la carrera, la organización, el dinero o el miedo.

El enfoque consiste en la exploración de la relación entre los diferentes elementos. El coach facilita el proceso con preguntas exploratorias y el cliente elige los objetos que van a representar los elementos de su situación.

Incorporar la caja mágica a las sesiones de Coaching incita a los clientes a adentrarse en el significado inconsciente detrás de los símbolos que eligen.

III. **Descripción de la técnica**

El coach puede incluir en su caja mágica miniaturas u objetos pequeños, como piedras, conchas, personajes de juegos, dados o elementos de su escritorio, entre muchos otros. Es necesario que los objetos puedan ser transportados fácilmente en una caja o una bolsa a las sesiones presenciales, aunque también se puede aplicar la técnica en forma virtual, si el cliente tiene acceso a los elementos que preferirá emplear por adelantado.

Lili Seto, por ejemplo, prepara una caja mágica con veinte dijes y ofrece talleres para trabajar con esta técnica. En el caso que presentamos en este capítulo utilizamos una caja con elementos elegidos por ella.

El primer paso, después de clarificar el acuerdo de Coaching, consiste en que el cliente seleccione un objeto para representarse a sí mismo en la situación dada y lo coloque en un tablero, una tela o un espacio designado. En esta etapa, el coach se abstiene de hacer comentarios sobre la ubicación. Solo al final, después de que el cliente elija todos los objetos y los ubique en el espacio, el coach va a explorar el significado de cada uno de ellos y sus relaciones con los otros. Es importante que las ubicaciones de los objetos sean espontáneas, permitiendo que la "imagen" emergente esté libre de pensamiento consciente tanto como sea posible.

En el segundo paso, el cliente es invitado a seleccionar objetos que representen a los demás actores claves –otras personas, emociones o conflictos–. Se le indica que se tome el tiempo necesario. A medida que el proceso se profundiza, se observará cómo las reflexiones, las ideas y las observaciones del cliente se expanden. El coach lo invitará entonces a que siga agregando elementos. Por ejemplo, puede preguntarle: "¿Hay algún otro elemento que quieras agregar en esta situación?". Puede hacer esta pregunta varias veces hasta que el cliente no identifique más elementos para agregar.

Una vez que todos los objetos estén colocados, se sigue con la exploración del significado detrás de cada uno. Se invita al cliente a ponerles nombre. El coach tiene que evitar participar en esta etapa, para que sea el cliente quien elija el nombre y el significado de cada elemento. Es posible invitar al cliente a sacar una foto y ver patrones. Se le puede proponer que se ponga de pie, camine alrededor del tablero y vea la situación a la distancia. Este ejercicio es de naturaleza visual. Se puede considerar la exploración de la proximidad o de la distancia entre los elementos, quién está mirando a quién –o no–, y quién está posicionado más alto o más bajo. En esta instancia, se le propone al cliente que reflexione sobre las posibles implicancias de las ubicaciones.

Una vez que se explora cómo están relacionados los elementos, se invita al cliente a reorganizarlos, para crear un futuro deseado diferente y luego reflexionar sobre los cambios, las conversaciones y las estrategias necesarias para lograr una solución. Una vez que se hicieron los cambios, se puede volver a sacar una foto y explorar los nuevos significados e implicaciones de esta nueva relación espacial.

En cualquier momento, si surgen ideas importantes que requieren un tipo diferente de discusión o exploración, los objetos pueden dejarse de lado. A veces, su utilidad radica en llamar la atención sobre algo que ha estado oculto.

Finalmente, se explora lo aprendido durante el ejercicio. Es importante asegurarse de que el cliente sienta que se completó la exploración al finalizar el trabajo y que no quede nada por ser articulado.

Lily Seto (2020) sugiere algunos principios orientadores:

❖ **Menos es más.** La presencia y la contención del coach son cruciales. El poder de la experiencia suele ser mayor cuando el coach habla poco y es intencional en sus comentarios.

❖ **Reducir el sesgo del coach.** Permitir que los clientes elijan cómo nombrar los elementos en vez de nombrar los objetos por ellos, y evitar interpretaciones a menos que haya una hipótesis que explorar.

❖ **Usar la intuición para indagar.** Estar preparado para emociones intensas a medida que el cliente accede al inconsciente y hace descubrimientos imprevistos.

Variables a analizar por el coach:

1) La elección de los objetos para representarse y representar a otros.
2) La ubicación y la proximidad de los objetos y cualquier significado detrás de esto.
3) Patrones que surjan de la imagen.
4) La aparición de sentimientos y sensaciones a medida que se discute el paisaje metafórico.
5) Objetos que tienen importancia para el escenario según lo evaluado por el coach.
6) Situaciones representadas en la imagen que también pueden ser relevantes en el momento presente.
7) Explorar otra información que pueda estar disponible desde diferentes ángulos o perspectivas cuando el cliente se mueve físicamente alrededor de la imagen.

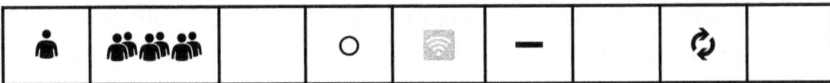

🧍	👥👥👥		○	🔲	—		↻	

IV. Presentación de caso

Para dar comienzo a la sesión, el coach le explicó a Martín, su cliente, cómo iban a trabajar y cuáles eran los elementos de la caja mágica que iba a tener que distribuir en una base de tela rectangular que el coach colocó sobre una mesa. Además, el coach colocó al lado de la tela rectangular todos los elementos, que eran veinte dijes pequeños, y le explicó a Martín que iba a tener que elegir los que prefiriera, otorgarles un nombre y un lugar de acuerdo a lo que quería trabajar en la sesión. Le dijo que esto también se podía hacer con otros elementos del escritorio o incluso de la cocina. En este caso, los elementos de la caja mágica fueron seleccionados por Lily Seto, para ser utilizados en sesiones de Coaching y de Supervisión. A continuación, el coach explicó que se partía de una visión sistémica del entorno. Estos elementos iban a representar metafóricamente lo que Martín eligiera para trabajar, y él iba a ser el encargado de darles un significado.

El trabajo tiene diferentes pasos que el coach fue señalando con el transcurrir de la sesión. Para comenzar, le pidió a Martín que eligiera un elemento que lo representara a él y que lo colocara en el espacio que quisiera dentro de la superficie de la tela. Martín eligió un búho y lo colocó en el medio de la superficie a trabajar. El coach le preguntó qué quería trabajar e hizo una síntesis de lo que entendió que Martín quería conseguir en la sesión: explorar qué lo detenía al tener que exponerse.

El coach preguntó si había algo más que necesitaran explorar sobre el acuerdo. La respuesta fue: "Encontrar un recurso, una estrategia para activarlo". A continuación, el coach le preguntó qué representaba la primera pieza elegida por Martín. El cliente compartió: "Es un búho, una forma de representación potencial, como un lugar al que me gustaría acceder. Representa la sabiduría, no como sinónimo de saber todo sino de saber qué ser en este momento". El coach le preguntó, durante esta exploración de lo visto por Martín, qué otras personas, situaciones o emociones podía agregar, lo invitó a elegir elementos que los representaran. Martín las denominó "entidades".

El coach le indicó que eligiera todas las "entidades" que quisiera y las fuera poniendo sobre la tela, alrededor del objeto que lo representaba a él, y eligiera en qué espacio los iba a poner, para que después fueran viendo lo que significa cada uno. Permaneció en silencio mientras Martín iba eligiendo y colocando los elementos en diferentes lugares. El coach preguntó entonces si quería agregar alguna otra entidad antes de empezar con el análisis.

Cuando Martín terminó de ubicar los elementos, el coach le pidió que comentara qué representaba cada uno. El cliente comenzó por la "identidad", que está representada por una estrella. Frente a la pregunta de por qué eligió eso, respondió que le hacía acordar a un personaje de una película que es un antihéroe. Otra acepción sería inundar de brillo. Señaló una jaula que representaba su vergüenza, esa conversación interna de "huy, ¿y si lo hago mal? ¿Y si no es suficiente? ¿Y si me falta algo? ¿Y si me olvido de alguna cosa?". Dijo después que la pluma representaba la mirada ajena con relación a lo que los demás podían decir. El coach le preguntó qué le hizo elegir "ese objeto" –no lo nombró–, y Martín respondió que si bien en un comienzo iba a tomar lo primero sin pensarlo, en ese momento la pluma le daba la sensación de la metáfora de lo que puede ser la liviandad, y creía que podía poner un poco de liviandad en su relación con la mirada ajena, lo cual puede ser "bastante liberador". Señalando una llave inglesa, dijo que representaba una habilidad, una herramienta, una estrategia que le permitía avanzar. El coach le preguntó si le parecía que podía estar faltando algo más, y Martín respondió que no estaba representado el propósito, el resultado o la meta, el "para qué".

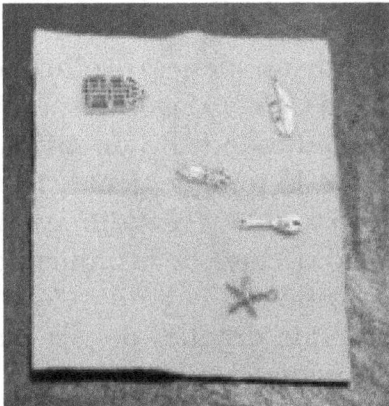

Colocó entonces una perinola, que significó algo "afín a mis principios, a la satisfacción de los resultados, de permisividad, de plenitud, de bienestar". Martín compartió que evocaba una sensación muy cercana a la que sentía con el hijo, porque podía llegar después de un mal día y la forma en que lo recibía su hijo le borraba cualquier malestar. Dijo que se conectaba consigo mismo por medio de él. Ese fue un canal nuevo que se le abrió, "una conexión plena de equilibrio, abundancia". En este punto se emocionó y permaneció en un silencio bastante prolongado. El coach le preguntó si había algo más que quería agregar, y después de reflexionar, Martín colocó una llave atravesando la jaula y le dijo que la eligió porque "es una llave más holística", que le permitía ver lo que no estaba viendo, "poder entrar a la *matrix*". Como disparador, el coach le preguntó nuevamente si había algo más que quería agregar y Martín respondió que no.

El coach lo invitó a ponerse de pie y caminar alrededor de la mesa, observar lo que había en la representación espacial y luego alejarse y ver desde la distancia. Al cliente le llamó la atención un cuadrante "abajo a la derecha, que está vacío, y en el otro extremo, la pluma que representa la liviandad y la mirada ajena. La jaula está en el extremo opuesto a la estrella que da brillo, como en dos extremos en tensión". Después de un silencio prolongado, el coach le preguntó si había algo más, y Martín respondió que se veía "más cerca del cuadrante derecho de arriba, tendiendo a poner mucho foco en la mirada ajena". Dijo además que no sabía qué lo llevó a poner cerca de ese lugar la meta, "arriba, casi en el medio, cerca de la pluma y de la pinza, en el límite, casi en el borde".

El coach le dijo que después de ver desde alrededor y desde la distancia podía cambiar esa configuración, y le preguntó qué cambiaría hacia el futuro.

El cliente se sentó, tomó el búho que lo representaba y lo colocó en el medio, como una forma de estar en armonía. Colocó la jaula en el medio de la parte inferior, con la mitad sobresaliendo del paño, y la llave y la herramienta a los lados del búho. Acercó las metas al búho y la pluma y dejó la estrella en el mismo lugar. Dijo que la mirada ajena era parte de la vida, y que el tema era cómo relacionarse con eso, y que la estrella era una posibilidad, que tampoco era lo único, que a veces se comprometía demasiado con la estrella (su identidad), con quien correspondía que sea, y perdía de vista el foco. Se daba cuenta de que no era el único camino, pero que era como lo estaba viendo hasta ese momento. El coach le señaló que acercó la meta a su figura y alejó la vergüenza. El cliente aclaró que no sacó del todo la vergüenza, porque sería artificial sacar la emoción, que la dejó atrás como un acto de aceptación, pero sin "cargarla" ni permitirle ser tan importante.

El coach le mostró que al principio él habló de las "prioridades", y que el haber priorizado las metas y vincularlas con la identidad tendría que ver con esas prioridades. Le preguntó cómo veía esto vinculado con sus objetivos.

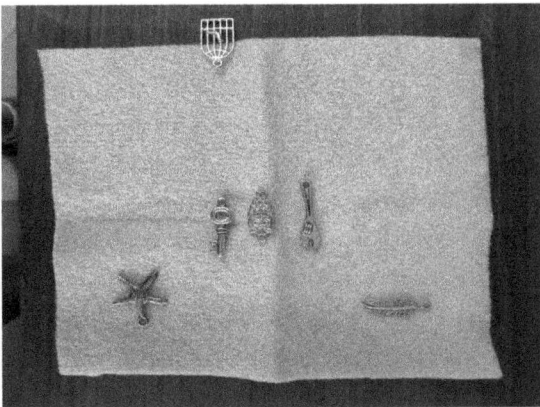

Martín reconoció que cuando se comprometía con quien tenía que ser entraba "en ese ser de la hiperexigencia", y a veces, por hacer algo perfecto no lo hacía o lo postergaba, o hacía "uno por mes" y esto lo alejaba de la meta. Dijo que poner foco en la meta y separarse un poco de lo que debía ser, de la perfección, "es un camino mucho más productivo, efectivo y motivante".

El coach le preguntó si quería sacar una foto para llevarse una herramienta visual, y le dijo que esa foto podía recordarle lo que trabajaron. Le dijo, además, que ya iban a tener que cerrar la sesión y que quería saber cómo le gustaría cerrarla.

Martín comentó que el trabajo con la caja mágica le sirvió para colocar afuera cosas que tenía adentro y que eran difíciles de ver. Poder verlo, modificarlo, hacer las intervenciones que hizo, teniendo en cuenta el compromiso que conllevó cada movimiento de cada pieza, resultó muy poderoso. Agradeció el haber podido sacar la foto ya que es un mapa importante para la reflexión, y también el haber podido mover todos los objetos al centro no de un escenario, de un lugar, sino al centro de sí mismo, poder darles lugar a las cosas de acuerdo a lo que era importante para él en ese momento, de acuerdo a lo que le conectaba. Afirmó que esa elección que hizo de la pluma consideraba que fue la más inconsciente, que le generó mucho sentido ver la liviandad en relación con la mirada del otro. Le pareció bellísimo el trabajo y le agradeció al coach por haberlo propuesto.

El coach le agradeció a Martín por aceptar la invitación y por haber hecho casi todo el trabajo. Le dijo que solo había tenido que marcar las pautas, y al final, hacer una intervención para reforzar lo dicho. Martín, a su vez, dijo que escuchando a su coach todo adquirió otra fuerza, otro significado.

V. Conclusiones

La sesión con la caja mágica compartida ilustró el poder de las metáforas cuando se trabaja con clientes y con supervisados. Al emplear símbolos y darles significados, se puede acceder a nueva información que aumenta la conciencia del cliente y permite, como resultado del *insight*, desarrollar nuevas perspectivas y nuevas posibles acciones.

Bibliografía

Seto, L.; Geithner, T.: *Metaphor Magic in Coaching and Coaching Supervision*. International Journal of Evidence Based Coaching and Mentoring, 16(2) pp. 99-111.(2018)

Coaching con colegas

Capítulo 10

Coaching entre Pares

Lili Zamora, Sandra Willman y Luz Alba Cañón

> *Hay una vitalidad, una fuerza vital, una energía, que se traducen a través de ti en acción, y como hay un solo tú en todos los tiempos, esta expresión es única.*
> Martha Graham y Agnes De Mille,
> *Freeplay* (1951, pág. 37)

> *El proceso creativo es un camino espiritual. Esta aventura es sobre nosotros, sobre lo profundo del yo, sobre el compositor que todos tenemos dentro, sobre la originalidad, en el sentido no de lo que es totalmente nuevo, sino de lo que es total y originalmente nosotros.*
> Stephen Nachmanovitch
> *Freeplay* (1951, pág. 26)

I. Introducción a la técnica creativa

Las citas que incluimos como acápites nos ilustran lo que es el proceso de Coaching entre Pares concebido como una herramienta de creatividad.

Esta técnica nos instala en la sabiduría del encuentro con uno mismo y en la integración de todos nuestros recursos. Nos invita a visitar ese lugar en el que la magia sucede, ese lugar en el que logramos contactar con aquel maestro interno que nos recuerda nuestra humanidad, la función trascendente, la imaginación.

Contactar con nuestra imaginación creativa requiere de valentía, desapego, humildad y claridad que nos provea de sabiduría. Estar allí presente y dejar fluir nuestro escenario interno para que se manifieste nuestra esencia en el encuentro con otro; un otro que nos refleja, nos acompaña, acoge, acuna y desafía a encontrarnos con nuestra singularidad en la coinspiración de construir futuro, de devenir. En síntesis: elegir con conciencia para descubrir quiénes realmente somos.

El Coaching entre Pares se trata de una estrategia, una herramienta que nos permite desplegarnos en todo nuestro potencial creativo y en toda nuestra alteridad junto con una metodología de crecimiento y desarrollo.

Como se ha mencionado en los anteriores capítulos, las posibilidades de la creatividad, cuando se trata de acompañar, son extensas. Justamente, en el dinámico escenario del desarrollo personal y profesional, existe el Coaching entre Pares, que consiste en cultivar una red de aliados que puedan brindar apoyo mutuo para crear cambios positivos que mejoren el desempeño.[15] Esta propuesta emerge como un faro de colaboración y crecimiento mutuo. El entrenamiento entre pares es una fuente importante de apoyo colaborativo, social, y hay buenas razones por las que amerita comprenderlo y practicarlo cuando se trata de aplicar técnicas creativas en el Coaching.

Este capítulo explora las poderosas sinergias que surgen cuando dos individuos se unen con el propósito común

15 Caporale-Berkowitz, N.; Friedman, S. D.: *How Peer Coaching Can Make Work Less Lonely*, Harvard Business Review, 2018.

de impulsar sus habilidades, sus metas y su potencial. Las relaciones eficaces de Coaching entre Pares suelen centrarse en el aprendizaje y la mejora. A través de casos reales, estrategias efectivas y reflexiones profundas, se podrá descubrir en las páginas siguientes cómo el intercambio de experiencias y la retroalimentación constructiva entre iguales pueden transformar no solo a los individuos involucrados, sino también a sus entornos personales y profesionales.

Con lo anterior, queremos invitar al lector a sumergirse en un viaje fascinante hacia la conexión auténtica y el desarrollo conjunto, donde el Coaching entre Pares se convierte en un catalizador para desbloquear el verdadero potencial que reside en cada una de las personas que lo practican.

II. Descripción de la técnica

🧍			○	📶		+		

1. Coaching entre Pares

El encuentro liviano, sutil, sincero, profundo en un plano de simetría conlleva preparación, trabajo personal, entrenamiento y reflexión. En síntesis: maestría.

"Coaching entre Pares es el proceso confidencial mediante el cual dos o más colegas de diferentes disciplinas o de la misma disciplina trabajan juntos para reflexionar al respecto de sus prácticas, inquietudes, quiebres, problemas y desafíos. De este modo expanden, refinan y construyen nuevas competencias, comparten ideas divergentes que los llevan a encontrar puntos convergentes, se enseñan mutuamente, se retroalimentan, investigan, indagan sobre algún objetivo, proyecto, desafío o resuelven problemas en su día a día."[16]

¿Cómo ha sido incluido el Coaching entre Pares en el desarrollo organizacional?

Se trata de una herramienta de desarrollo de la que se pueden aprovechar sus beneficios y su impacto cuando se la concibe como una estrategia de cambio organizacional dentro de los equipos. En este sentido, el propósito es construir una red de aliados que puedan proveerse apoyo mutuo e impacto positivo para acelerar el cambio en una organización. Quienes participan desarrollan con sus pares, con su red, sentimientos de conexión, una confianza que aumenta. Los participantes toman conciencia de sus propios temas, inquietudes y problemas ayudando a otros. En este caso, interviene un coach profesional.

A continuación, se describen cuatro formas en las que el Coaching entre Pares es utilizado en las organizaciones como estrategia:

1) Desarrollo de equipos

Construir un camino de aprendizaje compartido con actitud y valoración de la mirada del otro como escalón para la empatía, así como sumar otras miradas para enriquecer la propia, posibilitará la construcción de un modelo proactivo compartido, un modelo de trabajo colaborativo,

---

16 Robbins, P.: *How to Plan and Implement a Peer Coaching Program.* Association for Supervision and Curriculum Development, 125 N. West Street, Alexandria, VA 22314-2798. (1991)

de disfrute, de hacer con los otros sustentado en la confianza, la escucha atenta y la presencia. Justamente, lo anterior está relacionado con las competencias de la ICF, y específicamente, con la número 4, *Confianza y seguridad*, que plantea la importancia de colaborar con cada cliente para crear un ambiente que le dé apoyo, que le permita compartir libremente.

Conectarse profundamente con quién se está siendo y con los propios recursos y talentos para vincularse con otros y acompañarlos en sus descubrimientos y vulnerabilidades con curiosidad y respeto, permitirá construir una red de confianza para procesar el cambio. De este modo, los participantes pueden dar el salto hacia un equipo de alto desempeño.

2) Construcción de comunidad de práctica

Uno de los desafíos de la comunidad de práctica es su sustentabilidad. El colchón emocional que constituye una red de pares que se apoyan mutuamente contribuye así al sostén de la comunidad, siendo esta una de las semillas del aprendizaje de una organización.

3) Plataforma de apoyo para promover el *mindset* base para luego instalar una estrategia de agilidad

El Coaching entre Pares contribuye a la implementación de la estrategia de agilidad que puede transformarse en algo de primer orden; es decir, aquella que solo produce cambio en el accionar sin un sentido mayor o que se convierte en un repetir acciones, sin que estén movilizadas por un propósito colectivo de impacto o de alineación con la visión, un hacer constante que no facilita la reflexión.

La estrategia de Coaching entre Pares construye así una plataforma de conexión y comprensión profunda que como paso previo a que corran los ciclos de agilidad garantiza el sentido colectivo, la apreciación de las personas en sus diferencias como componentes singulares y apreciados del conjunto.

4) **Valoración de la diversidad**

Contactarse profundamente con pares de diferentes lugares, diferentes nacionalidades, diferentes condiciones de salud, razas, ideologías, rango, y construir una red de seguridad emocional, favorece el encuentro profundo humano a humano lejos de los estereotipos y prejuicios que muchas veces se tienen en los contextos organizacionales.

Contar con pares con quienes poder abrirse, para comprenderse profundamente, conlleva a una seguridad emocional que contribuye en gran medida a la apreciación de la diversidad.

2. **Pertinencia en el uso de la técnica**

Desde la experiencia, se identifican cuatro aspectos claves para decidir el uso del Coaching entre Pares.

1) **Pertinencia**

Cabe recordar que esta estrategia resulta especialmente pertinente cuando se está trabajando la alteridad –el reconocimiento del otro desde su perspectiva– entre dos o más personas, así como también cuando el registrar, reconocer y actuar a partir de la vulnerabilidad contribuye al desarrollo. Es importante aclarar que si alguno de los "clientes-pares" se encuentra instalado en la necesidad de mostrar, desplegar, declarar su rol jerárquico, esto requiere, quizás, de un momento previo de trabajo, para que esta persona pueda contextualizar el propósito, ya que llevarlo a un ejercicio de Coaching entre Pares directamente puede resultar disruptivo o hasta incómodo.

2) **Madurez del proceso para abordarlo**

La técnica es apta para personas o equipos que ya se encuentren en un proceso de desarrollo bipersonal. Los ejercicios de Coaching entre Pares pueden funcionar con mucha efectividad en el proceso de afianzar al equipo, de armar un colchón emocional que lo sostenga, de construcción de confianza. El solo hecho de ponerse al servicio de un colega para escucharlo e indagar con curiosidad, con respeto y con orientación al servicio constituye una excelente estrategia de empatía y colaboración

3) **Madurez de los participantes**

Desde la experiencia de los autores, la técnica de Coaching entre Pares resulta más efectiva con clientes que ya tengan una experiencia previa en ser coacheados, y más concretamente en pensarse, en reflexionar, en contactar con sus puntos de ceguera, así como también en ponerse al servicio mutuo, ya que este último punto es el que entra en juego al participar de esta metodología.

4) **Decisión**

Luego de tener en cuenta todos los puntos anteriores, resulta pertinente plantearse preguntas como las que compartimos a continuación, a modo de ejemplo, antes de decidir si será empleada la técnica:

❖ ¿Cómo es la emocionalidad de los posibles participantes del proceso de Coaching entre Pares?

- ❖ ¿Cuál es la situación que convoca este encuentro?
- ❖ ¿Tienen experiencia previa en procesos de Coaching?
- ❖ ¿Forman parte de algún otro programa de Liderazgo/Desarrollo? ¿Con qué objetivo? ¿Cuáles son los valores de base de esas experiencias?
- ❖ ¿Cuán disponibles se encuentran para abrirse al aprendizaje junto a un colega?
- ❖ ¿Cómo es el vínculo entre los posibles participantes de este proceso?
- ❖ ¿Cómo se despliega el universo emocional de los posibles participantes?
- ❖ ¿Qué juicios se anticipan?
- ❖ ¿Qué patrones de comportamiento se identifican entre los posibles participantes?
- ❖ ¿Con qué objetivo implementaremos el proceso de Coaching entre Pares?
- ❖ ¿Qué indicadores nos ayudarán a darnos cuenta de si el objetivo fue cumplido?
- ❖ ¿Qué resultado esperamos y cómo lo mediremos?

3. Ventajas y desventajas del coaching entre pares

Ventajas

Los estudios muestran diversas ventajas en el uso de esta práctica, no solo en el Coaching entre Pares sino también en otras disciplinas que requieren aprendizaje.[17]

- ❖ El entrenamiento entre pares se ha investigado en entornos educativos y se ha encontrado que es eficaz

---

17 Lu, H. L.: *Research on peer coaching in preservice teacher education–A review of literature.* Teaching and teacher education, 26(4), 748-753. (2010)

para facilitar la transferencia de conocimientos y habilidades recién adquiridos.

❖ El Coaching entre Pares, por definición, generalmente involucra a dos colegas comprometidos en una relación de apoyo mutuo.[18] Este compromiso permite asegurar de alguna manera el aprendizaje de las personas que están involucradas en el proceso.

❖ Desde su adopción en la preparación de futuros docentes, el Coaching entre Pares ha inspirado una serie de estudios y también ha dado paso a una nueva energía para la preparación de otros educadores, lo que ha permitido que se dé la creatividad en el proceso de enseñanza/aprendizaje.

❖ En las prácticas realizadas, la mayoría de los participantes lo han valorado como un proceso que beneficia la curva de desarrollo en el área utilizada.

❖ Otros encuentran que el Coaching entre Pares facilita el trabajo colaborativo y el "colegaje" entre los asistentes que tienen un objetivo en común.

❖ Una ventaja adicional es que la misma persona puede ser aprendiz y maestro durante el proceso. Este cambio de rol ayuda a lograr perspectivas de la práctica que terminan favoreciendo a la profesión.

❖ Permite mostrar vulnerabilidades, y por esta vía, fortalecerse, y como hemos dicho más arriba, construir confianza y empatía a partir de compartirlas.

❖ La conexión emocional tiene sentido y contribuye al bienestar y el desempeño en la organización.

❖ La organización valora el diálogo con otro con un sentido más profundo que el del mero saludo casual.

---

18 Neubert, G. A.; McAllister, E.: *Peer coaching in preservice education*. Teacher Education Quarterly, 77-84. (1993)

❖ Posibilita el tener una red de pares con quienes se puede generar comunidad.

❖ El Coaching entre Pares es usado en muchos contextos como una estrategia para aumentar la productividad.[19]

Desventajas

❖ Una desventaja de esta práctica, específicamente en el terreno del Coaching, es que no todos los coaches se han alineado a una entidad global o se rigen por un código de ética y de competencias profesionales que los agrupe en un contexto formal y de alto nivel. Existen muchas escuelas que no se rigen por estándares internacionales exigentes, lo que lleva a que profesionales que acceden a esta práctica no cuenten con el nivel y la rigurosidad que se espera en un entorno formal. Esto, a su vez, conduce a que pueda haber bajo interés, bajo desempeño o desmotivación.

❖ Al tratarse de una práctica en la que colegas están comprometidos en apoyo y exigencia mutua, puede, en alguna medida, existir la complacencia o la falta de exigencia recíproca, por barreras culturales, relacionales o de estilo, lo que lleva a no movilizar el estándar, y por lo tanto, no generar el crecimiento esperado.

4. Fases de un proceso de coaching entre pares

A continuación, se presenta una propuesta que permite contextualizar esta valiosa metodología. Según las nece-

---

19 Fernández, R. A. L.: *Peer Coaching, una estrategia para aumentar la productividad empresarial.* Caso práctico de la Escuela de Idiomas de UNAPEC.

sidades, el contexto y el objetivo del programa podrá ser ajustada.

Fase I: **Preparación del proceso y de los participantes**

❖ Definir objetivo y alcance de la intervención entre los ejecutivos y el coach de acuerdo con los resultados de las pruebas de valoración o del equipo de apoyo y lo adicional que consideren los líderes.

❖ Establecer metas e indicadores de seguimiento que permitan verificar el diagnóstico inicial. Estará a cargo del o los coaches responsables del proceso por medio de:

- Encuentro con jefe/s y coachees.
- Identificación de mediciones cualitativas y cuantitativas del desempeño.
- Implementación de instrumentos de autoconocimiento (MBTI, PDA, por ejemplo). Pueden ser empleados por la organización o por los coaches a cargo del proceso.
- Entregables: diagnóstico, objetivo, metas del proceso de Coaching y resultados esperados.
- Encuentro individual con clientes que participarán del proceso de Coaching entre Pares.
- Si los participantes tienen la madurez necesaria y la experiencia en este tipo de procesos, se realizará un encuentro tripartito entre el coach y dos participantes para:
  ➤ Revisar el proceso (los diferentes momentos y las actividades).
  ➤ Establecer los objetivos y los indicadores asociados.
  ➤ Establecer las reglas de juego.
  ➤ Armar un cronograma de actividades.

Fase II. **Desarrollo del Proceso**

❖ Entrenamiento de los participantes.

Constará de hasta tres sesiones con el objetivo de:

- Compartir qué es el proceso de Coaching entre Pares.
- Compartir por qué y para qué se propone este proceso.
- Explicar cómo se desarrollará el proceso tomando en cuenta estos contenidos:
  - ➤ Siguiendo a Chris Argyris,[20] el "aprendizaje de primer orden" está directamente dirigido a expandir el repertorio de acción. Busca responder a la pregunta "¿qué debo hacer para obtener un resultado diferente?, o a la inversa, "¿qué debo dejar de hacer?". Las alternativas se circunscriben al plano de las acciones, sin que medie reflexión alguna. Es decir que el aprendizaje de primer orden remite a encontrar acciones que generen los resultados que se esperan.
  - ➤ El aprendizaje de segundo orden, en cambio, remite a preguntarse por el programa maestro que subyace a la situación en la que no se consigue el resultado. Este aprendizaje es más profundo, moviliza creencias y supuestos subyacentes, invita a preguntarse: "¿Cómo hago lo que hago?".
- El o los coaches a cargo del proceso exploran:
  - ➤ Qué es escucha.
  - ➤ Competencias socioemocionales: indagación.
  - ➤ Práctica de indagación.

---

20 Argyris, C.: *Double loop learning in organizations.* Harvard Business Review, 55(5), 115-125. (1977)

❖ A continuación, el proceso de Coaching entre Pares se desarrolla por medio de encuentros entre colegas que serán observados por el coach a cargo, y después habrá un encuentro individual con cada uno de los pares. El coach indagará al final de la sesión: cómo hicieron lo que hicieron los participantes, qué sintieron, qué descubrieron, de qué tomaron conciencia en el rol, qué nuevos aprendizajes pueden observar, qué indicadores de aprendizaje pudieron observar, qué objetivos se propusieron y qué nuevas acciones son posibles. Asimismo, cada par completará una bitácora para reflexionar al respecto del encuentro.

❖ Encuentro grupal facilitado por el coach a cargo, con los participantes del proceso para:
  • Afirmar aprendizajes.
  • Compartir experiencias.
  • Revisar competencias asociadas.
  • Entrenar en la profundización de competencias.
  • Compartir hallazgos.
  • Establecer un nuevo cronograma y las acciones futuras que los participantes consideren pertinentes.

Fase III: **Evaluación constante durante el proceso**

No hay un solo momento para identificar qué se puede mejorar en la práctica. El proceso puede tener paradas de revisión que ayuden en la mejora.

Fase IV: **Cierre del proceso**

Revisión de los objetivos y metas planteados al inicio.

Fase V: **Lecciones aprendidas**

Aprendizajes de todas las partes y claridad de lo que funcionó para capitalizarlo en un segundo momento, y de lo que no funcionó, para transformarlo.

5. Competencias de la ICF asociadas al coaching entre pares

En las fases que compartimos puede verse que el proceso requiere de competencias clave que permitan el cuidado del ser humano durante la aplicación de esta técnica creativa.

Hablamos anteriormente de la confianza como una competencia clave de este proceso. Sin embargo, resulta necesario mencionar también otras competencias que pueden ayudar a alcanzar un estándar alto en la aplicación de esta práctica. Entre ellas, están la presencia, la escucha activa y el respeto.

La ética y los estándares de Coaching

Quien elija practicar el Coaching entre Pares debe asumir que necesita comprometerse con demostrar integridad personal y honestidad en las interacciones que se proponga tener, manteniendo la confidencialidad y cubriendo los mismos compromisos asociados a diferenciar esta práctica del mentoring, terapia y otras metodologías para acompañar.

Mentalidad de Coaching

Quienes participan del Coaching entre Pares sostienen una mentalidad abierta, curiosa, flexible, de aprendizaje y de desarrollo continuo como coaches, para mejorar sus propias competencias y lograr impacto sistémico en los entornos asociados.

Los acuerdos también son parte esencial del Coaching entre Pares. Quienes participen necesitan tener muy claro el alcance, los compromisos, y las responsabilidades de ambas partes al servicio del proceso.

La escucha y la conciencia

Se centra en la escucha activa y la interpretación profunda de lo que cada cliente comunica, no solo a través de sus palabras, sino también considerando el contexto de sus sistemas individuales. El objetivo es respaldar la expresión auténtica de cada cliente al comprender completamente lo que se está comunicando, tanto explícita como implícitamente.

La toma de conciencia de aquello que subyace al emergente entre las partes, y que se expande como una fuerza en la sintonía de los corazones y los cerebros de los interlocutores, constituye uno de los aportes invaluables del Coaching entre Pares, que eleva el proceso de aprendizaje a un nivel difícil de alcanzar con otras prácticas.

6. Enfoque metodológico sistémico en el ámbito organizacional

La aplicación del Coaching entre Pares produce resultados sobresalientes, especialmente en los procesos de Coaching Ejecutivo y de Equipos, ya que brinda apoyo a los líderes para mejorar el impacto de su comunicación y el trabajo con colegas y equipos, e influye sobremanera en los resultados de la organización.

Nos parece importante subrayar que para el desarrollo de la técnica es necesaria, como ya dijimos, una preparación mediante uno o dos talleres en los que se transfieran distinciones clave que apoyen a los participantes en la aplicación de la metodología.

Se requiere:

❖ Un taller en el que se enseñe y se practique la técnica del Modelo OSAR –observador, sistema, acción, resultado– elaborada por Rafael Echeverría. En el encuentro, los participantes identificarán su estilo y la forma de observar el mundo que los lleva a los comportamientos habituales, y desde este darse cuenta, se buscará que implementen cambios favorables para el desarrollo.

❖ Dar a conocer las distinciones del lenguaje a partir de afirmaciones, declaraciones, juicios, promesas, ofertas y pedidos; así como la importancia de las preguntas para indagar desde un nivel diferente al que se utiliza en el día a día.

❖ Utilizar la técnica del coach como observador no participante pero presente para dar feedback y feedforward, y para asegurar los avances y la aplicación de los nuevos aprendizajes del modelo.

❖ Que el coach ofrezca acompañamiento individual, grupal o de pares para asegurar el cumplimiento de los objetivos propuestos.

❖ Que el proceso de Coaching permita una transición reflexiva, consciente y activa, de forma que los pares se fortalezcan y desarrollen nuevas competencias, como la comunicación, la confianza, la curiosidad y la humildad, cumpliendo con el mejoramiento continuo de los estándares requeridos por el negocio.

Resultados requeridos en el ámbito organizacional

El proceso de Coaching entre Pares permite una transición reflexiva, consciente y activa en la que los participantes fortalecen y desarrollan nuevas competencias, cumpliendo con el mejoramiento continuo de los estándares requeridos.

Además, logra impacto en cinco niveles: el del negocio, el de la corporación, el profesional, el personal y el del equipo.

Dado que los líderes requieren cambiar su conductas, comportamientos, actitudes y patrones de reacción ante los cambios organizacionales, es necesario realizar una intervención de impacto sistémico y simultánea, en cinco (5) planos para asegurar resultados tangibles incluyendo el **Coaching de Pares.**

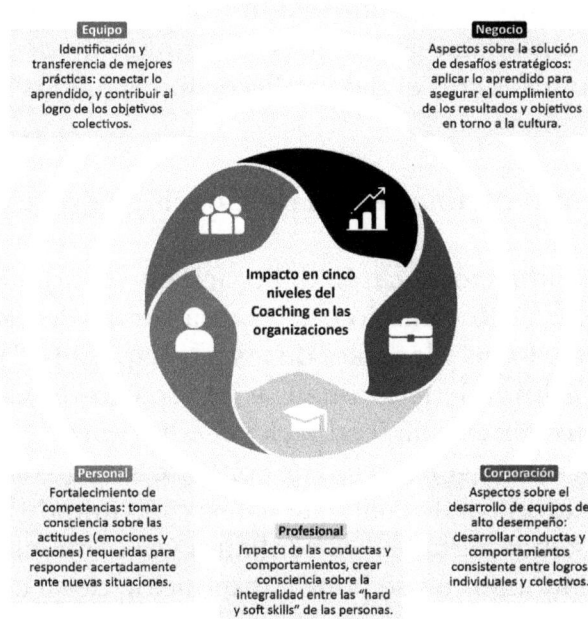

Equipo
Identificación y transferencia de mejores prácticas: conectar lo aprendido, y contribuir al logro de los objetivos colectivos.

Negocio
Aspectos sobre la solución de desafíos estratégicos: aplicar lo aprendido para asegurar el cumplimiento de los resultados y objetivos en torno a la cultura.

Impacto en cinco niveles del Coaching en las organizaciones

Personal
Fortalecimiento de competencias: tomar consciencia sobre las actitudes (emociones y acciones) requeridas para responder acertadamente ante nuevas situaciones.

Profesional
Impacto de las conductas y comportamientos, crear consciencia sobre la integralidad entre las "hard y soft skills" de las personas.

Corporación
Aspectos sobre el desarrollo de equipos de alto desempeño: desarrollar conductas y comportamientos consistente entre logros individuales y colectivos.

7. Desarrollo del enfoque sistémico en el ámbito organizacional

❖ Dependiendo de la competencia a desarrollar o fortalecer, de común acuerdo con los líderes, se organiza una red de observadores de apoyo –pares y/o colaboradores–. Se aplica una encuesta diseñada de acuerdo con las necesidades del proceso y entrevistas confidenciales cualitativas.

❖ Se realizan sesiones individuales y sesiones entre pares, que siempre estarán acompañadas por uno o dos coaches que conducen el proceso o acompañan como observador no participante según la necesidad y el objetivo acordado.

❖ Las sesiones individuales duran una hora.

❖ Las sesiones entre pares duran entre dos y tres horas, según el plan acordado.

❖ El tiempo entre una sesión y otra es de quince días, o como máximo, un mes, dependiendo de los compromisos con el desarrollo propuesto a los líderes.

8. Desarrollo de una sesión de Coaching entre Pares

❖ Introducción a cargo del coach que conduce el proceso: 1) Resume lo que es una sesión de Coaching entre Pares y los roles de los participantes. 2) Observa e interviene al finalizar el espacio de Coaching entre Pares y da feedback y feedforward.

❖ Apertura y generación de contexto a cargo de los líderes en el rol de coach de pares: cada uno de los pares se saluda, agradece la confianza y la confidencialidad del momento y se pone a disposición de su colega.

❖ Contratación: El par en el rol de coach indaga al respecto del tema que su colega quiere desarrollar en la sesión que está transcurriendo en el marco del objetivo acordado al inicio del proceso.

❖ Definición de los indicadores que determinarán el éxito del encuentro, acuerdo de cómo se validarán y qué se hará para que el encuentro cumpla con el propósito requerido.

❖ Conversación e indagación que incluye la aplicación de los aprendizajes impartidos en los talleres mencionados antes. Por ejemplo, preguntas, declaraciones, afirmaciones, juicios.

❖ Toma de conciencia: "darse cuenta y comprender".
❖ Plan de acción para los participantes.
❖ Cierre.
❖ Intervención del coach a cargo del proceso: escucha inquietudes, indaga, hace reconocimiento, ofrece feedback y feedforward.

Algunas ayudas metodológicas:

• Cuestionario de inicio para los líderes que facilite la identificación de expectativas y especificación del objetivo del proceso.
• Se trabaja con herramientas propias del coaching, como por ejemplo, el Modelo GROW, el aprendizaje de primero, segundo y tercer orden, que quedan a disposición de los líderes y de la corporación.
• Documento de cierre para verificar los avances de los líderes después del proceso y los compromisos de continuidad y sustentabilidad.

III. **Caso: fusión de empresas**

La empresa A y la empresa B fueron compradas por un accionista internacional que las obligó a fusionarse. El pedido para los coaches a cargo consistió en acompañar a los directivos de ambas empresas para facilitar el avance de la fusión, ya que estaban estancados en conversaciones y gestiones de negocio.

Los directivos, generosamente, compartieron sus testimonios para dar cuenta del impacto de la metodología de Coaching entre Pares utilizada como parte del proceso.

El objetivo era acompañar a transitar el proceso de fusión para generar mayor colaboración, empatía y productividad, y que los integrantes del directorio pudieran comenzar a trabajar en equipo y tener conversaciones más efectivas, y poder así resolver y acordar las diferentes situaciones que venían surgiendo en las que no lograban ponerse de acuerdo.

Previo a la implementación de la técnica, se tuvieron encuentros individuales, donde se cumplió con los pasos explicados anteriormente, en *Preparación y desarrollo.*

Cabe aclarar que en este caso la técnica de Coaching entre Pares fue utilizada como una estrategia de desarrollo de alteridad –reconocimiento del otro desde su propia perspectiva– y construcción de confianza. Para la puesta en práctica del proceso, los coaches a cargo modelaron cómo escuchar y cómo indagar, y habilitaron un espacio para que los tres integrantes del directorio se pusieran a la par y desde allí tuvieran conversaciones diferentes, más auténticas, empáticas y colaborativas, sustentadas en la confianza que se iba construyendo.

Compartimos un esquema que resume la situación de las empresas A y B en fusión (ver página siguiente).

Las entrevistas iniciales realizadas con los integrantes del directorio mostraron que era necesario construir confianza, trabajar en el registro del otro como un par simétrico del que se podía aprender y al que se le podía aportar conocimiento. Este es el tipo de espacio de aprendizaje compartido que propone el Coaching entre Pares, una herramienta creativa, que ofrece una nueva mirada respecto de lo que es un proceso de Coaching tradicional, porque pone a los líderes en un lugar liviano, liberándolos de sus defensas, y en un plano de igualdad que permite reconocerse como aprendiz.

Luego de haber revisado los aspectos necesarios para decidir la pertinencia de la utilización de esta herramienta,

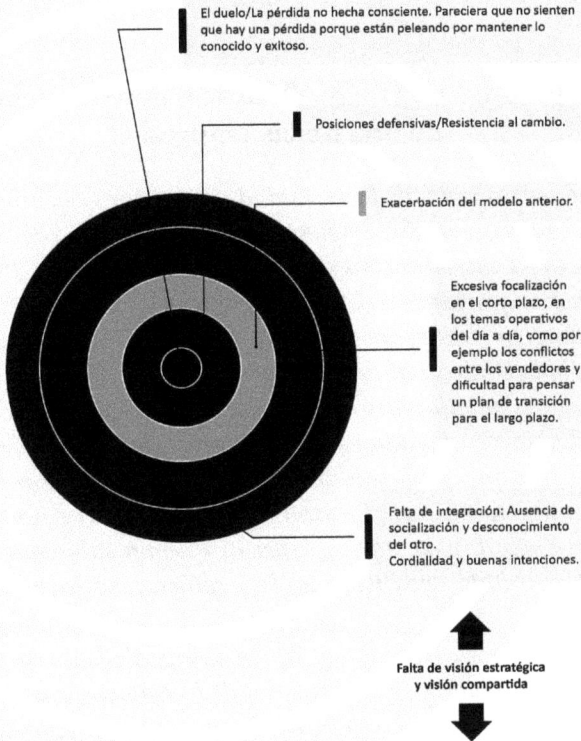

El duelo/La pérdida no hecha consciente. Pareciera que no sienten que hay una pérdida porque están peleando por mantener lo conocido y exitoso.

Posiciones defensivas/Resistencia al cambio.

Exacerbación del modelo anterior.

Excesiva focalización en el corto plazo, en los temas operativos del día a día, como por ejemplo los conflictos entre los vendedores y dificultad para pensar un plan de transición para el largo plazo.

Falta de integración: Ausencia de socialización y desconocimiento del otro. Cordialidad y buenas intenciones.

Falta de visión estratégica y visión compartida

se decidió incluir sesiones de Coaching entre Pares en el proceso, que fue acompañado por los tres coaches profesionales intervinientes. Planteado el trabajo, se generó espacios para modelar, y se hizo transferencia de las distinciones necesarias para desarrollar las sesiones de Coaching entre Pares.

Durante tres meses, se realizaron sesiones con una frecuencia quincenal, en las que se fue abordando los temas que ellos identificaron para tratar. Mediante las sesiones, los líderes lograron tener conversaciones que de otro modo, en sus roles organizacionales, eran muy difíciles de llevar a cabo.

Al finalizar esta fase del proceso, los participantes entregaron el feedback que compartimos a continuación:

Testimonio de Diego Victorica, gerente general de una de las empresas

Como marco general, la necesidad de realizar Coaching vino desde que éramos dos empresas familiares de más de sesenta años en la inseminación artificial de bovinos, competidoras. Fuimos adquiridas en el plazo de dos años, primero una y luego otra, por una empresa internacional norteamericana que nos dio la indicación de fusionarnos.

Luego de trabajar un año juntos, vimos que había cosas que habíamos podido resolver y otras con las que veníamos luchando y no sabíamos para dónde arrancar, y ahí nos contactamos con Liliana y su equipo, para ver si nos podían ayudar en varios aspectos que no sabíamos cómo resolver o habíamos tratado de resolver y no lo habíamos logrado.

El Coaching que acordamos con el equipo de Liliana fue en dos partes. Una para el directorio de la empresa, que éramos tres personas, José y Hernán De Santo, de una empresa, y yo, Diego Victorica, de la otra, y por otro lado una capacitación diferenciada que incluyó al equipo de gerentes y supervisores. La devolución de cada uno de ellos fue que valoraron el proceso como positivo.

Sobre el Coaching realizado a los directivos, la valoración es sumamente positiva. Básicamente, porque se creó un espacio en el que los tres pudimos hablar con más sinceridad que en nuestras reuniones habituales, y pudimos por lo menos esbozar cuáles eran nuestros problemas principales, y comenzar a ver cómo podíamos resolverlos.

El proceso que se realizó fue muy valioso.

Personalmente, lo que más valoro, aparte de la calidad técnica, es la gran sinceridad con la que nos trataban. En estas reuniones corporativas uno trata de ser demasiado política-

mente correcto y eso fue muy bien manejado y pudimos sacar las cosas que realmente nos preocupaban y nos ayudó a mejorar nuestra relación.

Testimonio de Hernán De Santo

Teníamos cero experiencia en acompañamiento de Coaching. Ante una situación bastante demandante de energías, ustedes nos estuvieron acompañando con este proceso, y a nosotros nos sirvió muchísimo, sobre todo, para poder tener un espacio de intercambio donde se generó un diálogo, una manera de hablar, mientras ustedes nos acompañaban sin intervenir demasiado. Lo que hacían era dejar el terreno disponible, listo para ir desenredando algunas marañas que teníamos, y que eran difíciles de desenredar. Tanto fue así que con un proceso que duró tres meses avanzamos lo que nadie, y fue motivo de presentación en un congreso que tuvimos con la multinacional después en Brasil, donde vino gente de diferentes partes.

En los testimonios de los directivos se puede apreciar qué tan efectiva puede ser la técnica de Coaching entre Pares y la importancia de la moderación de un coach profesional a cargo, que pueda entrenar y modelar aquello que proponen los clientes.

IV. Conclusiones

La posibilidad de que los coaches puedan tener metodologías variadas para acompañar su proceso de aprendizaje y el de sus clientes es clave, ya que puede asegurar su crecimiento, creatividad y expansión.

Como se mencionó anteriormente, la técnica de Coaching entre Pares es una gran alternativa que puede ayudar a mejorar la curva de aprendizaje, ya que permite, mediante estrategias prácticas, empáticas, compasivas y metodológicamente bien sustentadas, asegurar un buen proceso de Coaching y de liderazgo, y sumar al bienestar de las personas y las organizaciones involucradas. El coach o el líder que se permita el buen uso de esta metodología podrá asegurar un clima de trabajo que desde la humildad y desde la colaboración genuina y participativa le permitirá fortalecer su desarrollo personal y profesional, así como asegurar un cambio productivo y sostenible con resultados de alto impacto.

Bibliografía

Argyris, C.: *Double Loop Learning in Organizations.* Harvard Business Review, 55(5), 115-125 (1977)

Caporale-Berkowitz, N.; Friedman, S. D.: *How Peer Coaching Can Make Work Less Lonely.* Harvard Business Review. (2018)

Lu, H. L.: *Research on Peer Coaching in Preservice Teacher Education – A Review of Literature.* Teaching and teacher education, 26(4), 748-753 (2010)

Neubert, G. A.; McAllister, E.: *Peer Coaching in Preservice Education.* Teacher Education Quarterly, 77-84 (1993)

Robbins, P.: *How to Plan and Implement a Peer Coaching Program.* Association for Supervision and Curriculum Development, 125 N. West Street, Alexandria, VA 22314-2798 (1991)

Coaching, naturaleza
y bienestar

Capítulo 11

Coaching con la naturaleza

Eliane Fierro, Leonor Gutiérrez, Adriana Rodríguez,
Catalina Alomía y Aida Frese

I. Introducción

La creatividad desempeña un papel fundamental en la resolución de problemas, la innovación y el desarrollo personal. Nuestra propuesta es emplear la naturaleza para fomentar la creatividad dentro de la sesión de Coaching, y en lo personal, para que el coach se inspire y se reconecte con su entorno y su propia naturaleza interna.

Cuando decimos "naturaleza" nos referimos al mundo natural, que incluye todo lo que no fue creado o modificado significativamente por el ser humano. Esto abarca desde los fenómenos meteorológicos hasta los ecosistemas, los animales, las plantas y elementos físicos como las montañas, los ríos, los lagos y los océanos. En este contexto, una planta dentro de tu casa o tu oficina forma parte de la naturaleza.

Si nos detenemos un momento, es posible escuchar la sutil invitación que nos hace la naturaleza, para recordar quiénes somos y recuperar el deseo de re-conectarnos.

Cuando nos detenemos, es posible que un atardecer nos deje sin aliento, que la lluvia sobre la piel nos acaricie, que la fragancia de una rosa nos embriague, que el sol nos abrigue el alma, que el viento nos envuelva.

Te invitamos a detenerte un momento. ¿Qué recuerdos propios emergen al leer esto? Permite el silencio, escucha, observa, siente, tómate el tiempo que quieras.

Percibe qué evocan en ti las experiencias con la naturaleza. Toma conciencia de la posibilidad de bienestar y felicidad que traen a tu vida. ¿Cuán frecuentemente abres esta posibilidad? ¿Cuán disponible quieres estar para estos encuentros?

Vamos a proponer experimentar el Coaching empleando la naturaleza como co-facilitadora. También exploraremos algunas herramientas y ejercicios prácticos que tanto los coaches como sus clientes pueden utilizar para estimular la creatividad y el bienestar integral.

El Coaching es un proceso que naturalmente impulsa la creatividad del cliente. ¿Cómo podemos traer la naturaleza al Coaching? ¿Cómo lograr conectarnos con la naturaleza como legado para generaciones futuras?

Para disfrutar de la naturaleza necesitamos tomar conciencia del impacto que todos tenemos en el cambio climático y fomentar el cuidado en nuestras futuras generaciones. En el año 2018, un equipo de prestigiosos coaches globales trabajaron en la conexión entre la naturaleza, el Coaching y el planeta y fundaron Climate Coaching Alliance (CCA).[21]

En CCA se habla de "dar vida al bosque de vida". Esto implica dar y recibir, no solo tomar lo que la naturaleza nos

---

21 https://www.climatecoachingalliance.org

ofrece, sino contribuir para su sostenimiento y su expansión. Peter Hawkins nos impulsa a animarnos a traer la naturaleza a la sesión de Coaching. Considerarnos un "stakeholder" resulta importante, porque amplía la conciencia de nuestra responsabilidad en el cuidado del medioambiente, en su preservación hoy para que en el futuro siga siendo parte del bienestar de la humanidad.

En este dar nos comprometemos cada uno de nosotros a contribuir desde nuestra profesión para ampliar la conciencia y las miradas en nuestros clientes. En el recibir, aprendemos a experimentar a la naturaleza como si fuera un coach que nos acompaña y aporta soluciones en temas que nos importan. Esto requiere arte y práctica, y también reflexión intencional, apertura y continuidad.

El enfoque necesario al momento de abordar los problemas complejos que enfrentamos como especie requiere un cambio de "mindset", aprender de la naturaleza y comprender cómo subsisten los ecosistemas. Laura Storm y Giles Hutchins exploran detalladamente este concepto en su libro *Liderazgo Regenerativo* (*Regenerative Leadership*, Hutchins; Storm, 2019).

La naturaleza se convierte así en un punto de unión en este proceso creativo, ofreciendo paz, calma, gratitud, curiosidad y misterio.

II. Técnicas creativas

La naturaleza es una puerta abierta para la creatividad. Ofrece un entorno diverso y en constante cambio que se conecta con posibilidades infinitas. La inmersión en la naturaleza activa los sentidos, despierta la percepción y la sensibilización creativa del ser humano. La conexión con la naturaleza y con uno mismo, con la naturaleza interna, es

227

una fuente inagotable de experiencia y conciencia para el ser humano, proporciona un entorno que favorece la adopción de nuevas perspectivas y la búsqueda de soluciones creativas.

La naturaleza contribuye al equilibrio en todos los dominios del ser humano, opera como un elemento fundamental que respalda la auto-regulación.

Dinámica de la Naturaleza como co-facilitador en el coaching

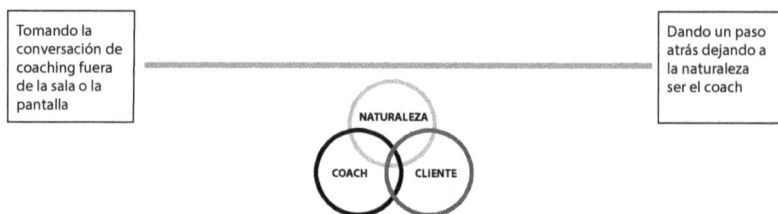

¿Dónde estás en términos de aceptar a la naturaleza como co-facilitadora? ¿Y dónde te gustaría estar? ¿Qué pasos tomarás para llegar allí?

El Modelo de Inclusión de la Naturaleza en el Ser fue propuesto por el psicólogo social y ambientalista Howard P. Schultz, en 2002, y explora cómo las personas perciben y se relacionan con la naturaleza y cómo esta relación influye en su comportamiento y su actitud hacia el medioambiente. El autor nos muestra diferentes niveles de cercanía o inclusión entre el ser humano y el entorno natural. Presenta seis etapas progresivas que nos permiten entender la evolución en esta relación:

1) **Identidad separada.** La naturaleza se percibe como algo externo y ajeno. El individuo no se siente conectado o involucrado con ella.
2) **Identificación.** La persona comienza a reconocer cierta afinidad o simpatía por la naturaleza. Puede apreciar la belleza del entorno natural y sentir cierto

afecto por los animales y los paisajes; pero todavía se considera a sí mismo como una entidad separada.

3) **Simpatía.** La persona desarrolla un sentido más profundo de conexión emocional con la naturaleza. Puede sentir preocupación por la protección del medioambiente; pero todavía existe una clara distinción entre el *yo* y la naturaleza.

4) **Integración.** La persona comienza a ver una conexión más estrecha con la naturaleza, que se convierte en una parte significativa de su identidad y su bienestar.

5) **Identidad expandida.** La distinción entre el ser humano y la naturaleza se desvanece casi por completo. La persona se ve como una parte inseparable del mundo natural y considera que el bienestar de la naturaleza es fundamental para su propio bienestar.

6) **Identidad como naturaleza.** Esta etapa representa el máximo nivel de inclusión de la naturaleza en el ser. La persona se identifica completamente con la naturaleza y se considera como una parte indivisible del ecosistema global.

Schultz nos invita a conectar con la forma de relacionarnos con la naturaleza desde nuestro interior y con cómo puede afectar nuestro comportamiento el medioambiente.

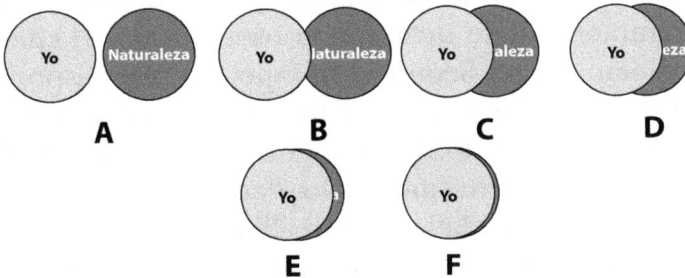

Todos tenemos una relación dinámica con la naturaleza que está vinculada con el contexto, el momento, el estado de ánimo y la sensibilidad. Desde la CCA, que empezó a celebrar sus encuentros globales en 2020, ofrecemos espacios de sensibilización que van desde el permiso a la acción hasta la gratitud, a partir de un modelo que diseñaron Peter Hawkins y José Mc Lean. Este modelo muestra las etapas evolutivas en relación con la responsabilidad social, ambiental, económica, y pasa de estadios de curiosidad a estar informados, conscientes, comprometidos, para poder transformarnos en agentes activos.

La invitación para los coaches es hacer un trabajo serio y dedicado de conexión con la naturaleza, el equilibrio mente, cuerpo, emoción y espíritu, y la experiencia personal del bienestar integral. Proponemos iniciar una transición de las conversaciones de Coaching tradicionales sostenidas por nuestras creencias y formas de hacer que fomentan la desconexión a una nueva manera de mirar, en la que todos somos parte de la naturaleza y nos preocupamos y accionamos por ella y con ella, haciéndola nuestra maestra y fuente de inspiración.

La "práctica de la naturaleza" se refiere a las diferentes formas en que las personas interactúan y se involucran con el entorno natural. Estas prácticas pueden variar desde actividades pasivas, como observar la naturaleza o disfrutar de un paisaje, hasta actividades más activas, como caminar, acampar, hacer senderismo o participar en deportes al aire libre. También puede incluir la conservación y el cuidado del medioambiente. Según el tiempo del que dispongan, hay quienes solo podrán tener pequeños contactos con la naturaleza, disfrutando de momentos; otros, tal vez, decidan ubicarse en el extremo activo, dedicando mucho tiempo y energía a actividades al aire libre, y preocupándose profundamente por la conservación del medioambiente.

Es necesario destacar que no hay una posición "correcta" o "mejor" en este continuum. Cada individuo tiene su propia relación única con el medioambiente, y lo que importa es que haya un reconocimiento general de la importancia de la naturaleza y su conservación para el bienestar de las personas y del planeta en su conjunto.

Se trata de proponer a nuestros clientes experiencias creativas e inmersivas con las que poco a poco puedan abrirse a otras maneras de ser, de reflexionar, y por lo tanto, de coordinar acciones. Usar a la naturaleza como un detonante de posibilidades y un camino hacia nuestro bienestar integral.

A continuación, ofrecemos una selección de algunas actividades que pueden ser útiles para coaches y clientes en este proceso de transición de las conversaciones centradas en la sala o la pantalla a sesiones creativas y dinámicas en donde la naturaleza vaya poco a poco tomando el rol del coach.

EJERCICIOS CREATIVOS PARA TRAER LA NATURALEZA AL COACHING

ICONOGRAFÍA	NOMBRE	DESCRIPCIÓN	OBJETIVO	VARIACIONES / POSIBILIDADES PARA COACHING ONLINE	RECURSOS Y/O MATERIALES	TIEMPO APROX.	RECOMENDADO EN CASOS DE
	Tu práctica de conexión con la Naturaleza	¿Qué rutina tienes para conectar con la naturaleza? Ejemplos: - Caminata diaria en la naturaleza en silencio, con curiosidad y asombro. - Sacar a tu niño interno a jugar afuera. - Encontrar lugares para sentarte y contemplar. - Cuando estés "atorado" formular preguntas para la naturaleza y salir a ver qué te responde. Esta es una práctica sobre ti, para inspirarte y llenar tu alma de energía (Resource yourself).	Considerar tu práctica de conexión con la naturaleza, su valor en promover nuestra (re) conexión, sentido de pertenencia y bienestar. Piensa: ¿Qué actividades ya haces y en qué categoría están? ¿Cuánto tiempo le quieres dedicar a tu práctica? ¿Cómo te hacen sentir? ¿Qué te dan? ¿Cuál es tu balance ideal?	Crear nuevas formas de incorporación con la naturaleza que te permitan sentirte parte. Practicar diferentes posibilidades hasta encontrar las que que mejor te conecten y te hagan feliz. COACHING ON LINE: Invitar al cliente a incorporar una práctica de conexión con la naturaleza. Iniciar pidiéndole observar más allá de la pantalla, fuera de la sala donde se encuentre para sensibilizarlo de que es parte de un todo. Invitarlo a salir y encontrar sus propias maneras de conectar con la naturaleza.	Continuo de la Naturaleza: - Micro Dosis (momentos) Un minuto fuera o fotos en tu escritorio. - Dosis Diaria (10min a 1hora) Caminata, sacar al perro. - Micro Salvaje (1/2 día a varios días) Campings, caminatas largas entre pueblos, etc.). - Tiempo Salvaje (más de 3 días) Camino de Santiago, cruzar océanos, etc. Modelo de Fi Macmillan 2020.	Tú lo defines.	Deseo de profundizar en tu conexión con la naturaleza. Buscar respuestas a preguntas. Cuando te sientes "atorado".
	Comunión con la Naturaleza	Escoge una opción de la lista de opciones o crea otra actividad. Quita todas tus distracciones. Regálate 10 min. Decide estar totalmente presente y en relación con la naturaleza. Después date tiempo de escribir tu experiencia, ¿Qué te pasó? ¿Qué sentiste?	Generar mayor conexión con la naturaleza.	Lista Opciones: Plantar plantas, árboles. Observar a tu mascota. Probar una fruta o vegetal con intención. Maravillarte con un copo de nieve Caminar descalzo en el pasto. Sentir el musgo fresco. Escuchar el canto de los pájaros. Observación de las estrellas. Disfrutar un atardecer o un amanecer. COACHING ON LINE: Sugerir la lista de opciones para estar en comunión con la naturaleza e invitar al cliente a crear su propia lista e ir incrementándola.	Inclusion of Nature in self model (INS). Schultz's 2002	Iniciar con 10 a 15 min. Tiempo libre.	Reflexionar y sentirte en unión con la naturaleza.

EJERCICIOS CREATIVOS PARA TRAER LA NATURALEZA AL COACHING

ICONOGRAFÍA						
NOMBRE	DESCRIPCIÓN	OBJETIVO	VARIACIONES / POSIBILIDADES PARA COACHING ONLINE	RECURSOS Y/O MATERIALES	TIEMPO APROX.	RECOMENDADO EN CASOS DE
Ejercicio de Transferencia	Caminando con tu cliente en la naturaleza (parque, montaña, lago, jardín, etc.) - Escoge algo que represente X (jefe, trabajo, mamá, oportunidad) - ¿Qué sentido le das a lo que escogiste? - Si este (árbol, piedra, camino, etc.), fuera tu (jefe, socio, trabajo, mamá, oportunidad) ¿qué le dirías? - ¿Ahora, qué notas?	Generar nuevas perspectivas, cambios de conciencia y de observador.	¿Cómo sería tu vida si no cargaras X? - Levanta una piedra y refléjale todo lo que ya no quieres de X, de esa situación o persona, sentimientos etc. - Di algo al respecto. - Ahora tira la piedra lejos. - ¿Qué notas? COACHING ON LINE: Puedes invitar al cliente a realizar la misma práctica en vivo o con su imaginación tomando información de algún lugar que él conozca bien y de donde pueda tomar elementos para realizar la transferencia. Pídele que cuando regrese a ese lugar refuerce lo que está sintiendo en el momento y registre la experiencia.	Naturaleza y todos sus elementos: árboles, piedras, riachuelos, etc.	15-20 minutos.	Estar atorado con algo. Para tomas de decisiones. Para reconocer más sabiduría interna.
Metáfora y Espejo	Escoge algo que represente: - ¿Cómo te sientes? - Una situación. – Tú relación con "X". – Tú problema. ¿Qué ves? ¿Qué te dice?	Descubrir sabiduría interna	Permite que el cliente hable de lo que ve en eso que eligió de la naturaleza. COACHING ON LINE: Puedes invitar al cliente a realizar la misma práctica en vivo o con su imaginación tomando información de algún lugar que él conozca bien y de donde pueda tomar elementos para realizar la metáfora.	Todo el entorno.	De 3 a 15 minutos.	Estar atorado con algo. Para tomas de decisiones. Para reconocer más sabiduría interna.

233

EJERCICIOS CREATIVOS PARA TRAER LA NATURALEZA AL COACHING

ICONOGRAFÍA	NOMBRE	DESCRIPCIÓN	OBJETIVO	VARIACIONES / POSIBILIDADES PARA COACHING ONLINE	RECURSOS Y/O MATERIALES	TIEMPO APROX.	RECOMENDADO EN CASOS DE
	Arbolito de Otoño	Conectar con el otoño como metáfora. Puede ser en una caminata real mirando un árbol en otoño, y si no es otoño invitarlo a mirar el árbol en su ciclo completo. ¿Qué es aquello que identificas que vale la pena soltar o dejar ir? El coach puede ir enriqueciendo con preguntas ¿Qué pensamientos soltar? ¿Qué creencias? ¿Qué comportamientos? ¿Qué hábitos? ¿Qué emociones? ¿Qué estados de ánimo? ¿Qué formas de mirar? ¿Qué relaciones? ¿Qué vale la pena desaprender?	Que el cliente se dé un espacio para tomar conciencia de aquello que en este momento requiere soltar, dejar ir. También puede aparecer la conciencia de qué requiere hacer para soltar.	Mirar en un mismo jardín, bosque o selva los distintos árboles que conforman ese espacio natural y notar las diferencias en cada uno. El momento de desarrollo en el que se encuentran. ¿Cuáles han perdido hojas? ¿Cuáles están en pleno crecimiento y aparecen los retoños? etc. Encontrar metáforas, similitudes con lo que estás viviendo. COACHING ON LINE: Invitar al cliente a un ejercicio de visualización y conectarlo con la misma experiencia de ser árbol. En casos de carga emocional, invitar al cliente a ponerse de pie y sacudir el cuerpo emulando el movimiento de las hojas en otoño y permitiendo soltar emociones como una forma de catarsis.	Naturaleza: parque, bosque, selva, árboles, etc.	30 minutos.	

EJERCICIOS CREATIVOS PARA TRAER LA NATURALEZA AL COACHING

ICONOGRAFÍA:						
NOMBRE	DESCRIPCIÓN	OBJETIVO	VARIACIONES / POSIBILIDADES PARA COACHING ONLINE	RECURSOS Y/O MATERIALES	TIEMPO APROX	RECOMENDADO EN CASOS DE
Confianza en la Tierra	Acompañar al cliente en un caminar lento, llevando la atención a sus pies, focalizando el contacto de cada parte del pie con la tierra. Agudizando la sensibilidad para apreciar el sostén que nos da la tierra, intentar escuchar su pulso (late cada 26 segundos) y conectar el latido del corazón.	Proporciona arraigo y conexión.	La experiencia puede ser en caminata lenta, recostado completamente en el suelo (preferiblemente en la hierba), o si hay un impedimento físico, sentado y acompañarlo con visualización. Otra opción es tirarse sobre la hierba o la tierra y permitir que todo el cuerpo esté en contacto. Poner el foco en sentir el contacto con la tierra o hierba. Si es sentado, poner el foco de atención en las plantas de los pies, en los glúteos y la base de la columna. COACHING ON LINE: Invita a tu cliente a conectar con la tierra desde sus pies. Si es posible, que se descalce y conecte con el centro de la tierra mediante el centramiento. ¿Qué lo hace estar firme, sostenido? ¿Qué necesita sumar a lo que trae para sentirse arraigado a la tierra como ahora?	Jardín, bosque, selva, suelo o piso de una habitación u oficina.	15 a 20 minutos.	Si hay una emoción intensa de miedo, angustia para generar arraigo, confianza básica.

235

EJERCICIOS CREATIVOS PARA TRAER LA NATURALEZA AL COACHING

ICONOGRAFÍA:						

NOMBRE	DESCRIPCIÓN	OBJETIVO	VARIACIONES / POSIBILIDADES PARA COACHING ONLINE	RECURSOS Y/O MATERIALES	TIEMPO APROX.	RECOMENDADO EN CASOS DE
Reconectando con la Naturaleza (Adaptado de un ejercicio presentado en el Summit 2023 de Inner Development Goals.)	Iinvitar al cliente a posicionarse en el centro y de ahí caminar a cada punto cardinal y explorar. **ESTE:** Punto cardinal donde sale el sol, el nuevo comienzo. Esa luz puede encandilarnos o servir de faro para iluminar lo que de noche no es posible ver. *Registramos la experiencia y volvemos al centro para ir al Sur o Norte según el hemisferio en que estemos.* **SUR:** Ese espacio de energía, gratitud, que nos llena de amor incondicional, el sol que nos calienta y nos abriga, nos da energía. ¿Cómo es la energía que toma? ¿Qué nos pasa frente a esta situación en que nos sentimos colmados de energía? ¿Cómo esa energía nos impulsa a esos objetivos con lo que estamos trabajando? ¿Quiénes somos cuando enfrentamos el desafío que se nos presenta con esa energía? Volvamos al centro, reconectemos con el eje, ese punto de partida y tomemos coraje para caminar hacia el **OESTE,** donde el sol se va escondiendo y nos invita a ir transformando, a soltar, a seguir agradeciendo y conservando, anclando lo aprendido. ¿Qué sabiduría me da este atardecer? ¿Cómo me siento después de haber transitado el amanecer? ¿Cómo me reconozco? Volver al centro y conectarnos con el **SUR** o **NORTE,** ya la noche cerrada, iluminada por estrellas cuando está despejada. ¿Qué me genera la quietud, el no hacer?¿Y lo desconocido? ¿Y la oscuridad que a veces no permite estar en actividad? ¿Cómo me permito aquietar la mente? Conectarme con el silencio. ¿Qué me trae el silencio? Reconocer la tierra, la belleza del planeta, la sabiduría, reconocer el Cielo donde habitan nuestros ancestros, y quizás desde ahí se anclan creencias, juicios. Poder cambiar, conectarnos con nuestra sabiduría interior desde la conexión de nuestra fuente, la naturaleza.	Considerar los procesos de cambio con los puntos cardinales. Reflexionar en cada punto integrándolos a la reflexión. Tener un sistema de referencia desde el cual mirar.	Puede realizarse de forma individual o grupal. Guiando en cada punto cardinal lo que representa ese punto. COACHING ON LINE: Invitar al cliente a incorporar una práctica de cambio a través del movimiento espacial. Solicitarle que se mueva en cada punto y regrese al centro para completar la experiencia.	Espacio y orientación.	Tú lo defines.	Deseo de conectar con un cambio y profundizar en tu conexión con la naturaleza.

EJERCICIOS CREATIVOS PARA TRAER LA NATURALEZA AL COACHING

ICONOGRAFÍA	NOMBRE	DESCRIPCIÓN	OBJETIVO	VARIACIONES / POSIBILIDADES PARA COACHING ONLINE	RECURSOS Y/O MATERIALES	TIEMPO APROX.	RECOMENDADO EN CASOS DE
↑ — ○	Hazte amigo de un árbol	Piensa en un lugar de la naturaleza que conoces y amas y al que tengas fácil acceso. En una de tus caminatas, escoge un árbol que te llame la atención. Por los siguientes 12 meses visita este árbol, conócelo con los cambios de estaciones. Observa la esencia del árbol conforme cambia de forma, de hojas, de tamaño, el ángulo de sus ramas, su olor, su temperatura, textura, cómo pasa la luz por sus ramas en diferentes momentos, etc. Usa tus sentidos, conecta con ese árbol, platica con él, cuéntale tus sueños, tus retos, tus amores. Descubre qué aprendes de él. Conoce la vida que usa al árbol como su hogar, piensa en su historia, su trayectoria, sus eventos como fuegos o rayos o plagas. ¿Qué aprendes de esta amistad? ¿Qué te da? ¿Cómo te ayuda a conocerte mejor, a vivir más centrado? Usa un cuaderno para registrar tus visitas a tu amigo el árbol.	Inspirarte y conocerte mejor como persona y como coach.	Puedes hacer esto en un lugar específico que estás visitando y donde vayas a permanecer un día, una semana o una temporada. En todos los casos elige un árbol que será tu amigo y al cual regresarás y observarás una, dos veces o todas las posibles durante tu estancia. La intención es crear una relación con ese árbol. En tus recorridos habituales andando (camino al trabajo, a la compra, haciendo ejercicio, etc.), elige tu árbol amigo y cuando pases frente a él, salúdalo, obsérvalo, abrázalo, respira con él, detente a observar sus cambios, o partes de su ser que no habías notado. Conecta con preguntas que te inquietan y deja que el árbol te responda, te inspire.	Salir a la naturaleza, a un parque. Si no te es posible usa una planta de tu casa.	La duración de una caminata, un periodo vacacional, un año. Se adapta al lugar y a las posibilidades.	Para obtener claridad en tu camino. Definir tu propósito. Llenarte de energía. Para generar una práctica de conexión - meditación que permite a abrir la reflexión.

237

III. Casos

Caso 1
Caminando por el parque

Considerando la posibilidad de experimentar con la utilización de elementos de la naturaleza como un recurso que permite fortalecer el bienestar de su cliente, el coach propuso que tuvieran la sesión mientras hacían una caminata por el parque.

Tema. El cliente eligió como tema de conversación su reciente cambio de empleo, porque le había generado inseguridad en sus capacidades de adaptación, desconfianza en sí mismo, y un nivel de estrés que no le permitía experimentar bienestar. Parte de esta situación era provocada porque el grupo de trabajo al que se había integrado estaba compuesto por gente más joven que él, además de que no se sentía un experto en la función para la que fue contratado, y que durante los primeros días de su gestión había recibido varias críticas de parte del equipo.

Objetivo de la sesión. El cliente planteó como objetivo validarse, recuperar su fuerza interna y la credibilidad en sus capacidades. Estableció como indicador de éxito experimentar un estado de ánimo caracterizado por la confianza y la seguridad en sí mismo.

Intervención. Durante la conversación, el coach utilizó algunas preguntas para precisar la situación como la vivía el cliente, y establecer el acuerdo de la sesión aprovechando el contexto natural en el que se encontraban. Algunas preguntas tuvieron relación con el entorno; por ejemplo:

❖ Si aquel árbol que está frente a nosotros respirara como tú cuando confías en ti mismo, ¿qué le sucedería?

❖ ¿Cómo es tu respiración cuando confías en tus capacidades?

❖ ¿Qué imaginas que respondería el agua de esa fuente del lago si le preguntaras en relación a cómo recuperar tu propia credibilidad en ti y en tus capacidades?

❖ ¿Cómo acomodas esa respuesta a tu persona en esos momentos en los que tus nuevos compañeros hacen algún comentario con respecto a tu trabajo?

❖ ¿Qué aprendes de la diversidad de elementos presentes en este parque?

❖ ¿Qué te muestra de ti este espacio tan grande?

❖ Cuando miras aquel árbol que tiene esas ramas frondosas, ¿cómo lo relacionas con tus capacidades?

Resultado de la sesión. Para finalizar la sesión, el coach le pidió al cliente que compartiera sus conclusiones y revisara si su indicador de éxito había sido cubierto.

Caso 2
**Comunión con la naturaleza:
fortalecerse como coach**

Tuve la oportunidad de concentrarme en un atardecer sobre el mar entre dos peñones. De repente, apareció un majestuoso arcoíris con nítidos colores que decoraba el cielo. Un rato más tarde vi en paralelo otro arcoíris que se sumaba. Arcoíris que traían mensajes unían el aire, la tierra y el agua.

Me pregunté entonces cómo se combinan los elementos en nuestra vida, en nuestras acciones, para lograr nuestros objetivos.

Caso 3
Práctica de conexión con la naturaleza: preguntar al bosque

Estábamos caminando por el bosque que siempre nos recibe contento, sin expectativas ni reclamos, gozosos de disfrutar el camino que recorremos como una práctica semanal. De pronto, recibimos una llamada con una noticia devastadora. Acababa de morir la hija de una gran amiga, así, nada más. La vida es algo que sucede.

Continuamos con la caminata. Esa montaña había sufrido hacía pocos años una plaga que acabó con todos los árboles de una parte. Hubo que talarlos y quemar los troncos para acabar con ese gusano demoledor que mata bosques enteros. Conversábamos sobre la muerte de esa chica querida cuando pasamos por lo que ahora se conoce como el Cementerio de los Árboles. Nos preguntábamos cómo íbamos a apoyar a nuestra amiga en esa tragedia. Fue en ese momento que noté el cambio que había sucedido ante mis ojos. Me impresioné al ver la recuperación de esa parte de la montaña. Era como si nunca hubiera sido un Cementerio de Árboles. Estaba lleno de plantas jóvenes, matorrales, helechos; todo verde y precioso. Entonces entendí que así como el bosque había logrado regenerarse, del mismo modo lo lograría mi amiga. Fue un mensaje esperanzador, de paciencia y de saber que lograría subsistir.

IV. Conclusiones

A veces consideramos que estamos muy cerca de la naturaleza porque de vez en cuando hacemos alguna caminata por un parque o porque cuidamos unas plantas, o excepcionalmente, salimos a una aventura. Con este trabajo descubrimos o reafirmamos que la relación entre la naturaleza y el bienestar es mucho más profunda. Nos hace falta detenernos y poner más foco, para sentirnos parte y disfrutar en plenitud de una relación íntima y permanente.

En Coaching tenemos la posibilidad extraordinaria de emplear como co-facilitadora a la naturaleza, que permite nuevos y poderosos descubrimientos.

Buscar ideas creativas para impulsar nuestra conexión con la naturaleza nos permite experimentar un gran bienestar, y desde ahí, buscar otras ideas creativas que hagan más rica y poderosa la experiencia de nuestros clientes.

Tenemos la responsabilidad de alimentar y sostener este vínculo primordial haciéndonos conscientes de que la relación entre nosotros y la naturaleza es un dar y recibir.

Es necesario aprender que esta conexión nos ayuda a transportarnos del usar nuestra creatividad a ser creatividad.

La naturaleza es un portal que nos une y nos permite acceder a nuestra inteligencia integral, a nuestra sabiduría innata.

Bibliografía

Figueres, C.; Rivett-Carnac, T.: *The Future We Choose*, Knopf, 2020.

Hawkins, P.; Whybrow, A.; Turner, E.; McLean, J.: *Ecological and Climate-Conscious Coaching*, Routledge, 2022.

Hutchins, G.: *Leading by Nature*, Wordzworth, 2022.

Hutchins, G.; Storm, L.: *Regenerative Leadership*, Wordzworth, 2019.

M. Amos; C.: *Your Guide To Forest Bathing*, Red Wheel, 2021.

Roberts, L.: *Coaching Outdoors*, Practical Inspiration Publishing, 2022.

Seligman, M. E. P.: *La auténtica felicidad*, Ediciones B, Barcelona, 2011.

En la Web

https://worldhappiness.report/ed/2023/
https://www.climatecoachingalliance.org

Técnicas sistémicas

Capítulo 12

Técnicas creativas en el Coaching Sistémico

Fernanda Bustos González, Martín Daulerio
y Sandra Munk

La Creatividad es inmanente al ser humano

Para los coaches sistémicos, la creatividad es parte del potencial ilimitado que poseemos los seres humanos, es un recurso interno disponible, y accedemos a ella o la potenciamos cuando interrumpimos nuestra lógica.

I. Introducción al Coaching Sistémico y la creatividad

Nuestra especialidad se orienta en la corriente de Coaching Sistémico creada por Alain Cardón, que desarrolló hace más de veinticinco años una manera de hacer Coaching integrando cuatro grupos de elementos:

1) Las competencias y el propósito del Coaching provistos por la ICF.
2) Los principios de la física y la mecánica cuántica, que ayudan a la precisión, la proyección, la dimensión, y el impacto de las intervenciones bajo un marco de *aquí y ahora* que produce resultados inmediatos y expansivos.

3) La percepción y articulación de patrones del cliente en la sesión de Coaching.
4) Herramientas alineadas al propósito: integrar las resonancias compartidas, interrupción, preguntas, posición baja, timing y otras referencias.

Todo lo que construimos en este capítulo proviene de la formación en esta especialidad, y se conoce con el nombre de Fundamentos del Coaching Sistémico de la escuela Metasystem.

Los coaches sistémicos acompañamos al cliente a la conquista de su resultado y lo hacemos a través del diálogo. Somos seres lingüísticos, y nuestros patrones se revelan en la manera de comunicarnos.

1. Un nuevo marco de referencia

El éxito de esta disciplina está ligado a la asertividad que haya adquirido el coach como resultado de sus prácticas. Es decir, no es una materia conceptual ni teórica. La calidad de las intervenciones es directamente proporcional a la destreza conseguida por el coach a través del entrenamiento hecho con sus propios patrones de vida durante la formación.

La rigurosidad del marco de referencia, la claridad, el manejo del conocimiento, la agilidad para relacionar y la experiencia desarrollada son las reales bases cognitivas que posibilitarán alcanzar la precisión, el timing y la integración oportuna de los elementos y recursos en la conversación.

En este capítulo nos centraremos en sesiones individuales, pero también existen otras dos especialidades: el Coaching Sistémico Organizacional y el Coaching Sistémico de Equipos. Cada uno con su modelo, su marco de referencia y diversidad de articulaciones y patrones.

El Coaching Sistémico se sustenta en un marco propio, en el que las referencias, los elementos constitutivos y las intervenciones se diferencian de los de otras corrientes, por lo cual primero vamos a presentar el escenario y el rol de algunos elementos para asegurarnos de que quede claro que en un sistema nada es casual, todo está conectado y relacionado, y cada detalle puede ser un indicador de algo.

2. **El escenario y los principios preestablecidos**

Trabajamos dentro de un sistema conectado por patrones y resonancias. Los patrones son inherentes al ser humano. Todo nuestro ser y hacer proviene de ellos. Definen nuestra esencia, nuestra identidad e impulsan nuestras decisiones, pensamientos, acciones y relaciones, incluso nuestros resultados. No son positivos ni negativos, son neutros, por lo que resulta muy útil reconocer que nuestras grandes conquistas y talentos, lo que logramos, lo que nos gusta, lo que nos ayuda a avanzar en la vida, nuestras relaciones y la percepción de oportunidades entre otras situaciones, también nacen de nuestros patrones.

Esta otra cara de la misma moneda, que a menudo resulta inconsciente para nosotros, construye nuestras fortalezas, y como coaches sistémicos, los integramos y potenciamos para expandir una transformación ágil y natural.

Supongamos que el cliente manifiesta en la sesión que quiere ser más creativo. Nuestra conexión, nuestra escucha y nuestra presencia estarán dirigidas a advertir qué patrones o hábitos pudieran estar deteniendo el resultado que quiere alcanzar.

Recordemos que somos seres lingüísticos, y los patrones se manifestarán en la conversación.

Tengamos en cuenta algunos puntos fundamentales:

Nuestra lógica es *solo* nuestra lógica

Todos los seres humanos disponemos de un potencial ili-mitado al que podemos acceder inmediatamente. Sin em-bargo, debido a hábitos, creencias o experiencias tendemos a postergar o a bloquear nuestro tesoro con asociaciones mentales o emocionales que nos limitan y condicionan. Es entonces cuando pensamos que no somos capaces o creati-vos y nos excluimos de las oportunidades.

Sin darnos cuenta, naturalizamos en nuestra lógica una versión recortada de nuestras posibilidades que reforzamos con nuestros pensamientos, nuestra lingüística, nuestras emociones y nuestras acciones.

El hábito de excluirnos provoca retraso en la expan-sión. Al practicar el hábito de quedarnos afuera de determi-nadas categorías, áreas, beneficios o ventajas, ya sea de ma-nera consciente o inconsciente, estamos fijando la frontera de nuestros límites. Esto define el marco de nuestras opcio-nes, un marco acotado del potencial infinito. Esta progra-mación interna define lo que creemos acerca de nuestras oportunidades y es el marco de referencia desde el que vivi-mos y construimos nuestro futuro.

Cuando aplicamos el Coaching Sistémico, este deter-minismo es interrumpido y permite que podamos crear el destino que anhelamos *aquí y ahora*.

La fábrica de la creatividad

Los coaches sistémicos tenemos que ser muy creativos para intervenir en la sesión y provocar el tránsito de un espa-cio de vida a otro en cuestión de minutos. Algunas veces, para hacerlo, buscamos causar risa, sorpresa o asombro durante la sesión, y esto nos permite mostrar alguna discrepancia o compartir preguntas que van contra la lógica del cliente.

Somos responsables de desempeñar intervenciones con precisión y creatividad que fomenten la salida del potencial que habita en lo intangible hacia la realidad tangible, hacia el exterior, de manera concreta y medible, sin perder de vista aquellos filtros de la lógica que requieren ser interrumpidos para evitar determinismos y potenciar acciones que derivan de otros patrones que orgánicamente faciliten este tránsito.

En nuestro trabajo como coaches sistémicos incluimos la percepción de nuestros patrones, fundamentalmente aquellos que se relacionan con posponer, tanto en nosotros como en el cliente, ayudados por la precisión lingüística cuando buscamos que el cliente obtenga resultados extraordinarios en poco tiempo. Tanto es así que nos entrenamos en sesiones de Coaching de ocho minutos para lograr este impacto.

Como consecuencia de esta compleja articulación, lo nuevo, la manifestación del potencial, se expresará a través de ideas, soluciones, respuestas y estilos de pensamiento que se podrán integrar como nuevos recursos, eliminando la limitación o la condición.

Si el cliente practica el hábito de incluirlos, consolidará y expandirá en todas las direcciones y decisiones estos criterios que ampliarán su enfoque, sus decisiones, sus acciones, su planificación, sus relaciones, tanto en la vida profesional como en la personal.

¿Orbitar sobre el bloqueo o desbloquear el resultado?

El sistémico es un enfoque doble que observa e interviene en un marco global y uno local, centrándose en lo que el cliente quiere alcanzar y no en orbitar el problema. Para esto, tenemos en cuenta:

❖ El reconocimiento del potencial humano ilimitadamente disponible que habilita el coach, basado en su propia expansión.

❖ El marco espacio-temporal *aquí y ahora* que define un escenario real donde causar resultados inmediatos y sin posponer.

❖ La articulación de patrones, elemento común a todos los seres humanos que genera nuestras conductas, determinismos y resultados, incluidas la frecuencia y la calidad.

❖ La atención a percibir la influencia de resonancias compartidas para ocupar una posición neutra, con la finalidad de no influir con nuestros patrones o resonancias en el espacio del cliente y evocar conciencia con ellas.

❖ La manera en que la integración de los elementos del sistema del cliente eleva la toma de conciencia y ayuda a construir con naturalidad el resultado deseado.

Delimitar una situación nos permite ser concretos

El primer paso será conocer una situación específica en la que el cliente quiere crear su resultado. Relatar un desafío concreto facilita que aparezcan sus patrones y revelen el modo en que gestionan situaciones, palabras, motivos, reacciones, recuerdos, propósitos, sensaciones. Reconocer las asociaciones mentales o emocionales brinda información. Recordemos que en un sistema todo está conectado y relacionado.

Como coaches sistémicos, escuchamos la lingüística y percibimos lo que emerge más allá de ella. Esto nos permite acceder a una dimensión más profunda, una versión más compleja de su desafío, donde reconocemos los espacios de intervención para ser precisos y asertivos.

Además, partir de un escenario real, le permite al cliente medir su avance interno y externo, tomar conciencia de las opciones disponibles e integrar transformaciones específicas de maneras más livianas, comenzando por un espacio acotado para avanzar hacia mayores extensiones.

¿Cómo despertamos el potencial en el Coaching Sistémico?

Como mencionamos en la introducción, la calidad del coach sistémico se refleja en las habilidades, el conocimiento y la experiencia, que se traducirán en preguntas con mayor impacto sobre los clientes. Estas simples preguntas están orientadas a desbloquear el potencial, a interrumpir la lógica lineal o conocida por el cliente, y que pudieran resultar extrañas a su manera de pensar. Esto equivale a decir que nuestras preguntas harán que sus neuronas trabajen en direcciones diferentes a las conocidas, al hábito.

Esto genera un momento clave en el que aparecen otras perspectivas que impulsan nuevas asociaciones, ideas creativas que hasta entonces no había incluido y emociones que abren paso a la creatividad y al potencial. Despertamos una habilidad al quitar un condicionamiento. Esto disuelve el aspecto abstracto del asunto que muchas veces se enfoca en "trabajar un tema" o en orbitar un problema para alcanzar una cualidad.

Finalmente, la manera de aterrizar e integrar lo descubierto es otro espacio central a cuidar, es la semilla del nuevo futuro. A medida que coach y cliente incluyan los criterios descubiertos, potenciarán la nueva realidad disponible, y como mencionamos anteriormente, a medida que el cliente aplique sus descubrimientos, abrirá más y más su marco de referencia y podrá desencadenar una catarata de resultados devenidos de un desbloqueo.

II. Técnicas de Coaching Sistémico para estimular la creatividad

Como coaches sistémicos, situamos nuestra atención en dos aspectos durante la conversación con el cliente:

- ❖ **El marco global**, que es el resultado a alcanzar dentro de la sesión. Por ejemplo, cómo ser creativo en tal asunto.
- ❖ **El marco local**, donde notamos las conexiones y las articulaciones que revelan las palabras, cómo influyen, se conectan y se relacionan los patrones lingüísticos, de pensamiento, de decisiones, de comportamientos; cómo la lógica del cliente, su marco de referencia, sus valores y sus hábitos determinan su situación.

Para ese segundo nivel de intervención, incluimos habilidades específicas: interrupción de patrones, atención a las resonancias compartidas, timing y preguntas que nos ayudan a identificar lo que bloquea el resultado, deconstruir hábitos y rescatar lo que va emergiendo en el cliente como aprendizaje.

1. Interrupción de patrones para despertar la creatividad

🧍	👥👥		○	📶	−	+	↻	

La interrupción nace con una pregunta: "¿Te puedo interrumpir?". Esto, además de tener la misión de servir al cliente, requiere ser cálido y asertivo en cuanto al momento en que se utiliza. Es importante esperar la aceptación por parte del cliente para realizar una segunda intervención, para evitar resistencias o invasiones a su espacio, para mantener la posición de equidad y respeto.

Las interrupciones pueden ser seguidas por el silencio (para co-crear el vacío) o pueden complementarse con preguntas que inspiren reflexión.

La asertividad se da por una combinación de timing, intuición y conocimiento que permite separar dos universos:

❖ Por un lado, lo que el cliente ya conoce acerca de su tema. La historia que tiene asociada a su asunto, lo que sostiene la condición, su manera de observar la situación con sus asociaciones y sus evidencias.

❖ Por otro, el acceso al potencial ilimitado. Lo que no conoce acerca de su tema, de sus posibilidades, de sus oportunidades y recursos.

"Es la apertura a un nuevo espacio y tiempo que provee 'el vacío', el lienzo en blanco para pintar, detiene la conversación automática cuando se rellena con palabras superfluas, pone en pausa maneras de pensar repetitivas, ruidos internos, impulsos, descomprime la presión y habilita la creación. Es una invitación a sumergirnos e ir más allá del relato y de la frontera de lo consciente." (*El Ser y el Hacer del coach*, pág 161. Ediciones Granica)

En otras palabras, es la antesala de la magia, donde el cliente podrá despojarse de referencias antiguas que lo condicionaban a crear resultados.

Saber cómo y cuándo interrumpir es una habilidad clave para el coach sistémico. Nunca hay que interrumpir el silencio o las reflexiones.

Además, neurológicamente, interrumpir tiene ventajas extensas. Cada vez que lo hacemos, el cerebro recibe el impacto. Es como tener un freno de mano que desacelera la máquina. Con las interrupciones detenemos circuitos neuronales y desactivamos determinismos. Dejamos de orbitar el condicionamiento y el bloqueo, las neuronas se alborotan ante la pausa y producen un nuevo impulso, otras sinapsis, nuevas conexiones en el cerebro que traerán nuevos pensamientos. Esta disociación y asociación se manifiesta en la sesión a través de ideas, de inspiración, de sorpresas, de criterios, de soluciones, de descubrimientos, de reflexiones, de oportunidades; en definitiva, de libertad para crear.

La intuición como guía

La intuición es uno de los elementos transversales a la profesión de Coaching. Es lo que nos permite conocer algo sin saber cómo lo conocemos.

Es un conocimiento rápido de algo de lo que quizás no tengamos evidencia para argumentar, y sin embargo, es certero o atinado. Es un conocimiento que surge de nuestra inteligencia interna –sensorial o emocional– y no de la inteligencia racional.

Es un aliado de la escucha que utilizamos para aumentar nuestra claridad y saber cuándo es oportuno realizar alguna intervención y cuándo no.

Para aportar mayor precisión, digamos que no hay que confundir impulso con intuición en estas articulaciones. El impulso puede estar motorizado por nuestros propios patrones.

¿Cómo ocurre?

❖ El coach, conectado con su cliente, intuye que es el momento oportuno para realizar una interrupción.

❖ Pide permiso desde la posición baja otorgándole todo el poder al cliente: "¿Te puedo interrumpir?"

❖ Hace su intervención y se retira del espacio para entregar otra vez todo el poder al cliente.

❖ Crear y sostener silencio en este momento permite la reflexión, el vacío, el encuentro del cliente consigo mismo.

❖ Sostiene esta pausa para que el cliente pueda explorar en sí mismo, crear y expandirse.

2. Timing y contexto

👤	👥👥👥		○	📶	−	+	♻	

El contexto es el punto de partida que requiere circunscribirse a un terreno real para la manifestación del resultado concreto y medible en el Coaching Sistémico.

❖ Al iniciar, nuestra pregunta de contexto enmarca el asunto y el tiempo. Una pregunta podría ser: *"¿Qué quieres lograr en esta sesión?". El cliente, tal vez, podría responder: "Aumentar mi creatividad".*

❖ Si la respuesta es general, como en este caso, y no se define con precisión o faltan definiciones acerca de qué tipo de creatividad o en qué situación quiere ser creativo, podríamos preguntar: *"¿Hay alguna situación próxima o una persona específica a la que quieras aplicar tu creatividad?".*

❖ Pasar del concepto a la situación nos permite limitar el escenario y distinguir los elementos que se presenten del cliente, articular patrones y preguntas para aumentar la claridad y la accesibilidad del cliente a su resultado.

❖ Al desafiar la lógica desde la cual el cliente se relaciona con su tema, ampliamos su posición y proveemos un mapa donde puede asumir y potenciar su capacidad creativa, un espacio en el que esté predispuesto a buscar, a indagar, a salir de su zona de confort.

Como ya mencionamos, un aspecto clave en este proceso es el timing, la percepción de oportunidad, de momento justo para hacer preguntas, silencios, para interrumpir o para compartir alguna sensación o resonancia. Nos indica cuándo hacer intervenciones, y resulta imprescindible al momento de hacer tangible lo abstracto.

3. Técnica de las resonancias

👤	👥👥		○	📶	−	+	↻	

En Coaching Sistémico, cuando decimos "conexión" nos referimos a la habilidad del coach para conectar con el cliente y su sistema, comprender las relaciones y las dinámicas presentes, teniendo en cuenta que, a partir de esta conexión compartida, todo lo que ocurre en la sesión puede ser un indicador del sistema que se está explorando.

A partir de la conexión que establezcamos con nuestra presencia y nuestra escucha activa, competencias que remiten a la capacidad del coach para sintonizar con las emociones y las dinámicas, conformaremos un entramado de conexiones con nuevos significados dentro del sistema coach-cliente.

Es necesario estar atentos a sus palabras, sus tonos, sus emociones, su lenguaje corporal, sus silencios, su ritmo y su energía para comprender su contexto desde una escucha que acompaña, sostiene y contiene en una búsqueda interna de sentido. Hay que tener en cuenta que escuchar es distinto a esperar que el cliente termine de hablar.

Para el coach, lo relevante en este punto es reconocer las propias resonancias dentro de la sesión. Es decir, observar qué le pasa con las experiencias, las sensaciones y las conversaciones que el cliente trae, dado que son el punto de partida para las intervenciones.

Hay que hacer preguntas que lo ayuden a explorar sus relaciones y conexiones dentro del sistema, y que interrumpan los patrones ya conocidos.

También es preciso construir el tono, las palabras, la lingüística, las preguntas que le propongan al cliente nuevas sensaciones, nuevos puntos de vista desde donde observar el tema que trae.

Todas estas intervenciones se efectúan desde una "posición baja", acompañando cada compartir con frases como "es solo una idea", "es solo mi impresión" o "tengo la sensación de… quizás me equivoque".

Cuando el coach percibe resonancias, tiene que utilizar preguntas que introduzcan mayor conciencia en el cliente, para ampliar el marco desde el que observa su tema.

Un ejemplo de compartir sensaciones es: "¿Puedo compartir algo contigo? Mientras te escucho, yo tengo un sentimiento de… impaciencia en mi estómago. No te preocupes, no es tuyo, voy a manejarlo. ¿Solo me pregunto, en tu tema, dónde pudiera estar esta sensación? Es solo una idea, gracias por escucharme… Continúa por favor."

Como puede verse, la descripción es absolutamente neutra. Busca servirle al cliente, no juzga, no condiciona, y es puntual al indicar sensación y lugar.

Tengamos en cuenta que muchas veces, como coaches, en nuestro afán de acompañar al otro a alcanzar sus resultados, podemos, desde nuestros propios patrones relacionales, acelerar tiempos invadiendo su propio espacio y su ritmo.

Para evitar mezclarnos en el espacio del cliente e invadirlo es importante estar atentos y conscientes de nuestros propios patrones, nuestras reacciones físicas, mentales y emocionales, para utilizarlas poniendo alguna técnica específica al servicio del cliente.

Veamos otro ejemplo: "*¿Puedo compartir algo contigo?* (Esperar respuesta del cliente.) Percibo que estás trabajando muy bien. ¡Felicitaciones! (Validar el trabajo del cliente y luego compartirlo.) A medida que reflexionas y avanzas creando tus resultados, noto que quiero mostrarte otras maneras de crear, quiero orientarte con mis preguntas. Te pido disculpas por esto, no voy a invadir tu espacio, sin embargo, me pregunto quién, en tu tema, podría querer orientar tus ideas. Gracias por escucharme. Continúa, por favor."

Esta pregunta abre diversas opciones, quizás alguien está queriendo colaborar con el cliente y él no lo percibe. O alguien puede estar ejerciendo presión o invadiéndolo.

La resonancia con el cliente y la escucha más allá de las palabras son fundamentales para generar un espacio donde emerjan nuevas sensaciones y puntos de vista.

4. El silencio o la creación de vacío sagrado

👤	👥👥👥		○	📶	−	+	↻	

El silencio abre un espacio sagrado, íntimo. Un vacío que genera un encuentro diferente con uno mismo donde podemos explorar un territorio personal, nos conectamos con nuestro potencial de creatividad y encontramos nuevas formas.

Es un silencio cargado de presencia, que vibra, y que necesita ser sostenido para contener la incomodidad del cliente, si fuese el caso. Un espacio compartido de sabiduría, en donde reina la presencia plena. Si bien el silencio es un elemento principal en el Coaching de maestría, aquí toma una dimensión suprema.

Luego de cada pregunta, sostenemos el silencio, pues sabemos que ese será el espacio para que el cliente comparta toda nueva reflexión, sus ideas, sus sensaciones, sus emociones y otros emergentes del proceso.

Nos gusta decir que la respuesta inmediata a una gran pregunta es un gran silencio.

- ❖ Pregunta de permiso para interrumpir → silencio
- ❖ Pregunta de contexto → silencio
- ❖ Pregunta de precisión → silencio

Podemos formular algunas preguntas muy breves, sencillas, que inviten al cliente a continuar profundizando su tema mientras nos replegamos para liberar el espacio y permitir su reflexión. Por ejemplo: "¿Entonces?" "¿Y?" "¿Qué más?". O cuando vemos que el cliente va avanzando, "Felicitaciones, ¿y ahora?".

Con la resonancia, el respeto por el silencio, la interrupción de patrones y el uso de preguntas poderosas, el coach crea un espacio propicio para que el cliente explore y descubra su capacidad creativa, generando así cambios significativos en su vida personal y profesional

5. Preguntas de Coaching Sistémico

👤	👥			○	📶		+	↻	

Las preguntas sistémicas son recursos esenciales para generar nuevas lógicas.

❖ Buscan abrir alternativas a la manera de pensar del cliente sobre su tema y tienen diversos estilos, que dependen de la lógica con la que vamos a utilizarlas. Algunas son dirigidas al enfoque del cliente, otras a su desempeño, otras pueden nacer de un campo de resonancias compartidas entre cliente y coach que incluyen sensaciones, impresiones y emociones.

❖ Al formularlas, tocan aspectos significativos del cliente.

❖ Están diseñadas de manera tal que no vayan hacia lo que el cliente ya se ha preguntado o ya conoce, sino orientadas hacia espacios no pensados. Existen diversos modelos acordes a las lógicas en las que queremos intervenir; por eso, primero necesitamos reconocer el contexto y sus patrones, los desafíos del coach, para luego elegir qué preguntas serán más oportunas.

❖ Una vez que el coach las formula, se repliega, abre un espacio de silencio, de vacío, para que el cliente pueda reflexionar y encuentre nuevos aspectos.

Recordemos que nuestra labor como coaches sistémicos no es profundizar en el contenido del tema que trae el cliente ni orbitar el problema, sino centrarnos en el resultado que quiere alcanzar.

III. Casos[22]

Primer caso
Coach: Fernanda Bustos González

En esta sesión podemos percibir el determinismo de un modelo de lógica con el que, a menudo, definimos una elección. Interrumpiéndola, logramos expansión, agilidad y descompresión.

—¿Qué resultado quieres lograr hoy en tu sesión?
—*Quiero mirar al futuro de manera positiva, disolver la*

---

22 N. del E.: Para la mejor lectura, las intervenciones de los clientes están en itálica y las de los coaches en redonda.

presión entre lo que siento que tengo que hacer y lo que quiero hacer. Estoy presionada por el tema del dinero y siento que eso define la mayoría de mis decisiones, pero también influye en mi agenda, en el tiempo. Estoy en un momento en que no tengo mucha energía ni ganas, y eso me frena para mirar a futuro, porque me siento condicionada. Siento que mi expansión se me va de las manos y no la concreto.

—¿Tienes una situación concreta de esas elecciones en la que quieras concentrarte hoy?

—*¡Sí! Tengo que elegir para mañana entre dos cosas: hacer un listado de mi trabajo obligatorio o visitar a un cliente que está en otra localidad. Esta segunda me llevaría más tiempo, pero sería un eslabón para mi expansión.*

—¿Te puedo hacer una pregunta?

—*Sí, claro.*

—Escuché que tienes que elegir entre dos situaciones y quieres eliminar la presión. Una de ellas parece ligada a tu expansión y la otra a tu compromiso laboral. Si esta elección fuese entre negro y blanco, ¿cuáles serían las tres gamas de grises en medio de las dos?

Después de un silencio, de ese momento donde la lógica entró en jaque, la clienta respondió:

—*Voy por la mañana a la otra ciudad y visito al cliente, y por la tarde hago el listado. (Se observa un cambio de prioridades. En lugar de orbitar alrededor del problema, orbitó alrededor de la solución.) ¡También puedo visitar la ciudad y realizo el listado allí! En un café y disfrutando del paisaje. ¡La paso mejor! ¡Me encanta! Aprovecho mi visita a la ciudad y reparto tarjetas ofreciendo mis servicios a personas que todavía no conozco, mientras me encuentro con el cliente y hago mi listado.*

Esta sesión abrió una diversidad de opciones donde aplicar lo descubierto, incluyendo sus próximas vacaciones, durante las que la clienta descubrió que podía continuar liderando su negocio de manera virtual.

Lo que vimos es una manera de interrumpir la lógica con una pregunta.

Segundo caso
Coach: Martín Daulerio

La particularidad de esta sesión resulta muy interesante por la conexión de eventos en ambos sistemas –coach y cliente–, la presencia de fractales, el reconocimiento y la inclusión que hizo el coach utilizando elementos del sistema y abriendo un espacio de toma de conciencia más amplia. La sesión se hizo telefónicamente –una competencia de esta disciplina que mejora cualitativamente los resultados–, y esto permitió percibir otras secuencias.

La clienta estaba abordando un tema relacionado con su dificultad para enfocarse en tareas importantes. También mencionó que se sentía cansada y con falta de energía. Mientras describía su situación, el coach empezó a notar dos eventos que le llamaron la atención. Por un lado, a una señora que paseaba con dos perritos idénticos de raza pug. Por el otro, observó dos autos iguales, de la misma marca, el mismo modelo y el mismo color, uno detrás del otro.

En ese instante, el coach interpretó estos fractales como señales de un patrón posible vinculado a la idea de "duplicidad" o "repetición", y aprovechó el momento para aplicar una técnica sistémica conocida como "compartir un evento".

—¿Te puedo interrumpir?
—*Sí, claro.*
—Mientras ibas compartiendo, comencé a observar en mi entorno dos eventos que me llamaron la atención: una señora paseando con dos perritos iguales,

dos autos idénticos pasando uno detrás del otro. Me pregunto cómo puede estar relacionado esto con lo que traes hoy. ¿Qué puede ser eso que esté duplicado o repetido en tu tema? Es tan solo una idea. Puede no ser importante. Gracias por escucharme. Continúa, por favor.

Esta intervención le sirvió a la clienta para tomar conciencia de que en ese momento estaba haciéndose cargo de prácticamente el doble de tareas, dado que recientemente había renunciado una integrante clave de su equipo. Tomar conciencia y definir acciones con decisión modificó un esquema de situaciones.

Tercer caso
Coach: Sandra Munk

Una clienta llegó a su primera sesión y se presentó como directora de una empresa de la industria alimenticia. Relató en forma acelerada y sin pausa los diferentes sucesos por los que fue atravesando en ese último tiempo: la empresa se fusionó con otra, la pandemia, su ascenso de directora nacional a directora regional.

Dijo además que se sentía cómoda en su puesto y había logrado resultados exitosos, pero confesó sentir una desmotivación persistente durante el último año o año y medio. A pesar de su éxito profesional, expresó una pérdida de interés en lo que antes la atraía, describiendo su estado anímico como de "aburrimiento" y de "falta de propósito".

—¿Puedo compartir contigo algo que estoy sintiendo mientras te escucho?
—*Sí, adelante.*

—Gracias. Mientras te escucho, tengo una sensación de adrenalina en mi pecho que me acelera, y estoy tentada de llenar los espacios sin pausa, como de rellenar continuamente lo que estás creando. No te preocupes, no va a influir en mi presencia, lo estoy manejando. Me pregunto, en tu tema, ¿dónde podría estar esta sensación de adrenalina? Es solo una idea. Gracias por escucharme. Continúa, por favor.

Esta intervención generó una pausa, un vacío para la reflexión en la que el cliente exteriorizó, para su sorpresa, que por primera vez se daba cuenta de que, al desafiarse continuamente con nuevos retos, no sabía cómo transitar y aprovechar los espacios de calma que eran los que le aportaban energía y entusiasmo.

La coach prestó atención a que conformaba un sistema con su clienta, donde podía haber resonancias que eran de interés para el éxito de la sesión. Ser consciente de la influencia y compartirla abrió nuevas posibilidades.

IV. Conclusiones

Desde el Coaching Sistémico, entendemos que la creatividad es un potencial inmanente al ser humano y no un talento exclusivo de artistas o publicistas. Por lo tanto, cada una de las técnicas descriptas a lo largo de este capítulo están al servicio de conectarnos a coaches y clientes con todo nuestro potencial, para encontrar nuevas perspectivas y superar bloqueos que pudieran limitar el logro de resultados.

En consecuencia:

❖ Partimos de la idea de que nuestro ser y hacer está definido por patrones que están conectados y que nos relacionan con el mundo exterior y administran nuestro mundo interior.

❖ Entendemos que ser creativos es una oportunidad disponible para todos ahora mismo. Acceder a ella nos facilita la adaptación a los cambios, y es además una fuerza impulsora detrás de esos cambios.

❖ Comprender la dimensión transformacional que ofrece este modelo nos sitúa en un universo infinito de opciones para crear. Tomar conciencia de que la administración de nuestros resultados, evidencias, asociaciones emocionales, impulsos creativos, anhelos, condiciones y situaciones que están siendo gestionadas desde nuestros patrones nos permite observar un escenario mucho más amplio, con lugar para todos nuestros proyectos, nuestras relaciones, nuestros deseos y talentos.

❖ A tales efectos, las técnicas que pone a nuestra disposición el Coaching Sistémico estimulan, canalizan y potencian este don a través de la conversación y la transformación de ideas en recursos tangibles a partir de un escenario real. Desafían nuestra lógica preestablecida, y habilitan de este modo y de forma constante la libertad de crear, de ser y hacer conectándonos a todos (coach-clientes) de maneras más profundas.

❖ La interrupción y potenciación de patrones junto al uso de preguntas asertivas activan nuevos circuitos neuronales, modificando la programación, con la posibilidad de que en la repetición de las interrupciones sistemáticamente podamos hasta transformar nuestro ADN, lo que heredamos, nuestra genética, incluyendo la manera de enfocar los problemas, las relaciones, las enfermedades, las soluciones, las creaciones, la salud y el éxito.

❖ De esta manera, el cliente y su coach se embarcan juntos en un viaje de descubrimiento y creación para transformar vidas y desbloquear posibilidades inimaginables.

Deseamos que nuestra contribución sea un impulsor de tu expansión, tu creación y tu bienestar.

Recuerda, todos tenemos un potencial infinito que podemos utilizar aquí y ahora.

¿Cómo vas a asegurarte de utilizar el tuyo?

Bibliografía

Bustos González, F.; Crosetti, J. L.: *La Fórmula de los Resultados*, Del Dragón, 2023.

Cardon, A.: *Coaching de equipos*, Paidós, 2018.

_____: *Preguntas poderosas en Coaching Sistémico*, 2022.

Goldvarg, D.; Perel, N.; Escalante, A. L.: *El Ser y el Hacer del coach*, Ed. Granica, 2022.

En la Web

Bustos González, F.; Crosetti, J. L.: *Agilidad, Expansión, Resultados con herramientas sistémicas*, Edición limitada gratuita, Coaching Consultores. https://coachesconsultores.com/recursos/publicaciones/agilidad-expansion resultados/

Capítulo 13

La escultura y las Constelaciones en el Coaching

Monica Secci Mura y Ana L. Escalante

I. Introducción a las técnicas

En el capítulo anterior sobre Coaching Sistémico se definieron una diversidad de metodologías para la interrupción de los patrones que envuelven la narrativa de nuestros clientes y buscan generar cambios significativos del observador.

El presente capítulo tiene como objetivo la introducción de dos técnicas específicas basadas en la Teoría de Sistemas: la escultura y las Constelaciones.

Los dos enfoques tienen en común el uso de la representación espacial de los integrantes de un sistema –pareja, familia, equipos, organizaciones– para explorar dinámicas, conflictos, patrones y soluciones subyacentes.

Es necesario enfatizar que ambas técnicas tienen como objetivo concentrarse en los procesos relacionales y sistémicos en lugar de en contenidos específicos que puedan dominar el discurso y las narrativas de los clientes.

Aunque parecidas, estas técnicas tienen diferencias importantes. La de la escultura proviene de la base teórica de la Terapia Sistémica, que desde 1973 sostiene que la manera de colocar distintos elementos en el espacio hace explícitas las relaciones entre los elementos del sistema. En lugar de utilizar palabras, retrata de manera no verbal las relaciones en el espacio y el tiempo, capturando la percepción y la experiencia de los acontecimientos (Dhul, F.J.; Kantor, D.; Dhul, B.S., 1973).

Por otra parte, a finales de los años 1990, Bert Hellinger creó una metodología denominada constelaciones familiares, que permite trabajar sobre los sistemas familiares y los antepasados, donde los elementos de las Constelaciones son personas. Hellinger basó su trabajo en la idea de que los problemas y los conflictos individuales suelen estar arraigados en dinámicas y patrones familiares y sistémicos más amplios, y desplegó así la visión holística del ser humano en su sistema.

Además, las Constelaciones Sistémicas se arraigan en la temperie cultural de la Teoría General de los Sistemas (1967), y dentro de esta, de la cibernética (Bateson; Von Bertalanffy), donde se pone la atención en el sistema global y se trabaja en la interfaz de sus elementos.

Gunthard Weber desarrolló el concepto de Constelaciones Organizacionales, donde los elementos son personas o aspectos de un negocio. Insa Sparrer y Matthias Varga von Kibéd han desarrollado Constelaciones Estructurales, ampliando aún más el uso de esta metodología a una variedad más amplia de sistemas, poniendo como elementos de las Constelaciones personas o aspectos abstractos tanto del sistema externo (proyectos, negocios) como del sistema interno (valores, energías).

La perspectiva de las Constelaciones que compartimos fue reenfocada sobre el proceso de Coaching en Italia por Francesco Pimpinelli (System Alive).

En este capítulo proponemos el uso de estas técnicas como una dinámica en donde se represente el mapa interior de la persona y las relaciones con y entre su sistema –ecología–. Así, desde esta representación sistémica, se elabora o se reestructura la interpretación y se desarrollan nuevas perspectivas y soluciones.

Es importante enfatizar que la formación de Coaching **no** brinda la capacitación necesaria para emplear estas dos metodologías en presencia de los familiares de nuestros clientes –Terapia Familiar– o con temáticas vinculadas al deterioro de la salud mental –Psicología– como la depresión, la psicosis, la ansiedad generalizada o las adicciones.

Después de dejar esto expresado con claridad, es útil destacar que las esculturas y las constelaciones insertadas en los procesos de Coaching son extremadamente provechosas y ayudan a despertar conciencia de manera rápida, y a desarrollar escenarios de evolución hacia el futuro.

II. Descripción de técnicas

1. Escultura familiar para el Coaching individual

La técnica de la escultura consiste en representar las relaciones del cliente mediante su disposición en el espacio. Este proceso es dinámico, simbólico y activo. No depende del lenguaje verbal, por lo que se convierte en una expresión de percepciones, sentimientos, emociones y narrativas a través de imágenes, introduciendo modificaciones en las historias e interacciones familiares (Sequeira, J., 2020).

Esta técnica destaca la acción, el lenguaje figurativo, metafórico y corporal. Se exploran las dimensiones visuales, simbólicas, físicas y sensoriales del sujeto o del proceso en cuestión (Papp; Scheinkman; Malpas, 2013).

Las posibles esculturas pueden abarcar la familia en el pasado, el presente y el futuro, la familia ideal o deseada, así como otras representaciones; por ejemplo, la del sujeto secreto o no revelado, los miedos, los deseos, los sueños, el duelo y las fuerzas familiares.

Estas representaciones visuales son formas alternativas de comunicar narrativas y visiones sobre el tema seleccionado. En ellas se revelan percepciones personales acerca de comportamientos, sentimientos, emociones y narrativas que emergen repetidamente en diversos momentos de la vida de nuestro cliente (Robert; Simon, 1998). Estos patrones pueden incluso mostrarse a lo largo del proceso de Coaching.

Es por esto que la herramienta es tan útil para aclarar las perspectivas, los comportamientos y los sentimientos de los elementos en y sobre la familia de nuestros clientes.

Objetivos de la escultura

Enraizada en una epistemología posmoderna, esta técnica resalta las narrativas dominantes, posibilita la emergencia de narrativas subdominantes y propicia cambios en las historias, relaciones e interacciones familiares y de otra índole a través de la experiencia.

Los objetivos de la escultura son:

❖ Clarificar, explicar y enfocarse en las áreas de interacción y funcionamiento personal, o relacional.
❖ Amplificar, de manera no verbal, aspectos específicos de la dinámica relacional.
❖ Detener los procesos de verbalización excesiva que podrían inhibir la espontaneidad y la sinceridad de los miembros de un sistema.
❖ Destacar tanto las narrativas dominantes como las subdominantes, junto con sus correspondientes emociones.
❖ Abordar metafóricamente temas difíciles o tabú considerados relevantes en el proceso de Coaching.

Descripción de la técnica

Para que la técnica sea aplicable, la relación entre el coach y el cliente debe tener altos niveles de confianza, de forma que el cliente se sienta seguro con una experiencia simbólica que no utilice la voz.

Se requiere una habitación privada que tenga suficiente espacio para que tanto el coach como el cliente puedan moverse.

Los roles involucran al coach que está encargado de facilitar el proceso y al cliente que es el escultor.

El proceso para llevar a cabo una escultura familiar se desarrolla en siete etapas: 1) Encuadre de ejercicio. 2) Instrucción al cliente. 3) Visualización. 4) Primera escultura: "Aquí y ahora". 5) Reflexión y reencuadre. 6) Segunda escultura: "Situación ideal" y reflexión (Opcional). 7) Cierre (Adaptado de Sequeira, J., 2020).

1) **Encuadre**
El coach pide permiso para llevar a cabo un ejercicio no verbal y da una visión general. Puede decir, por ejemplo:

"En varias ocasiones has expresado este tema mediante el lenguaje hablado. Me gustaría preguntarte si quieres experimentar una forma de explorarlo sin palabras, a través de la creación de una escultura".

Si el cliente acepta, el coach le pregunta a quién le gustaría representar en la escultura, si a sí mismo, a un familiar en particular. También puede hacer una escultura que represente la situación concreta.

Si lo considera oportuno, el coach pide permiso para fotografiar la escultura cuando esté terminada. Preferentemente, la fotografía se tomará con el celular del cliente.

2) **Instrucción al cliente**

El coach le brinda al cliente instrucciones como: "Imagínate que eres un escultor y que tu cuerpo se convierte en arcilla. Moldea tu cuerpo representándote a… (él mismo, un familiar o la situación) en el momento presente. Quieres esculpir la situación actual del dilema que estás explorando. Vamos a realizar una visualización del dilema para que después puedas colocarte de acuerdo a esa imagen, moldeando tu cuerpo como quieres que se vea. Eres el escultor que moldea la arcilla según su imagen. El barro no tiene vida propia, no se mueve y no habla, por lo que estaremos en completo silencio mientras realizas el ejercicio. Tiene que ser el escultor quien coloque la arcilla que es tu cuerpo como quiera, dándole forma con su mente y su corazón. Tómate el tiempo que quieras hasta que sientas que tu cuerpo forma la escultura exacta que representa la imagen. El espacio en el que estamos se puede utilizar como desees. Toma todo el tiempo que necesites. Ambos estaremos en silencio. Cuando hayas terminado y sientas que tu cuerpo ha tomado la forma de tu imagen, quédate ahí un momento observando y sintiendo. Cuando vea que ya no te mueves, te preguntaré si has terminado y tomaré la fotografía".

Después, el coach le pregunta al cliente si tiene dudas o si está preparado para realizar la escultura.

3) **Visualización**

Para ayudar a definir la imagen a esculpir, se puede agregar lo siguiente: "Respira hondo y piensa en una imagen que represente la situación aquí y ahora. Si te parece mejor, cierra los ojos. Imagina una foto que le enviarías a alguien que estuviera al otro lado del mundo y, sin palabras explicativas, la persona, al recibir esa imagen, percibiría todo el significado de lo que quieres representar. Puede ser una imagen concreta, real o simbólica. ¡La imagen es tuya!".

4) **Primera escultura: "Aquí y ahora"**

Inmediatamente después se le pide al cliente que se ponga de pie y realice su escultura. El coach espera y observa respetuosamente el proceso de creación. Cuando el cliente deja de moverse, toma la fotografía.

Si el cliente muestra dificultad para definir una imagen, el coach puede dar instrucciones que ayuden a materializar la imagen y la atmósfera del espacio diciéndole, por ejemplo: "Piensa en quién está, cómo está haciendo qué, cómo es el espacio y cómo se siente en él, el mensaje general que quieres resaltar". Y así, progresivamente, ayuda al escultor a definir su imagen

5) **Reflexión y reencuadre**

El coach le pide al cliente que se siente, y con suavidad, se inicia el proceso reflexivo. El coach sigue al cliente en su reflexión. Algunas ideas que pueden ser útiles para abrir la exploración son:

❖ Los sentimientos y las emociones que acompañaron al proceso.

❖ Los nuevos pensamientos, las ideas que vinieron a la mente mientras el cliente hacía la escultura.
❖ Las relaciones entre el cliente y los elementos del sistema/ecología/familia del tema en cuestión.
❖ Nuevos aprendizajes, conciencia, posibilidades sobre el tema esculpido.

6) **Segunda escultura: Situación ideal** (opcional)

Se le puede pedir al cliente que tome de nuevo la posición de la escultura de "Aquí y ahora", y que desde ahí moldee una nueva escultura que represente una imagen con el escenario deseado o el objetivo que desea lograr. Otra vez se le da espacio para que reacomode su cuerpo y esculpa basado en una nueva imagen que crea en ese momento. El coach vuelve a tomar una fotografía.

7) **Cierre**

Siguiendo el proceso natural de Coaching, se vuelve a reflexionar sobre lo aprendido y se exploran prácticas concretas y/o acciones comprometidas que permitan sustentabilidad en el proceso de creación de conciencia del cliente. La idea es abordar conflictos y promover la resolución de problemas dentro de los sistemas familiares.

2. Constelaciones Sistémicas para el Coaching individual y grupal

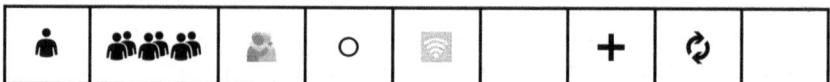

"Constelación" es un término técnico utilizado en las ciencias humanas para identificar un sistema como un conjunto de elementos con relación entre sí. Entonces, podemos usar las Constelaciones para referirnos a un equipo de trabajo, una relación, una organización, los elementos clave de un proyecto, las opciones para una decisión o las partes de nuestro mundo interior. Es un enfoque que puede explorar, trabajar y resolver un amplio espectro de temas y situaciones: organizacionales, de equipo y personales.

Las Constelaciones son una metodología para guiar a los clientes (en Coaching individual, de equipo y grupal) a través de ejercicios experienciales que aumentan rápidamente el nivel de conciencia de la situación actual, fomentan la alineación interior y abren el camino al cambio.

Las Constelaciones Sistémicas trabajan con las personas de manera holística y esencial más allá de las conceptualizaciones, integrando la sabiduría del cuerpo, las emociones, sensaciones y percepciones. Cuando utilizamos las constelaciones en una sesión de Coaching, creamos una representación espacial de los elementos clave de un tema presentado por el cliente, y trabajando esta representación espacial, se concretiza la posibilidad de percibir el sistema en su totalidad y las relaciones entre los elementos, para poder ser desarrollado y armonizado.

¿Qué es una Constelación Sistémica?

Las Constelaciones Sistémicas son representaciones del mapa interno de la persona y del tema que trae. En ellas, el cliente es el sistema y cada sistema es un campo de información, tiene su energía y su matiz. La persona individualiza los elementos relevantes de la situación que quiere explorar, y estos se colocan en el espacio de la Constelación de acuerdo con las indicaciones que da. A través de esta disposición espacial, emerge el mapa interior del cliente, se vuelve explícito, y permite una clara percepción del presente y la comprensión de la situación. El coach facilita la exploración de los elementos y de los vínculos entre ellos, prestando atención a las emociones, las sensaciones y las percepciones que surgen, dejando las interpretaciones.

Con este proceso se facilita el movimiento hacia un estado mejor, se busca una resolución y un equilibrio que permitan a los miembros o los elementos del sistema avanzar hacia una mayor armonía y bienestar. Con una nueva disposición espacial, se incrementa la armonía del sistema, y el sistema en su globalidad funciona mejor.

En el Coaching individual se utilizan representaciones de los elementos clave de la situación traída por el cliente con objetos sobre una mesa o marcadores de posición en el suelo, mientras que en el Coaching grupal es posible utilizar también personas que estén físicamente presentes.

En el Coaching individual, el cliente puede encarnar y explorar cada elemento, aprovechando no solo los reflejos cognitivos sino también las emociones y las sensaciones físicas. De esta manera se desarrolla una experiencia vívida e intensa que puede cambiar y evidenciar rápida y fácilmente la representación de la situación por parte del cliente, que puede tomar conciencia de cómo alcanzar sus objetivos en armonía con el contexto.

Cualquiera que sea el tema presentado por el cliente, las Constelaciones son altamente efectivas para desarrollar autoliderazgo, es decir, la toma de responsabilidad con el fin de promover una mejor armonía interior y exterior.

Objetivos de las Constelaciones Sistémicas

El fin de una constelación sistémica es lograr el objetivo del cliente insertado en su sistema y llevar armonía al sistema en su totalidad, revelando y sanando las dinámicas disfuncionales o desequilibradas. No se presta atención al individuo aislado sino al sistema de manera integral, a las relaciones, a las interconexiones, a lo que fluye en las interfaces.

El objetivo es reestructurar la percepción interna de la realidad, y que la energía pueda fluir de un modo más constructivo. El estado interno personal, las relaciones y el ambiente externo son procesos sistémicos, el conocimiento necesario para el cambio está presente en el sistema, y con la aplicación de esta técnica puede ser reconocido y utilizado para crear una realidad más armónica. El cambio de una parte influye en todo el sistema.

Descripción de la técnica

El coach trabaja con lo que aparece en el sistema de manera fenomenológica, guiándose por sus sensaciones, y sobre esto basa sus devoluciones, más allá de cualquier juicio.

En las constelaciones se trabaja con tres aspectos interconectados:

- ❖ Los hechos, esenciales para fundar en la realidad la Constelación y obtener soluciones prácticas y significativas.
- ❖ Las energías que emergen como sensaciones físicas, sentimientos y emociones.
- ❖ Principios sistémicos que ayudan a definir el marco y los criterios que nos guían hacia una solución.

Principios sistémicos

Para llevar armonía a un sistema, los siguientes principios tienen que ser respetados:

❖ **Pertenencia.** Todo miembro del sistema tiene derecho a pertenecer y a ser incluido y reconocido en su rol.

❖ **Orden.** Quien llega antes tiene la prioridad respecto a quien llega después (jerarquía, ancianidad, competencia, edad). Es importante tener un buen lugar. Es importante la posición relativa; es decir, la distancia entre los otros elementos y en qué dirección mira cada elemento.

❖ **Intercambio.** Tiene que haber equilibrio entre dar y recibir. Es importante dar y recibir culpas y responsabilidades, decidir qué cargar (o encargarse) y qué dejar.

Proceso de las Constelaciones Sistémicas

En una sesión de Coaching, se puede dividir el proceso en cuatro pasos principales:

Entrevista	Mapeo	Descubrimiento	Integración
Identificar el objetivo y los elementos clave	Representar y comprender la situación actual	Moverse hacia un mejor estado incrementando la armonía del sistema	Reflexionar sobre lo aprendido y establecer un plan de acción

1) Entrevista

Tiene como objetivo indagar el objetivo que el cliente quiere lograr. Se exploran los hechos –evitando juicios, interpretaciones, opiniones–, las emociones y el estado de ánimo en el momento de la sesión, las necesidades que activan estas emociones, el resultado deseado y la meta de la sesión o un primer paso hacia el resultado. En fin, los elementos del sistema y los recursos que podrían ayudar el logro del objetivo. Los recursos pueden ser externos –personas (no familiares), lugares, animales– o internas –capacidades, comportamientos, estados, energías–. Se emplea siempre un recurso que la persona tiene, que está presente y que puede utilizar.

Si identifica varios elementos, se le pide que elija los dos más importantes y se dejan los demás a un lado, aunque se pueda emplear alguno más tarde, si es necesario.

2) Mapeo

a) **Se prepara el espacio para la Constelación.** Se le propone la Constelación al cliente y se le pide que prepare los marcadores de posición, escribiendo en una hoja de papel "Focus" (él/ella mismo/a), en otra su objetivo y en una tercera los otros elementos o personas relevantes en la situación que quiere explorar. Además, se le pide que dibuje flechas que indiquen la dirección en cada hoja (no más de 4-5 hojas en total).

b) **Se invita al cliente a mapear el sistema.** El coach dice, por ejemplo: *"Por favor, coloca los marcadores en el espacio frente a ti en relación entre sí, según tu instinto"*. Después, el coach lee cada marcador de posición, prestando atención a la dirección que apunta la flecha, y luego le pregunta al cliente si el mapeo está bien. En caso contrario, se permite que el cliente haga los cambios que desea. Entonces, el Coach puede preguntar: "Mirando el mapeo desde lejos, como un observador, ¿qué notas o entiendes?".

c) **Se guía al cliente en la exploración del mapa que refleja su imagen interior de la situación.** El coach puede decir: *"Te guiaré para explorar el mapa que refleja tu imagen interna de la situación.* Cuando estás en un marcador de posición, eres ese elemento y habla en primera persona como si fuera ese elemento el que se expresa. Si quieres aclarar algo, sal del marcador de posición y hablemos."

Durante esta etapa, se guía al cliente en la exploración de cada marcador comenzando con el "Focus", luego se va al objetivo y se sigue con los otros elementos. Se parte del más fácil y se deja el más difícil para el final.

Una vez que el cliente esté en un marcador de posición, el coach se posiciona brevemente en cada uno de los otros marcadores, mirando hacia la dirección en que apunta la flecha y nombrándose.

En cada uno de los marcadores, verificando constantemente la energía del cliente, se le pregunta:

❖ ¿Qué sientes en el cuerpo? ¿Te sientes fuerte o débil? ¿Estable o inestable? ¿Grande o pequeño? ¿Tienes alguna sensación en una parte específica de tu cuerpo?

❖ ¿Sientes alguna emoción? Miedo o rabia, tristeza o alegría. ¿Cómo te sientes en este momento?

❖ ¿Cómo percibes los otros elementos que te rodean? ¿Cómo te sientes con respecto a ellos?

d) **Una vez explorados todos los elementos, desde la posición de meta se invita al cliente a resumir lo que ha aprendido durante la fase de exploración.**

Es importante:

❖ Observar la distancia entre los elementos, la dirección (hacia dónde apunta el "Focus" y hacia dónde los otros elementos, si el objetivo es visible por el

"Focus" y a qué distancia está), la posición relativa, el orden y los principios sistémicos.

❖ Mantener la conversación sobre sensaciones, emociones y estados de ánimo, evitando historias o interpretaciones por parte del cliente, y desde luego, del coach.

3) Descubrimiento

Se le anuncia al cliente que se le van a proponer movimientos de los elementos y frases para mejorar la situación, se procede a mover los marcadores de posición en un mejor orden dando pequeños pasos:

El coach puede preguntar, por ejemplo:

❖ *¿Quieres intentar hacer un experimento y cambiar el diseño para ver si cambia algo?*

❖ ¿Qué marcadores de posición moverías y dónde?

A continuación, el coach mueve los marcadores según las indicaciones del cliente y propone también posiciones en que le resulten visibles al "Focus" y que tengan un mejor orden sistémico. A pequeños pasos, se continúa moviendo los marcadores, hasta que se encuentre la posición ideal para cada uno de ellos.

Después, se le pide al cliente que se suba a cada marcador (comenzando por el "Focus") y diga cómo se siente.

Preguntas:

❖ **¿Qué sientes aquí, en el cuerpo? ¿Estás mejor, peor o igual que antes?**

Se introducen las oraciones o frases poderosas, que tienen que ser simples, esenciales, cortas y formuladas en modo positivo, en primera persona y en tiempo presente.

El coach facilita la co-creación de las frasees poderosas:

❖ ¿Qué quieres decirle a…?
❖ ¿Qué quieres que sea dicho?

Si la frase es apropiada, el coach invita al cliente a decírsela al elemento en voz alta y con intención. Mirándolo. El coach también puede proponer una versión más potente, por ejemplo, reasumiendo lo que dice el cliente de manera más concisa y eficaz, o si es necesario, proponiendo otras frases efectivas que añadan aspectos a lo que el cliente dice.

Si el cliente expresa juicios, interpretaciones, o si la frase no es apropiada, el coach propondrá una frase poderosa que se refiera a hechos-energías y Principios Sistémicos, e invitará al cliente a repetirla, si siente que está bien, permitiendo y favoreciendo que el cliente ajuste la frase de la manera que más le resuene.

Cuando son pronunciadas las oraciones, se usa la "mano cataléptica"; es decir, una mano a la altura en que estaría el rostro sobre el marcador que recibe las palabras del cliente.

Después de que el cliente pronunció la frase, preguntarle siempre:

❖ ¿Cómo te sientes al decir esto?

Luego se conduce el cliente a recibir las palabras en el elemento al cual se refería y a decir otras frases poderosas en respuesta.

Si la situación está atascada, se puede agregar un marcador de posición para un recurso en cualquier momento.

Movimientos y frases pueden ser usados en modo alternado. Se empieza a trabajar con dos elementos y se van integrando los demás, hasta que todos los elementos se encuentren en un estado deseado.

La Constelación se completa cuando el cliente encontró un buen lugar para cada elemento y el sistema está en un estado de mayor armonía.

Ejemplos de frases poderosas:

Hechos:

- ❖ "Ahora soy mayor. Soy un adulto. Soy el dueño de mi vida."
- ❖ "Tengo la posibilidad de elegir y lo hago."
- ❖ *"Eres importante para mí."*
- ❖ "Te necesito. Necesito tu ayuda."
- ❖ "Tenemos que conocernos mejor y aprender a trabajar juntos."
- ❖ "Quiero que cooperes conmigo."

Energías:

- ❖ "Estoy cansada/agotada/llena de energía."
- ❖ "Me siento pequeño/grande, fuerte/débil, estable/inestable."
- ❖ "Estoy enojado contigo." "Estoy triste." "Tengo miedo."
- ❖ "Ahora me siento bien."

Pertenencia:

- ❖ *"Ahora me siento incluido." "Ahora tengo un lugar." "Yo soy un recurso tuyo."*

❖ *"Ahora puedo verte." "Ahora que te veo, me siento mejor."*
❖ *"Ahora que tengo un lugar cerca de ti, puedo ayudarte."*

Orden:

❖ "Este es un buen lugar para mí." "Desde aquí puedo conducir/contribuir."
❖ "Soy el líder del equipo y tú trabajas conmigo." "Tú eres el líder del equipo y yo trabajo contigo."
❖ "El líder del equipo es él y trabajas para él. Espero que lo hagas."

Intercambio:

❖ *"Me has dado tanto." "Yo te he dado tanto."*
❖ *"Estoy agradecido por todo lo que has hecho. Gracias."*
❖ *"Asumo mi parte de responsabilidad por lo que no funciona y te dejo a ti la tuya."*

4) Integración

Al final, el coach sentado junto al cliente frente a la Constelación, verifica su estado de ánimo y lo invita a interiorizar la nueva imagen para convertirla en su imagen interior de la situación.

Se le puede preguntar:

❖ ¿Cómo te sientes ahora?
❖ ¿Qué aprendiste de la exploración?
❖ ¿Estás satisfecho con el resultado?

Se elabora el plan de acción, se identifican los siguientes pasos y se le pide que comparta reflexiones y observaciones.

Las preguntas necesarias son:

❖ ¿Qué vas a hacer?
❖ ¿Cuándo?

III. Casos

1. Caso de escultura individual

Cuando Rosi llegó a sesión, describió la forma en que se sentía al saber que estaría dos días con su hermano. Contó que amaba mucho a su hermano, pero que tenía temor de que fuera agresivo con ella como en el pasado. Dijo que su hermano era una buena persona, pero que era muy tenso en general y que cualquier cosa lo irritaba. Quería prepararse para tener una relación más plena con él.

Se le sugirió la técnica de escultura individual y aceptó con gusto el ejercicio. En un primer momento, representó una escultura en la que el cuerpo estaba encogido, como si quisiera protegerse.

Exploramos la posición con preguntas mientras Rosi permanecía en silencio en la escultura, reflexionando. "¿Qué te dice tu cuerpo cuando estás ahí?", "¿Qué emoción sientes?", "¿De qué te das cuenta?".

Rosi se sorprendió de lo encogida que se sentía, con la cabeza abajo, sin poder.

En la segunda escultura, se le pidió que pusiera su cuerpo de la forma en que le gustaría relacionarse con su hermano. Se levantó e hizo una escultura de pie, dándole la espalda pero con la cabeza dada vuelta, para verlo.

Se le pidió entonces que se quedara así unos momentos, sintiendo su nueva posición. Regresó a su lugar y comenzó a hablar sobre la importancia de decirle "no" a relaciones abusivas. La cara hacia atrás le decía que aún quería ver a su hermano y que no estaba dispuesta a enfrentarlo, pero sí a decir que no.

Para Rosi, este fue un paso importante, porque descubrió su capacidad para ponerse de pie frente a sí misma y frente a su hermano, para poner límites y caminar hacia otros horizontes.

Constelaciones Sistémicas

Ale estaba cambiando de trabajo y llegó a la sesión fastidiada por un conflicto interno que le drenaba energía y no le permitía concentrarse completamente en el nuevo ambiente y en el rol. En la fase de exploración, les puso nombres a dos elementos en conflicto que argumentaban en un diálogo interno sin cesar. Se trataba de un fuerte juez que le decía que iba a dar una mala impresión y que fracasaría, y que ella denominó "Ansiedad". No era algo novedoso para ella, pero en el nuevo contexto se había vuelto supremamente activa, y entonces intervenía "Ridiculez", amante de la vida y del relax, que servía para aliviar la opresión de Ansiedad, para amortiguar y quitarle peso. Pero Ridiculez, a su vez, era excesiva, haciéndola actuar de manera a veces extravagante.

El resultado que quería lograr en la sesión era mantenerse presente y enfrentar el nuevo desafío sin estas cargas.

Fase de mapeo

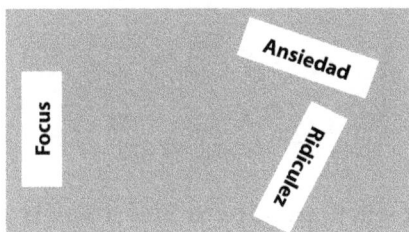

Aprendizajes claves de la fase:

Ansiedad y Ridiculez, por cuanto opuestos, tienen mucha similitud, por ejemplo en el ser monotemáticas.

Fase de descubrimiento

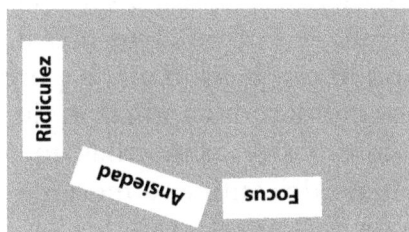

Cuando los dos elementos empezaron a dialogar, surgió el fuerte conflicto entre ellos. Hubo un momento en que Ansiedad se estaba apoderando de la situación, y cuando terminó, puse a Ale en la posición de Focus y le pregunté "¿Quién está a cargo aquí?", y después de pensarlo por un momento, dijo: "¡Yo! ¡I!". A partir de ahí, reafirmar el autoliderazgo fue algo muy natural. Aprendizajes clave de la fase de descubrimiento:

Tanto Ansiedad como Ridiculez tenían el mismo fin, que era hacerla estar satisfecha, y la misma antigüedad. Casi surgió una sensación de ternura. Las dos querían lo mejor para ella y podían ser sus aliadas, siempre y cuando no les dejara demasiado espacio.

Y sobre todo, Ansiedad y el Ridiculez eran menores que Ale, así que ella podía manejarlas.

Luego le pregunté si quería cambiarles el nombre y quedaron como en la figura. Entonces los sintió cercanos, reducidos, útiles para la vida.

Lo que ocurrió en esta sesión, producto del uso de la técnica de Constelaciones, fue la toma de responsabilidad, se estableció el autoliderazgo, donde los elementos del sistema en conflicto se reestructuraron como aliados y recursos. Habiendo transformado Ansiedad y Ridiculez en Estímulo y Divertimento, y habiéndolos puesto en una mejor posición sistémica, donde no se enfrentaban más a ella, sino que le dejaban el campo libre y la ayudan a ir por su camino y por sus objetivos, los elementos cambiaron de dimensión y de calidad, volviéndose destrezas internas que Ale podía utilizar en su vida, en lugar de sentirse sumergida y boicoteada como al comienzo de la Constelación.

IV. Conclusiones

Las técnicas con esculturas y de Constelaciones permiten al coach el uso del espacio para crear conciencia. Las dos observan al cliente desde un modelo sistémico, es decir, en el contexto de sus relaciones, tanto familiares como laborales o personales, y con los demás sistemas con que se relaciona.

El enfoque en la dimensión corporal y espacial de las dos técnicas activa la toma de conciencia de manera auténtica, dejando de lado historias y juicios del cliente sobre sí mismo, su situación y su tema. Y la reestructuración, siempre corporal y espacial, habilita un sistema más armónico y funcional en el cual la persona se encarga de su situación y despliega potencial que ya estaba en el sistema, pero al comienzo permanecía oculto.

Como mencionamos en la Introducción, el entrenamiento de Coaching no capacita para el uso de estas técnicas en situaciones de trabajo con familiares; sin embargo, pueden adaptarse perfectamente a la sesión individual.

Enfocadas en el proceso de Coaching, tienen grandes posibilidades, por su inmediatez y su profundidad, y utilizadas de manera puntual sobre temas nodales o en momentos de estancamiento, agilizan el proceso mismo y ponen al cliente en condiciones de liberar la energía y la lucidez que requiere cualquier cambio importante en la vida.

Bibliografía

Duhl F.J.; Kantor, D.; Duhl B.S.: *Learning, Space and Ation in Family Therapy: A primer of sculpture.* Grune and Stratton, 1973.

Hellinger, B.; Ten Hovel, G.: *Acknowledging What Is: Conversations With Bert Hellinger.* Zeig Tucker & Theisen Inc.,1999.

Hellinger, B.: *Gli ordini del successo. Nella vita e nel lavoro.* Tecniche Nuove, 2011.

Horn K. P.; Brick R.: *Invisible Dynamics. Systemic Constellations in Organisations and in Business.* Carl Auer International, 2005.

Satir, V.: *Creación de personas.* Palo Alto, CA: Libros de Ciencia y Comportamiento, 1972.

Schwartz R. C.; Sweezy, M.: *Internal Family Systems Therapy: Second Edition.* The Guldford Press, 2020.

Otros recursos

Papp, P.; Scheinkman, M; Malpas, J. (2013): *Breaking the Mold: Sculpting Impasses in Couples' Therapy. Family Process.* 52. 10.1111/famp.12022.

Pimpinelli, F.: *System Alive.* https://www.systemalive.com/en/

Sequeira, J.: (2020): *Escultura Familiar: Aplicaciones Terapéuticas en Terapias Sistémicas Nueva Perspectiva Sistémica.* vol.29 nº.68 São Paulo Sept./Dic. http://dx.doi.org/10.38034/nps.v29i68.525

Técnicas
corporales

Capítulo 14

Técnicas corporales para coaches

Jimena Sposito y Stela Izquierdo

I. Introducción

¿Sabías que el cuerpo puede ser el mejor aliado para alcanzar nuestras metas? El cuerpo es una realidad compleja y fascinante, que nos permite interactuar con el mundo físico y expresar nuestra identidad, nuestras emociones y nuestras ideas. Sin embargo, muchas veces, el ritmo acelerado de la vida aleja del cuerpo, y lo mismo sucede con las situaciones que nos generan estrés o las narrativas limitantes que nos impiden ver nuestro potencial.

En este capítulo, mostraremos cómo aplicar en las sesiones el Coaching Corporal, una forma de acompañamiento que utiliza el cuerpo como herramienta para el desarrollo humano.

El Coaching Corporal nos invita a volver al cuerpo, a nuestro hogar, al espacio donde se encuentran todas las respuestas. Nos invita a mirar a nuestro propio mundo desde una nueva perspectiva, a desandar los relatos no funcionales construidos y a encontrar nuevas narrativas de valor. Nos invita a responder en vez de reaccionar, a estar en contacto con los procesos internos y a experimentar espacios de expansión.

Busca que la persona tome conciencia de su cuerpo, lo escuche, lo exprese y lo alinee con sus objetivos y valores. Para lograrlo, se utilizan diferentes técnicas, como la respiración, el movimiento, la postura, el gesto, la expresión y el contacto, que se adaptan a las necesidades y las preferencias de cada persona y se ejecutan con el acompañamiento de un coach profesional que guía el proceso.

El Coaching Corporal tiene múltiples beneficios:

❖ Mejora la autoestima, la confianza y la seguridad.
❖ Favorece la comunicación, la empatía y el liderazgo.
❖ Potencia la creatividad, la innovación y la resolución de problemas.
❖ Aumenta el bienestar, la salud y el equilibrio emocional.
❖ Facilita el cambio, el crecimiento y el logro de metas.

Para aplicar esta herramienta en tus sesiones de Coaching, es importante que desarrolles tu propio proceso corporal, que te permita adquirir distinciones corporales y comprender el propio cuerpo como un instrumento de aprendizaje. "Los seres humanos observamos según las distinciones que poseemos" (Echeverría, 2013), por lo que solo podrás acompañar a tus clientes desde el dominio corporal cuando dispongas de tus propias distinciones. Tu desarrollo corporal no solo impactará en tu vida personal sino en tu ser coach.

En las siguientes páginas, te mostraremos algunas técnicas que puedes aplicar en tus sesiones de Coaching. También compartiremos casos de Coaching reales y ficticios para ilustrar cómo se usa cada técnica y qué resultados se obtienen.

Estamos seguras de que te sorprenderán los resultados que obtendrás al conectar con tu cuerpo y con tus clientes, así que esperamos que este capítulo te resulte útil e inspirador.

II. Uso de la técnica

Este entrenamiento le permite al coach acompañar al cliente de forma integral, desde todas sus dimensiones: lingüísticas, emocionales y corporales.

La postura que adoptamos es nuestra actitud corporal ante la sesión de Coaching.

El Coaching Corporal se puede aplicar en diferentes ámbitos, como el personal, el laboral, el educativo o el deportivo. Existen diferentes técnicas, como la respiración, el movimiento, la postura, el gesto, la expresión o el contacto, que se adaptan a las necesidades y preferencias de cada persona.[23]

1. Respiración

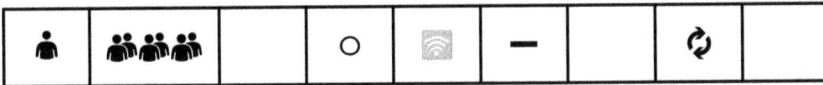

🧍	👥👥👥		◯	🔲	—		⟳	

La respiración es una de las técnicas más básicas y poderosas del Coaching Corporal. Nos permite regular nuestro estado emocional, oxigenar nuestro cerebro, relajar nuestro cuerpo y conectar con nuestro interior. También nos ayuda a expresar nuestras emociones, a comunicarnos mejor y a crear rapport con nuestros clientes.

---

23 Si quieres saber más sobre Coaching Corporal, puedes consultar algunos de estos sitios web: Tu cuerpo lo sabe, ¿qué es el Coaching Corporal?; Cómo usar el cuerpo en las sesiones de Coaching; Coaching Corporal; El Coaching y la corporalidad; ¿Qué es y para qué sirve el Coaching Corporal?

Para aplicar la técnica, los coaches, en sus sesiones, pueden seguir estos pasos:

1) Pedirle permiso al cliente, presentarle el ejercicio de forma clara y precisa y solicitarle que comente cualquier duda que tenga.
2) Guiar la respiración, indicándole que inhale por la nariz y exhale por la boca, que llene sus pulmones de aire y que lo suelte lentamente.
3) Solicitar que observe las sensaciones en su cuerpo, las emociones que surgen y los pensamientos que le vengan a la mente.
4) Hacerle preguntas para que pueda reflexionar sobre su situación, sus objetivos y sus acciones
5) Preguntarle por la percepción de la dinámica, sin apego.

2. El mapa corporal

¿Qué nos dice el cuerpo?

El mapa corporal es una técnica que consiste en observar y analizar los elementos del lenguaje corporal de una persona, tanto a nivel fisiológico como paralingüístico, para comprender mejor sus emociones, sus actitudes y sus estados de ánimo. El lenguaje corporal es la forma de aparecer en acciones ante el mundo y ante nosotros mismos, nuestro conjunto de gestos, nuestras posturas, nuestros desplazamientos, nuestra voz y nuestra respiración.

El mapa corporal nos permite identificar los factores

que pueden limitar o posibilitar el despliegue funcional del cuerpo, su flexibilidad, su estabilidad, su resolución, su capacidad de entrega y expresión, y además, explorar y transformar nuestra corporalidad y la de nuestros clientes, para alinearlas con nuestros objetivos y valores.

Para aplicar la técnica del mapa corporal, el coach puede seguir estos pasos:

1) Observar el cuerpo de la persona o el propio cuerpo con atención y curiosidad, sin juzgar ni interpretar.

2) Identificar los elementos del lenguaje corporal que se presentan en la situación. Algunos de estos elementos son:

   ❖ **La postura:** Cómo sostiene la cabeza y el cuerpo. Distancia física. La manera en que los individuos se acercan o alejan a la hora de comunicarse.

   ❖ **Los gestos:** Muecas, movimientos de cara, cabeza, brazos, manos y dedos, cejas, pómulos, ojos, frente, boca.

   ❖ **La mirada:** Hacia dónde es dirigida y cómo es su calidad y su forma.

   ❖ **La expresión facial:** La posición de la boca, el ceño, los ojos.

   ❖ **El tono muscular:** Los diferentes estados en que la corporalidad se manifiesta: tensión, relajación, soltura.

   ❖ **El movimiento corporal:** La cualidad del movimiento corporal conducido: consciente, explosivo, suave, lento, acogedor, intenso.

   ❖ **La voz:** El tono, el tempo, el timbre y el volumen de la voz. Los elementos paralingüísticos que apoyan o contradicen las estructuras verbales o kinésicas.

❖ **La respiración:** Su ubicación y su frecuencia.

3) Reflexionar sobre lo que nos dicen el cuerpo de la persona y el nuestro. ¿Qué emociones, actitudes y estados de ánimo se expresan a través del cuerpo? ¿Qué mensajes se transmiten con el cuerpo? ¿Qué coherencia o incoherencia hay entre el cuerpo y las palabras? El lenguaje corporal puede complementar o contradecir las palabras de una persona.

4) Experimentar con el cambio de alguno de los elementos del lenguaje corporal para ver cómo afecta a las emociones, las actitudes y los estados de ánimo. Por ejemplo, cambiar la postura, el gesto, la mirada, la expresión facial, el tono muscular, el movimiento corporal, la voz o la respiración.

5) Evaluar los resultados del cambio corporal. ¿Cómo se siente la persona o uno mismo con el nuevo diseño corporal? ¿Qué beneficios o dificultades trae el cambio? ¿Qué aprendizajes se obtienen del cambio?

Los puntos anteriores se presentan como una guía de lo que el coach puede "escuchar". Son elementos que van acompañando a la narrativa y la emocionalidad del cliente y permiten preguntas de este tipo:

1) Cuando dices esto, tus ojos se humedecieron. ¿Qué hay ahí?

2) ¿Cuál es el movimiento corporal que te permite vehiculizar la emoción que compartes? (Invitar a realizarla. Por ejemplo, sacudirse, elevar los brazos, sacar la voz.)

3) ¿Qué emoción registras? ¿Cómo la registras en tu cuerpo?" (Invitar a cerrar los ojos.)

4) ¿Qué corporalidad puedes diseñar que acompañe el diseño del futuro declarado?

5) Cuando hablas de posibilidad, ¿qué le pasa a tu cuerpo? ¿Qué parte de tu cuerpo lo registra con mayor prevalencia?

3. La energía del cuerpo

¿Qué energía atraviesa nuestro cuerpo
y nuestra forma de ser?

🧍	🧍🧍🧍		○	📶		+	↻	

La técnica consiste en identificar y adoptar diferentes formas de disponer la energía de nuestro cuerpo para facilitar el proceso de Coaching.

❖ **Energía centrada.** Permite acompañar desde la confianza corporal, reconociendo la responsabilidad del cliente en sus propias elecciones. Se caracteriza por desarrollar y mantener la capacidad de regular las propias emociones a través de la respiración; usar la conciencia de sí y la propia intuición en beneficio de los clientes; notar, reconocer y explorar las emociones, los cambios de energía, las señales no verbales y otros comportamientos de los clientes; integrar las palabras, el tono de voz y el lenguaje corporal, para determinar el significado completo de lo que está siendo comunicado; y mostrar movimientos corporales seguros, suaves, integrados, armoniosos, versátiles y equilibrados, que favorezcan la actitud de acompañamiento. El tono de voz también tiene que ser suave y armónico.

❖ **Energía expandida.** Permite estar abiertos al aprendizaje y al feedback, tanto para los coaches como para los clientes. Esta energía se caracteriza por elaborar un ejercicio continuo de reflexión para mejorar el propio Coaching observando el cuerpo, permanecer consciente y abierto a la influencia en uno mismo y en otros del contexto y de la cultura, preguntar con naturalidad sobre lo que se observa en el cuerpo del cliente, y demostrar apertura y transparencia corporal como una manera de presentarse con vulnerabilidad para forjar una relación de confianza con cada cliente.

❖ **Energía cambiante.** Permite adaptarse con agilidad y ser creativos e innovadores. Esta energía se caracteriza por navegar continuamente en el cambio, facilita accionar de forma ágil y ser tolerante frente a los errores, mostrarse curioso e imaginativo a través del movimiento corporal fluido y activo, acompañar con entusiasmo, alegría y optimismo, usar el humor como herramienta de cambio y mostrar un cuerpo abierto, que transmite aceptación y está conectado a la ternura y la empatía.

❖ **Energía firme.** Permite estar enfocados en el aquí y el ahora, establecer acuerdos claros con los clientes y sostener compromisos. Se caracteriza por co-crear la relación con cada cliente de manera sólida, crear acuerdos claros sobre la relación, el proceso, los planes y las metas de Coaching mostrando un cuerpo estable. También por conectar con la perseverancia, la disciplina, la serenidad, la honestidad, y con mantener el cuerpo enfocado, atento, empático y receptivo frente a cada cliente.

❖ **Energía activa.** Permite impulsar a los clientes a pasar a la acción y lograr sus metas. Se caracteriza por hacer uso del cuerpo cuando se requiere conectar con las metas del cliente y con el proceso de Coaching, establecer límites de la relación, conectarse a través del cuerpo con la convicción, la asertividad, la fuerza de voluntad, la pasión, la confianza plena, con mostrar movimientos corporales energéticos, que ofrecen seguridad al cliente, invitar a cada cliente a compartir más acerca de su experiencia, en el momento, a partir de lo que observa en su cuerpo, invitarlo a transformar su aprendizaje y entendimiento en acción a través del cuerpo, usar el cuerpo como una metáfora en la identificación de resultados o aprendizajes potenciales, a partir de los pasos de acción identificados.

Para aplicar la técnica de la energía corporal se pueden seguir estos pasos:

❖ Observar el propio cuerpo o el del cliente con atención y curiosidad.
❖ Identificar qué tipo o tipos de energías corporales se están manifestando en la situación.
❖ Reflexionar sobre cómo estas energías corporales están influyendo en el proceso de Coaching.
❖ Experimentar con el cambio de alguna de las energías corporales para ver cómo afecta al proceso de Coaching.
❖ Evaluar los resultados del cambio de energía corporal.
❖ La energía corporal nos permite expresarnos en la vida y nuestra posición corporal tiene voz propia.

Si entendemos el cuerpo como un vehículo de la expresión y la comunicación, podemos escuchar cómo refleja la historia afectiva y verbal que la persona ha vivido. El cuerpo se muestra y dialoga en una danza expresiva y armónica que cada persona crea con un estilo propio.

4. Preguntas corporales de reflexión para el coach

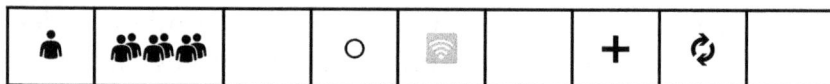

La indagación, la exploración y el diseño del espacio corporal requieren, primero, de trabajo de desarrollo corporal del coach. Aquellos profesionales que no lo realizan, generalmente, no lo tienen disponible, y lo convierten en una mera posibilidad.

Y... ¿cómo se aprende sobre corporalidad? Haciendo corporalidad.

En ocasiones, los coaches quieren aprender del cuerpo desde el espacio cognitivo y ello aporta, claro que sí, al mundo del conocimiento, pero no al mundo del desarrollo. Por eso, en este capítulo, invitamos a realizar actividades cuyo objetivo responda al desarrollo corporal.

Algunas disciplinas sugeridas:

1) Artes escénicas, es decir, expresiones artísticas en las que se lleva a cabo una representación destinada a un escenario. Se componen de una gran variedad de manifestaciones; pero todas ellas derivan o son resultado de una combinación entre las tres disciplinas principales: el teatro, la música y la danza.
2) Actividades energéticas: taichí, chikung, entre otras.
3) Cualquier otra actividad que implique un desafío.
4) Algunas preguntas sugeridas para que el coach se haga cuando está frente al próximo coachee:
   - ❖ ¿Qué indicadores corporales se pueden observar?
   - ❖ ¿Cómo puedo preguntarle al cliente sobre lo que observo para que conecte con su conciencia corporal?

❖ ¿Cómo necesito escuchar el lenguaje del cuerpo del cliente?

❖ ¿Qué dice mi cuerpo cuando se dispone a escuchar y a preguntar?

Esta posibilidad de construcción permanente es la herramienta que le permite al coach invitar a distintos movimientos, y es la llave de creación para el cliente durante el proceso de Coaching.

5. Ejercicios corporales

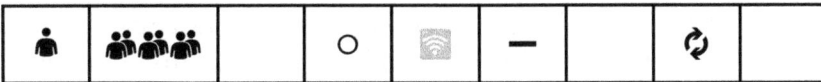

👤	👥👥👥		○	▧	—		♻	

A continuación, se comparten, a modo de ejemplo, ejercicios corporales que pueden ser utilizados durante la sesión de Coaching.

1) **Percepciones para el resultado.** En posición de sentado, lleva la frente hacia las rodillas, que están entrelazadas con tus brazos. Trae a tu mente una situación en la que no te encuentres experimentando resultados que juzgues favorables. ¿Qué observas en tu cuerpo? ¿Qué emociones identificas? ¿Cuáles son tus narrativas? Lentamente, comienza a movilizar tu cuerpo. Ponte de pie. En caso de estar sentado, observa si tu columna se encuentra erguida, abre los brazos, inhala por la nariz de manera lenta y profunda hasta encontrar un ritmo en tu respiración, separa tus pies a la altura de la cadera, flexiona las rodillas, busca que tu cuerpo se aplome en el piso. Trae a tu mente la situación inicial, observa y perci-

be qué encuentras de distinto. ¿Cómo es tu mirada? ¿Qué perspectiva distingues?

2) **El cuerpo como recurso de diseño.** Invita al cliente a explorar el espacio corporal vinculado a la narrativa y las emociones en pos de que el resultado declarado impacte en su identidad al experimentar espacios de poder de capacidad efectiva.

Los actos del habla y el cuerpo configuran el devenir del cliente. El coach puede invitarlo a que el cuerpo represente la situación inicial y el acuerdo de Coaching, y a partir de ahí, y gracias a la posibilidad del lenguaje, a describir la posición.

3) **Exploración de la declaración del NO.** Registra la posición de las piernas, la columna, la respiración, los gestos o cualquier otra información que consideres de valor.

¿El registro es coherente con los resultados que quieres generar?

¿Permite decir basta, limitar una situación o a una persona?

4) **Estatua de pedidos.** Se trata de una invitación a explorar el cuerpo en los pedidos. Solicitar que el coachee disponga el cuerpo que represente la generación de un pedido. Invitar a registrar la posición de las piernas, la columna, la respiración, los gestos o cualquier otra información que consideres de valor.

Desde lo descriptivo, ¿qué observaciones puede compartir el cliente? ¿Cuál es la creencia que identifica?

Si no es de valor en relación con el objetivo de Coaching, te invito a explorar la disposición corporal del pedido que corresponda al diseño de futuro propuesto.

III. Casos

A continuación, compartimos extractos de sesiones de Coaching de nivel MCC donde se aplicaron técnicas corporales:

Caso 1[24]

La coachee es aficionada al arte, reflexiva, con disposición al registro de emociones.

—Y, ¿cómo eres para identificar en ti la confianza?

—*Siento que tengo la confianza frágil. Como si no me apropiara de mí.*

—Sí, sí, aparece, está ahí como que no te la apropiaras.

—*Sí, como si fuera algo que lo puedo tener disponible, pero no, no sé si termino de apropiármelo.*

—Y esa sensación, en el cuerpo, ¿cómo la identificas?

—*Y, ahora me viene una presión acá en la frente, como calor. Sí, y me pongo rígida en los hombros.*

—¿Te está pasando en este momento?

—*Sí, porque hablando de esto me pasa. Me da rabia, una sensación como si pudiera tomarlo y no lo hiciera.*

—Esa presión en la frente, el calor, la rigidez en los hombros, ¿hay alguna información que te traiga?

—*Es conocida, es una sensación que he tenido otras veces. Como si una parte de mí me castigara. Lo estoy viendo como una nube ahora. Por ejemplo, como si la tuviera ahí disponible y pudiera agarrarla, pero no lo hiciera.*

—Esa nube que estás viendo ahora, ¿qué es?

—*Esa nube la veo como la confianza. Como si estuviera ahí. No sé por qué me apareció. Me apareció una imagen de una nube linda. Una nube esponjosa que la podría agarrar.*

---

24 N. del E.: Para mejorar la lectura, las intervenciones de los clientes están en cursiva y las de los coaches en redonda.

La sensación es esta, que la podría agarrar y apropiármela, pero la dejo ahí. Capaz que hay miedo detrás.

—Sí, en algún momento manifestaste el miedo.

—*Claro, tienes razón. Hay algún miedo. Sí, sí, siento el miedo, pero no sé a qué.*

—Recién decías que una parte te castiga, como que está ahí la confianza en forma de una nube esponjosa que está disponible para ti.

—*Sí, pero creo que más que castigarme, es miedo. Sí, me aparece, sí, sí, es un miedo.*

—La confianza está en forma de nube, y el miedo, ¿tiene alguna forma?

—*Se me aparece un tubo cerrado y lo siento en el estómago.*

—Y ese tubo y esa sensación en el estómago, ¿para qué estás ahí?

—*Claro, miedo a la desilusión. No soportaría tener que desilusionarme, entonces, tampoco busco ilusionarme. Una creencia de chica, de familia, no la había relacionado con esto. Lo he escuchado de mi mamá, de mis abuelos esto de no ilusionarse si no se consigue lo que una quiere.*

—Hace un rato traías la adultez y la madurez que eran lo mismo, sentir que estoy eligiendo, ¿cómo lo vinculas con esta creencia?

—*Claro, y esta creencia es de niña. Totalmente. No es de adulta.*

—Y desde esta adulta, ¿cuál es la creencia que te genera confianza?

—*Cuando quiero algo que siento que es bueno para mí, lo deseo. Las cosas se dan de alguna manera. Si tengo bien claro a dónde quiero llegar, todo lo que resuena alrededor de mí va a ser acorde a eso. Esa es una creencia adulta, que la tengo también. Sí, la tengo.*

—Y, ¿cómo lo vinculas con este proyecto de la casa?

—*Sí, creo que también es posible. Si me paro en ese lugar de adulta y puedo estar encaminada, puedo sentir que se despejará el camino.*

—¿Cómo te va apareciendo el disfrute en esto de despejar el camino?

—*Sí, creo que hay más fluidez, y al haber más fluidez, siento que disfruto más. Sí, el camino puede estar despejándose. Pero me queda… Tengo el miedo de engancharme con la parte infantil otra vez. Sí, por ahí tendría que ver la forma en que cuando me doy cuenta de que estoy en esa parte de miedo buscar alguna manera de recordarme que ahora, de adulta, tengo otra creencia y puedo elegir pensar de esta manera; pero bueno, no sé cómo.*

—¿Y qué es para ti un recurso?

—*Un recurso podría ser una imagen o palabras, una frase. Algo que me devuelva si me voy del camino, y con alguna imagen, con alguna palabra. Cuando me dé cuenta de que me estoy yendo, que me avise y me diga "vuelve".*

—¿Cuál te resuena mejor, una imagen, una palabra, una frase o algo más que se te ocurra?

—*Me viene una imagen. Una imagen por ahí me es más fácil.*

—¿Cuál sería esa imagen que te simbolizaría el recurso para volver a tu espacio de confianza?

—*Un camino tiene que haber, porque a esa imagen la tengo, pero en vez de verla, así como con paredes, podría correr las paredes y ponerle plantas, por ejemplo, flores. Sí, eso estaría bueno, en vez de esquivar paredes, ir entre las plantas. Es muy diferente.*

—Y, ¿cómo lo vas sintiendo?

—*Ay, está buenísimo. Sí, más liviana lo siento.*

—El camino con las paredes, pedazos de paredes en el medio, ¿qué te representa?

—*Los miedos. Las paredes serían como los miedos a los obstáculos que puedan venir o lo difícil que pueda ser llegar.*

—¿Está más relacionado con la creencia que traías?

—*Claro, claro. Sí. Totalmente. Por eso digo… le pongo plantas, flores y ahí cambia.*

—Y ahora, ¿lo estás haciendo?

—*Sí, sí. Me lo estoy imaginando.*

—En esto de que lo estás imaginando, ¿cómo te va apareciendo la confianza?

—*Mira, se me había olvidado lo de la confianza, la verdad, pero la podría incluir también con la nube, en la misma ima-*

gen. *Y ahora, al menos, la veo más fácil de alcanzar. Como que no la tengo ahí sino como que está y podría ir. Lo que voy a hacer es dibujar esta imagen que armé, para que no se me vaya.* (Risas.) *Nada que ver con la imagen que traje al principio la que estoy armando ahora. Eso podría ser un recurso. Dibujarla y tenerla ahí, en el comedor, que es donde más estoy, y verla todo el tiempo como un recurso bien visual. Sí, eso me encantó. ¡Dibujarla!*

—Qué bueno. ¿De qué te diste cuenta?

—*La confianza está disponible, creo que de lo que yo no me daba cuenta antes y me di cuenta ahora es de que estaba todavía con una creencia vieja, que yo creía que ya estaba superada. La estaba repitiendo sin darme cuenta. En otros ámbitos ya la cambié. Tengo disponible esta nueva creencia, pero no la estaba viendo por estar enganchada de esa vieja, y eso creo que me generaba el miedo y la falta de confianza.*

—¿Cómo estás sintiendo el estómago?

—*Ay, hermoso. Ahora siento alivio. Los hombros los siento muy relajados.*

—Qué lindo. Recién decías que podrías hacer esta imagen, construir esta imagen como resultado de esta conversación, ¿Hay alguna otra acción que te aparezca?

—*El recurso de la imagen de que cada vez que elija no gastar o ahorrar no relacionarlo con la falta sino relacionarlo con la elección.*

—¿Cuándo podrías empezar con estas acciones?

—*Voy a pintar esta imagen el viernes.*

—¿Y si llegara a aparecer la creencia anterior?

—*Tendría que buscar alguna manera de que no sea forzosa. No sé, por ahí hacer algo con el cuerpo antes de empezar a dar vuelta con la cabeza. Salir de esa emoción. No sé, sacudirme se me ocurre.*

—Escucho que el cuerpo es un recurso para vos.

—*Sí, sí, cada vez más.*

—Y en este recurso, ¿qué movimiento te invita con amabilidad a ir a la confianza?

—*Creo que abrir los brazos, respirar hondo, levantar la cabe-za, estirar y aflojar.*

—Lo estás haciendo ahora. Hay algo en tu rostro. ¿Qué hay ahí?

—*Sí, ahí hay disfrute. Ahí hay disfrute.*

—Qué lindo traer la gentileza en la manera de volver al espacio de confianza.

En este caso, se puede observar que el espacio emocional y el corporal estuvieron presentes y vinculados al objetivo de Coaching, como un entramado que le permitió a la clienta amplificar el resultado. Se utilizó la técnica del mapa corporal con preguntas de registro, exploración y profundización.

Caso 2

En este caso, la coachee emplea como recurso de aprendizaje la visualización con disposición al registro de emociones y comienza a registrar elementos corporales.

—Y, ¿qué es un impedimento?

—*En el momento, que sé que priorizo otras cosas.*

—¿Y cómo te ves con relación a todo esto grande?

—*Me veo como chiquita, teniendo que agarrar como muchos frentes, ¿no? Como teniendo que abarcar muchas cosas. No sé, cosas que quiero vender, cosas que quiero... que quiero or-denar, separar, acá, en la casa, acomodar. Con muchas cosas diferentes de las que me tengo que encargar. Y que no sé por dónde empezar, por dónde agarrarme, en realidad.*

—Dices que te ves chiquita. ¿Qué más encuentras ahí, en la chiquita?

—*Sí, también me encuentro chiquita y quieta, porque en rea-lidad, es como la imagen que me viene, como que estoy ahí, así, moviéndome, sin hacer nada y con todas las cosas a mi alrededor para hacer.*

—Recién ponías las manos hacia arriba. ¿Qué hay ahí?

—*Claro, está todo allá arriba, grande, todo desparramado. Y no, no están alcanzables. Mira cómo me las imagino. No están a mi alcance porque están allá arriba, lejos.*

—¿Qué relación tiene con esto que dices de "chiquita"?

—*En mi imagen, cuando hablo de esto, yo estoy chiquita y las cosas están grandes, inalcanzables. Arriba todas.*

Se puede observar la escucha activa del coach observando elementos del lenguaje corporal del coachee, expresándoselo y vinculándolo con preguntas, y esto permite desarrollar la sesión de Coaching de manera integral.

—¿Cómo vas sintiendo el cuerpo?

—*Mejor, esta sensación de ahogo no la siento. Estoy más hacia adelante. No tan rígida, eso.*

—Desde este cuerpo más liviano que escucho, ¿cuál es la imagen que te representa esta planificación que incluye a otros?

—*Mira, se me viene parada en el medio, como un círculo alrededor de mí con cada una de las acciones, y después afuera otro círculo con todas las personas, y yo desde ahí teniendo el acceso a ambas cosas. A qué, a quién. "Esto me lo quedo yo. Esto te pregunto. Esto no. Bueno, tú no puedes", digo por allá. Me siento líder.*

Se puede observar que a partir de la disposición más adecuada de la coachee logra liderar la situación de Coaching que llevó a la sesión. Se utilizó la técnica del mapa corporal con preguntas de registro, exploración y profundización.

Caso 3

Compartimos un caso de Coaching donde se usó la técnica de la respiración. Pedro tenía dificultades para concentrarse, para tomar decisiones y para delegar tareas. Su coach le propuso hacer un ejercicio de respiración profunda al inicio de la sesión, para que pudiera calmarse, enfocarse y abrirse al proceso. Lo guió en la respiración, indicándole que inhalara por la nariz y exhalara por la boca, que llenara sus pulmones de aire y que soltara lentamente.

El coach le pidió a Pedro que observara las sensaciones en su cuerpo, las emociones que surgían y los pensamientos que le venían a la mente, y le hizo preguntas para que pudiera reflexionar sobre su situación, sus objetivos y sus acciones.

Gracias a la técnica de la respiración, Pedro logró mejorar su concentración, focalizar en el caso sin despistarse y así realizar un diseño de futuro en su rol de liderazgo.

IV. Conclusiones

El cuerpo es un vehículo para la acción que nos habilita o nos limita para alcanzar nuestras metas y llevar a cabo nuestros proyectos. También es un canal de comunicación, que transmite información sobre nuestro estado de ánimo, nuestras actitudes y nuestras intenciones; y además, es un espacio de reflexión, que nos ayuda a conectar con nosotros mismos, con nuestras necesidades y nuestros sentimientos.

En este sentido, el cuerpo puede ser un gran aliado en el proceso de Coaching, ya que nos permite intervenir en los tres dominios fundamentales del ser humano: el lenguaje, la emoción y la acción. El lenguaje es el medio por el que construimos nuestra realidad, mediante las narrativas que creamos sobre nosotros mismos y nuestro entorno; la emoción es el motor que nos impulsa o nos frena, según el tipo y la intensidad de lo que sentimos; y la acción es el resultado de lo que hacemos o dejamos de hacer, en función de nuestros recursos y nuestras posibilidades.

Lo importante es recordar que el cuerpo no es solo una máquina que nos sirve para movernos por el mundo, sino también un universo donde podemos encontrar nuevas narrativas de valor, nuevas emociones de poder y nuevas acciones de cambio.

Bibliografía

Echeverría, R.: *El observador y su mundo*. Santiago de Chile, Granica, 2013.

James, J.: *La Biblia del lenguaje corporal. Guía práctica para interpretar los gestos y las expresiones de las personas*. Madrid, Paidós, 2011.

Taroppio, D.: *El Vínculo primordial*. Buenos Aires, Continente, 2012.

Capítulo 15

El Focusing como técnica creativa en el Coaching

Anamaría Aristizabal y Stela Izquierdo

I. Introducción al Focusing

Imagina que tienes un jardín que amas y que sembraste con plantas que elegiste a conciencia, desde tu creatividad. Te das cuenta de que es momento de deshierbarlo. Llegas a esta claridad después de algún tiempo de no hacerlo y ves que ha crecido maleza alrededor de tus plantas, opacándolas y resecando el suelo. Te propones remover aquello que interfiere y les quita foco y fuerza a las plantas que tú sembraste intencionalmente. Con esta actividad, quieres ayudar a que tus plantas tengan mayor acceso al agua y los nutrientes.

Empiezas a deshierbar una sección del jardín de manera práctica y ágil, cortando las malezas con una tijera. Aunque este método parece eficaz, porque efectivamente, despeja el espacio, caes en la cuenta de que es de corto plazo. Muy probablemente, esta misma maleza volverá a crecer en los próximos días. Cambias entonces tu método: dejas la tijera a un lado, te llenas de paciencia, y con un guante, tomas cada tallo de cada maleza y lo extraes de raíz. Aunque hacer esto lleve más tiempo, sabes que esa misma planta ya no volverá a crecer ahí.

Esta es una buena metáfora para explicar lo que logra la técnica del Focusing. Hay ciertas "malezas" en nuestro campo emocional y somático –corporal– que nos quitan visibilidad de nuestras verdaderas intenciones –las plantas que sembramos intencionalmente–, nos absorben recursos internos –nutrientes– y nos disminuyen la energía –el agua–. Para despejar realmente esos obstáculos internos, debemos ir a la raíz. Esta aproximación requiere tiempo, paciencia y mucho enfoque. Por eso el nombre: Focusing.

Aplicado a nuestros clientes de Coaching, hay temas que requieren una aproximación más profunda que las conversaciones habituales de las sesiones. Sin entrar en el terreno de la Psicoterapia, podemos, como coaches, acceder a un ámbito del ser que está más allá de lo consciente en nuestros clientes a través del Focusing. Esta técnica nos permite entrar al mundo inconsciente e implícito –que aún no se ha hecho consciente o verbal–, donde se toca la raíz del asunto a trabajar en un tiempo corto, manteniendo el enfoque en el tiempo presente.

En tan solo una sesión de Focusing podemos generar resultados sorprendentes, "deshierbar" un patrón persistente y arraigado en la personalidad, creando así una nueva posibilidad, enraizándola desde un lugar profundo. Además de esto, le abrimos un camino a la sabiduría interior, inaugurando nuevas redes neuronales. Con nuestro acompañamiento, le demostramos al cliente otra manera de relacionarse consigo mismo. En la sesión, le modelamos un nuevo diálogo con su interioridad que transmite seguridad al navegar la incertidumbre y la ambigüedad del inconsciente, como también al aproximarse a partes de su ser que le generaban rechazo, desde un lugar de aceptación y cuidado. Esto posibilita condiciones para crear, darles un vuelco a los asuntos que necesitamos abordar de forma creativa.

II. Fundamentos del Focusing

El Focusing es una técnica creada por Eugene Gendlin, en la década de los 70. El autor la definió como un proceso que nos permite acceder a la sabiduría implícita de nuestro cuerpo, nuestras emociones y nuestra mente a través de la "sensación sentida", para resolver obstáculos y encontrar una mayor coherencia interior (Gendlin, 1978). Define la "sensación sentida" como una experiencia corporal y emocional que contiene un significado o un sentido implícito. Lo "implícito" –versus lo explícito– se refiere a la sabiduría o experiencia interior que aún no se ha explicitado verbalmente.

Gendlin estudió Filosofía del Lenguaje en la Universidad de Chicago y se convirtió en discípulo del psicólogo Carl Rogers, quien fue uno de los fundadores de la Psicología Humanista y del enfoque centrado en la persona (Rogers, 2023). Este autor es conocido por la importancia que le otorgó a la empatía, a ver al ser humano de manera integral y a enfatizar la autorrealización de los clientes –lo cual se comparte con el Coaching–. Esto marcó un giro en la tendencia del momento de enfoques científicos, psicoanalíticos y conductuales.

Gendlin empezó a investigar los factores que generaban mayor transformación en las personas. Encontró que cuando se abordaba la experiencia interna del cliente y se trabajaba con la "sensación sentida" hasta producir un cambio corporal, se daban transformaciones sostenibles en el tiempo. Como lingüista, se interesó por el conocimiento que está aún fuera del alcance del lenguaje, morando en el inconsciente o en el ámbito de lo implícito. Escribió el autor: "¡El inconsciente está en el cuerpo! Hoy por hoy, el cuerpo como fuente de información, no es nuevo. Pero cómo acceder a esta fuente no es ampliamente conocido". Creó la técnica del Focusing para acceder a ese conocimiento, al traer atención empática a la experiencia presente, a través de la "sensación sentida".

La técnica del Focusing se relaciona con la Filosofía Fenomenológica. Gendlin fue influido por la Fenomenología de Edmund Husserl (Gendlin, 2017), que promueve una atención abierta, reflexiva y descriptiva de lo experiencial en tiempo presente, sin juicios o interpretaciones. El Focusing invita a prestar esta misma atención a las "sensaciones sentidas", con el componente adicional de no solo observarlas y describirlas sino también sentirlas y procesarlas.

También comparte varios elementos con el Mindfulness, una técnica centrada en conectar con el momento presente, fomentando la conciencia del cuerpo y las emociones. El Focusing, al igual que el Mindfulness, invita a la escucha interna y la atención a la experiencia subjetiva sin ningún juicio. La diferencia es que en el Mindfulness se mantiene una observación desprendida de las sensaciones internas, mientras que en el Focusing se invita a procesar la "sensación sentida" en el cuerpo.

Ann Weiser Cornell, discípula de Gendlin, define la "sensación sentida" como la posibilidad del cuerpo de "resumir" de manera globalizada la totalidad de cómo una persona se siente frente a algo, que contiene a la vez el problema y el camino hacia adelante (Cornell, 2013). Ve al Focusing como una práctica valiosa para generar desidentificación y aceptación de los estados corporales y emocionales. Para esto, sugiere una táctica simple: en vez de decir "yo estoy enfadada", decir "algo en mí está enfadado". Este ajuste de lenguaje resulta en mayor capacidad de autorregulación en momentos de desborde emocional.

El objetivo del Focusing es ahondar en el autoconocimiento y la autoconexión para reconocer lo que verdaderamente es auténtico en nosotros, y movilizarnos desde ahí. Conectar con la "sensación sentida" es conectar con nuestra capacidad innata de autopropulsión. La autopropulsión puede definirse como el impulso o la motivación interna que nos empuja a avanzar y actuar en la vida de manera autónoma y autodirigida. Es una fuerza interna y natural que nos dinamiza a seguir adelante, a establecer objetivos y a tomar acciones que estén alineadas con nuestros valores y motivaciones profundas. Se busca que el ejercicio del Focusing siempre resulte en activar la autopropulsión. En esto, el Focusing y el Coaching comparten el mismo propósito: ir hacia adelante.

III. El Focusing en el Coaching y la creatividad

La ICF[25] define el Coaching como "una asociación con clientes en un proceso de acompañamiento reflexivo y creativo que los inspira a maximizar su potencial personal y profesional". En esta definición podríamos resaltar tres palabras: "reflexivo", "creativo" y "potencial". El Focusing lleva a un nivel más profundo de autodescubrimiento y reflexión, de donde brotan soluciones auténticas y creativas –creadas desde un lugar profundo–, al servicio de su auto-

---

25 International Coaching Federation.

propulsión, lo cual se relaciona con el potencial personal y profesional.

Aunque el Focusing es mayoritariamente practicado por terapeutas, la técnica está al alcance de cualquier persona. En su libro *Focusing* (1978), Eugene Gendlin afirma que cualquier persona puede aprender y practicar la técnica de Focusing, y que no se requiere una habilidad especial o conocimientos previos para comenzar a utilizarla. Es clara la intención del autor de democratizar el Focusing.

Es una técnica que el coach puede agregar a su repertorio para ahondar el autoconocimiento y resolver dificultades persistentes de sus clientes. Permite salir por momentos de lo cognitivo y consciente para explorar otras fuentes de autoconocimiento y de creatividad desde el inconsciente y lo implícito, a través de la "sensación sentida" del cuerpo. Brinda una herramienta para interrumpir la conciencia ordinaria y explorar más allá cuando el cliente no alcanza a ver o entender su bloqueo.

Según Edgardo Riveros, discípulo de Gendlin, la principal diferencia entre el Coaching y el Focusing es que el segundo "pone al cuerpo y a los sentimientos como guías y responsables del cambio" (Riveros, 2023). Dicho de otra manera, el Focusing prioriza el proceso corporal y emocional sobre el cognitivo para promover el cambio. Otras diferencias las veremos más adelante, en la descripción de la técnica, pero adelantamos, como ejemplo, que el Focusing ocurre con el cliente teniendo sus ojos cerrados durante toda la sesión.

Las personas del mundo occidental estamos, en general, muy distanciadas de nuestro mundo subjetivo de emociones y sensaciones. El centro cognitivo tiene una gran preponderancia. El Focusing nos ayuda a conectar con otras fuentes de conocimiento y sabiduría interior –del inconsciente y de lo implícito– con su enfoque sostenido y profundo en dimensiones distintas a la racional. Podemos decir que el Focusing es un entrenamiento en el uso de la inteligencia somática y emocional para resolver preguntas, sobrepasar obstáculos y crear nuevas realidades.

IV. Beneficios y riesgos de usar el Focusing

Beneficios

El Focusing ayuda a que el cliente logre:

❖ Disponerse a abordar y resolver cabalmente las tensiones emocionales internas consigo mismo y con otros.

❖ Saberse escuchar y así incrementar la conexión consigo mismo, sus emociones y sensaciones a un nivel profundo en momentos de honda introspección.

❖ Atreverse a expresar lo que verdaderamente está pasando dentro de él y así sentir mayor lealtad y coherencia consigo mismo.

❖ Sentir y procesar las sensaciones corporales y las emociones de manera saludable y contenida.

❖ Saber identificar señales tempranas de *burnout* –agotamiento– y prevenir estragos relacionados con el estrés en la salud y las relaciones.

❖ Aprender a procesar y soltar aquello que lo bloquea y renovar la energía y el entusiasmo reactivando la autopropulsión.

❖ Fortalecer la autonomía y la autodeterminación al conectar con una fuente de sabiduría interna.

❖ Aprender a relacionarse consigo mismo –y con otros– desde el observador empático versus el crítico o juez interno, el mayor bloqueante para la creatividad.

❖ Aprender a crear desde un lugar no-cognitivo, conectado con la sabiduría del inconsciente.
❖ Favorecer la integración del cuerpo, las emociones,
la mente y el alma/espíritu.
❖ Fomentar el cambio profundo de una manera flui-
da, creativa y suave, siempre respetando la capacidad del cliente para acompañar y habitar su "sensación sentida", sin forzar nada.

Riesgos

El Focusing puede ser contraproducente cuando:

❖ No se logra el fin último de la autopropulsión, porque quien lo facilita no conoce bien la técnica, impi-
diendo ese cambio corporal.
❖ No se le aclara al cliente que se va a usar una técnica
distinta, por lo cual termina creyendo que el Focusing es lo mismo que el Coaching, mientras que lo
real es que el Focusing puede colaborar en el proceso de Coaching, pero a través de procedimientos
distintos.
❖ Se desconoce la mecánica del Focusing, y esto hace
que el cliente se enfrasque en un conflicto interno
entre sus sensaciones y sus emociones divergentes.
❖ Se emplea la técnica demasiado, y se entra así en un
proceso distinto al del Coaching. Se propone usar
el Focusing para asuntos puntuales y momentos extraordinarios.
❖ No se sabe reconocer cuándo un cliente necesita
ser referido a un terapeuta, ya que el tema sale del
ámbito del Coaching.[26] En el contexto de Coaching,

---

26 Es recomendable consultar la guía que brinda la ICF acerca de cuándo refe-
rir a un cliente a un terapeuta (referencia al final).

el Focusing es un recurso para ir más profundo, no para reemplazar un proceso terapéutico más completo.

❖ No se integra los descubrimientos del Focusing al entendimiento cognitivo y a la vida práctica, lo cual mantiene el resultado a un nivel inconsciente.

❖ Por inexperiencia y desconocimiento, se expone al cliente demasiado a una sensación o emoción difícil, desbordando su capacidad y generando malestar.

❖ No se crea un acuerdo claro con el cliente sobre las pautas del Focusing, generando el riesgo de que se salga de la exploración corporal, abra sus ojos e interrumpa el proceso, y no se logren los resultados deseados.

V. **Pasos y distinciones del Focusing**

👤			○	📶		+	♻	

El Focusing es una técnica práctica y efectiva para que el "focalizador" conecte con su ser profundo mediante el acompañamiento de un facilitador. El proceso se lleva a cabo a través de los siguientes pasos:

❖ **Despejar el espacio.** Ayuda a crear distancia y abrir espacio en el ser para poder focalizar y profundizar en un "algo". Se trata de ejercicios muy específicos para activar la inteligencia del cuerpo. Colaboran con sentirse más cómodo con los ojos cerrados.

❖ **Entrar al mundo interno.** Dispone para ir hacia adentro, dejando todas las distracciones, y concentrarse en el propio proceso emocional y corporal.

El focalizador realiza el proceso en su totalidad con los ojos cerrados. El facilitador va a apoyarlo, para que se mantenga focalizado en el proceso corporal y lo que emerge de esa experiencia.

❖ **Detectar una sensación sentida.** El focalizador se abre a conectar con un "algo" de adentro que se expresa en una "sensación sentida", que logra ser simbolizada a través de una primera imagen –el asidero–.

❖ **Dar la bienvenida.** Impulsa a activar la voz de tu "ser en presencia", que acoge ese "algo" y acepta su proceso sin acelerar o intentar cambiar. Esta es la voz del observador empático y sabio. Empatizar es esencial para la autopropulsión.

❖ **Focalizar y resonar.** Se va explorando cada "sensación sentida", con sus sensaciones e imágenes, y cómo va transmutando en el cuerpo, sin aferrarse a nada. El "focalizador" va encontrando las palabras para describir el "algo", mediante la descripción de su "sensación sentida" y el evocar imágenes, lo cual va generando resonancia en su interior. Para profundizar, a veces es necesario detectar otros "algos" que no quieren que esta focalización se dé. En ese momento, pedimos permiso a ese "algo" que obstaculiza, y al obtener su permiso, seguimos profundizando.

❖ **Encontrar el "símbolo certero" y atender una necesidad profunda.** Al encontrar el "símbolo certero", la imagen que más resonancia genera, se da un "click" interno, un cambio corporal. En ese momento se pregunta cuál es la necesidad profunda y se atiende a través de algún movimiento, gesto, palabra, o de transmutar la imagen.

❖ **Cierre y salida.** Cuando ya se ha dado algún movimiento de autopropulsión, aparecen una nueva imagen y la emoción regenerativa. Permitimos que el cliente se quede un rato ahí. En ese momento agradecemos a todo nuestro ser por el trabajo realizado y poco a poco regresamos. Después, se le pide al cliente que abra los ojos, y es importante que exprese cómo se encuentra al salir del proceso.

VI. **Caso**

1. **Introducción**

Para este caso, se eligió una clienta con buena salud mental y plenamente funcional. No había un proceso de Coaching formal. Fue una sesión demostrativa del Focusing. El coach y la clienta acordaron desde antes que se iba a usar la técnica. Para esto, la clienta se comprometió a traer un asunto profundo que quería resolver. Se pactó trabajar entre una hora y una hora y media. En la transcripción, se cortaron o resumieron partes para facilitar la lectura.

2. **Transcripción de la sesión de Focusing**

—Te doy la bienvenida a este espacio. (...) Estoy a tu servicio para que me cuentes qué quieres abordar el día de hoy.

—*Bueno, me gustaría explorar dónde está mi alma... dónde está mi alma a nivel profesional en este momento.*

—Bien, con esa consigna, vamos a arrancar. Vamos a hacer unos ejercicios para activar la inteligencia de tu cuerpo y luego un ejercicio de despeje del espacio para poder focalizar eso que has traído.

(Aquí hacemos unos ejercicios para despejar el espacio y activar al *Ser en Presencia*. Todo esto ocurre con la clienta teniendo los ojos cerrados en adelante.)

—Ahora imagina que tu dimensión profesional es un costal con muchas cosas adentro, y lo vas a ubicar a una distancia que te permita relacionarte con él. ¿Qué pasa cuando le das la bienvenida a ese costal?

—*Siento indiferencia.*

—¿Cómo es la indiferencia en tu cuerpo? ¿Hay alguna sensación?

—*No encuentro ese sentir. Es una sensación en la cabeza. No habita en el cuerpo. Solo es un plano mental. Una presión, preocupación, incertidumbre...*

—¿Podrías experimentar esta presión ahora? ¿Llega alguna imagen? ¿Qué ejerce esta presión?

—*Es como si me estuvieran tirando del pelo hacia arriba con una cuerda.*

—Te invito a que lo hagas físicamente. Tírate el pelo. ¿Es tolerable para ti hacer esto?

—*Sí, es lo que ya siento. [...] Siento agresión, me siento agredida. No es fácil de sostener en el día a día esta agresión. La siento en la cabeza. Luego... cuando la agresión es evidente... repercute en mis niveles de glucemia, en mi glucosa. Se activa de forma negativa, soy diabética insulinodependiente, entonces, se me alteran los niveles del azúcar.*

—Vamos a explorar cómo esa presión que tú sientes aquí en el cuero cabelludo, cuando te jalas el pelo, repercute en tu organismo. ¿Cómo es ese proceso en tu cuerpo? Por favor, descríbelo.

—*Sí... es una energía de rabia.*

—Es una energía de rabia. ¿Qué pasa cuando reconoces esa rabia?

—*Mi cuerpo se descompensa. La rabia se refleja en la cara, con tensión en la mandíbula. Pero es difícil de detectar en el resto del cuerpo.*

—¿Qué pasaría si te permites expresar esta rabia, exagerando la sensación en la mandíbula, tal vez apretando? ¿Aparece algo al hacer esto?

—*Llegan imágenes de hace mucho tiempo. Mensajes verbales de hace mucho tiempo…*

—¿Qué pasa con tu cuerpo cuando oyes estos mensajes verbales?

—*El cuerpo se desconecta. Queda una secuela de la tensión en los hombros, pero no tengo sensación de rabia.*

—¿Cómo describirías esa secuela en los hombros? Te invito a exagerarla.

—*Rígida, tensa…* (Comprime el cuerpo visiblemente.)

—Y cuando haces eso, ¿qué aparece?

—*Un insulto, un juicio…*

—¿Cómo te sientes con ese insulto, ese juicio?

—*Hay una sensación de impotencia…En la zona de la garganta. Me bloqueo, no tengo capacidad de expresar, de poner un límite, me quedo bloqueada. Cuando tengo la capacidad de reaccionar, cuando me recupero, surge rabia hacia mí misma por no haber actuado en ese momento.*

—Te invito a que te conectes con la sensación de bloqueo. Vamos a acompañar ese bloqueo que se manifiesta en tu garganta con total respeto, desde tu *Ser en Presencia*, observando, sintiendo el bloqueo, respirándolo. Hay *algo* en ti que se bloquea cuando percibe un juicio o insulto y estamos dándole la bienvenida a eso que está ahí. Cuando conectas compasivamente con ese *algo* bloqueado en ti, ¿qué pasa?

—*Es como si no tuviese capacidad de reacción, como si me faltara algún tipo de capacidad. Me siento incapaz. Aparecen imágenes muy concretas de momentos así.*

—Explora si este *algo* tiene alguna necesidad… permitiéndole a este *algo* que se exprese no desde la cabeza. (Se produce un silencio.)

—*Necesita probar… experimentar cuando pasan estas situaciones, probar estar más atenta, respirar…vivir el momento. ¿Qué ocurriría la próxima vez si estoy más atenta? Lo que pide realmente es un cambio.*

—Ah… Este *algo* en ti pide un cambio. Tal vez puedas comunicarle desde tu *Ser en Presencia* tu empatía, algo como "hace total sentido que necesites un cambio". ¿Qué pasa al hacer eso?

—*Me entra la risa. "¿Qué estás esperando?", me digo. Conecto con alegría. Hay conexión conmigo misma.*

—¿Qué mensaje podrías transmitirle a este *algo* desde tu *Ser en Presencia?*

—*Yo valgo, me priorizo y lo sostengo.*

—¿Qué pasa en tu cuerpo cuando dices esas palabras?

—*Siento más fuerza. Me siento más alta. Una elongación en el cuello; lo siento más abierto.*

—Te invito a que sientas la fuerza y habites tu nueva altura plenamente. ¿Qué otras sensaciones observas en tu cuerpo? ¿Qué ha pasado con el bloqueo que estaba ahí?

—*Es como si desde esa altura pudiese verme priorizada, más grande, más fuerte. En el bloqueo... yo estaba más pequeña.*

—Te invito a que habites tu grandeza, que explores qué pasa cuando habitas cada rincón de tu grandeza. ¿Qué observas en tu cuerpo cuando habitas tu grandeza?

—*Es como una fuerza liviana. Una mezcla entre liviandad y fortaleza.*

—Ah... una fuerza liviana. ¿Llega alguna imagen?

—*Llega una imagen de volar, de libertad.*

—Te llega una imagen de volar. ¿Cómo estás volando, cómo son las alas?

—*Es como un avión. Tiene un rumbo, una dirección, una fuerza...*

—Te invito a que sientas el avión, que habites el avión. Explora cada rincón de ese avión.

—*Es un avión grande, con muchas personas. Unas que van en primera clase, otras en segunda clase. Las que van en primera clase son pocas, pero las reconozco muy bien.*

La coach repite lo que la clienta dijo y después le pregunta si ve algo más.

—*Hay un origen y hay un destino. Después de ese destino, está el disfrute.*

—En todo lo que estás viendo, ¿dónde está el alma? ¿Cuál es el alma?

(Llora.)

—*Es el disfrute.*

—Date el permiso de sentir esto plena y totalmente. (Hay un largo silencio con llanto.) ¿Qué estás sintiendo o viendo ahora?

—*Me llega que en ese avión puede ir todo el mundo que quiera ir. No hay límite de acceso, siempre y cuando haya plazas, pero yo elijo quién va en primera clase. Eso me trae disfrute.*

La coach repite lo que la clienta dijo y pregunta:

—¿Qué pasa al darte cuenta de eso?

—*¡Puedo elegir!*

—¿Cómo se siente ese "puedo elegir" en tu cuerpo?

—*Un viaje tranquilo, sin turbulencia, hacia un destino donde disfruto.*

—¿Podría haber un disfrute en el viaje mismo, no solo en el destino?

—*Me cuesta todavía, pero lo puedo visualizar.*

—¿Qué tendría que pasar para que disfrutaras del viaje, no solo del destino?

—*No admitir personas que causan turbulencia en primera clase, pero sí puede haber personas en segunda clase que produzcan turbulencia, pues me traen aprendizaje. Pero así no hay un impacto diario. Acepto estas turbulencias pero con distancia.*

—Te invito a que observes todo lo que has creado en esta sesión. ¿Cómo resumirías lo que creaste?

—*Un trayecto a recorrer rodeada de personas hacia un destino que se llama disfrute. Elijo mi destino, y los diferentes acompañantes. Unos, más cerca, me traen el disfrute, y otros, más lejos, me ayudan a seguir aprendiendo. El alma profesional está en mis manos, puedo elegir cómo, qué, con quién, y para qué hago lo que hago.*

—Muchas gracias. Aquí cerramos.

3. Impacto de la sesión

Pasaron unas semanas y luego hubo una sesión corta de Coaching para integrar lo ocurrido en la sesión de Focusing.

Compartimos partes de esta corta conversación de seguimiento.

—¿Qué recuerdas de la sesión que tuvimos hace unas semanas?

—*No recuerdo el objetivo de la sesión, pasó a un plano mucho más profundo. A medida que fueron pasando los días, me quedé mucho con la metáfora del avión robusto y que haya pasajeros en primera y en segunda clase. Lo que me ha permitido es conseguir algo que mucho tiempo me ha costado. He trabajado con muchas metodologías y no había podido poner límites. El resultado de la sesión fue el permitir experimentar poner límites, comunicarlo de forma asertiva. Antes no me estaba atreviendo. Esto no salió verbalmente o de forma directa. Pero a medida que fueron pasando los días, llegaba la metáfora y me surgía la necesidad de ordenar ese avión, de poner límites. De una manera muy diferente a lo que ocurría en otros momentos, pude poner límites, fortaleciendo la robustez de ese avión. Desde hace mucho tiempo, la falta de límites me estaba complicando la existencia. He sentido muchísimo avance.*

—¿Cómo era antes poner límites para ti?

—*Poner límites me llevaba a una sensación complicada asociada al miedo, al conflicto, al miedo a decir que no, a situaciones de mi infancia. Este era un desafío que tenía desde hacía mucho, pero nunca había conseguido poner límites. Ahora me conecté con una fortaleza, el avión. Para que este avión esté ordenado, necesito poner límites. Ese ejercicio me ha dado la conciencia. Tengo que priorizar poner límites. Ha surgido una fórmula distinta, que sigue siendo un poco inconsciente. Ahora pongo límites y me siento cómoda, hay un cambio. Eso me está permitiendo conectar con lo que es importante y que otras personas no transgredan mi ser y priorizarme. Fue mágico el avión con las dos clases.*

—¿Y quién tuviste que ser o creer para lograr poner límites?

—*Al principio tuve una fase donde me sentí mal, pues yo abrazo la diversidad, permito que todos entren a mi casa. Tengo la creencia de que todos deben entrar, y me sentí clasista. Pero el entender que puedo elegir dónde va sentado cada uno tuvo sentido. Lo que siento cuando alguien está en primera clase es que he trascendido la creencia donde todo vale, déjate llevar... Hay una parte en mí que conectó con esa robustez... Sentí el cuerpo más robusto. Me conectó con que en el fondo, esa parte de mí de aceptar todo, me volvía débil. Tiene que ver con esto, sentí un cuerpo más robusto. Me pregunté por qué es un avión y no un pájaro. Mi mente, normalmente, piensa en un pájaro. Pero la sesión me permitió conectar con una parte más de mi sombra que dijo "basta, ¿qué estás haciendo y qué estás generando?"*

—¿Cuál es la nueva creencia?

—*La nueva creencia... No sé... Está tan integrada al cuerpo... Fue un proceso tan inconsciente... Si lo veo desde un plano más mental... Antes todo el mundo era bienvenido. Tengo esa cordialidad de abrir mi casa siempre. Me gusta tener ese personaje, de "ven, entra, pasa... Todos bienvenidos". Con esta apertura y esta nueva forma de ser, cuando no se produce una selección, me lleva a una desilusión. Entonces, el alma profesional ha sido afectada por esto. Hay personas que me han hecho daño. Yo lo he permitido.*

—Me llama la atención que aludiste a tu personaje y a algo que parece como la sombra, una parte clasista, y que integraste algo que parecía estar en la sombra, diferente a tu "personaje" de amplia, siempre abierta. Esa integración de la sombra y la deconstrucción del personaje es un proceso creativo: el de crear nuestro ser, más allá de un personaje y un constructo que se puede volver obsoleto. Hace parte del desarrollo humano, donde primero construimos el ego y la personalidad, y llega un momento en donde aspectos de esa personalidad nos limitan. En tu caso, puede hasta llevarnos a "perder el alma". Para ampliar el personaje, fuiste a la sombra. La definición de la sombra podría ser "lo que yo no soy" o "lo que no veo". Es interesante que el cuerpo fue el vehículo para que tú accedieras a lo que "no eres", que está por fuera del personaje. Fue un proceso corporal donde accediste a eso y ahora lo ejerces con naturalidad. Ahora, poner límites se da espontáneamente, con la ayuda de una imagen del avión.

—*Comparto totalmente lo que dices. Considero que así ha sido.*

—También quisiera resaltar que sientes el cuerpo más robusto, versus una fragilidad o debilidad o bloqueo relacionado con poner límites. El cuerpo nos fue guiando a encontrar dónde está la fuerza ahora. Encontraste una metáfora que te acercó a tu fuerza, a tu vitalidad, y creo yo que a tu alma, ya que se necesita un cuerpo robusto para albergar un alma de una manera segura. Es posible que ese cuerpo anterior no tuviera una forma segura de albergar el alma o cuidar el alma. Tal vez el alma no confiaba en el vehículo anterior. Tal vez ahora sí confía, con ciertas condiciones y cuidados, con límites claros.

—*Me encaja el feedback que estás dando. La metáfora del avión conecta con una parte de mí distinta. Mi cabeza hubiese elegido un pájaro, no un avión. Esa robustez es algo nuevo que reconfigura mi cuerpo de una manera distinta. Mi cuerpo ahora está más robusto a nivel de salud. Yo soy una persona emocionalmente muy sensible. Tengo una enfermedad crónica desde muy joven, la diabetes, muy condicionada por los impactos emocionales. Los impactos emocionales negativos debilitan mucho mi sistema nervioso, inmune, digestivo. Tengo que acompañar eso con vitaminas, insulina y otras cosas. He visto en poco tiempo cómo esa robustez que ganó mi cuerpo afecta directamente mi salud. Esos momentos de poner límites, si me alteran, generan unos picos de elevación de mi glucosa.*

Tengo un sensor y puedo verlo. Antes, el pico duraba mucho más tiempo. Se convertía en un estado que tenía que regular con insulina. Ahora pongo un límite, y aunque genera un pico, me recupero más rápido. Vuelve la tranquilidad más rápido. Ya no necesito insulina para compensar. Se pudo observar clínicamente en las últimas semanas, desde la sesión. Estoy convencida de que este cambio ha tenido impacto en mi salud. Es un beneficio no tan evidente en algunas personas, pero para mí es evidente, pues tengo un aparato que lo mide. Ha sido revelador, pues claramente está relacionado lo emocional con la salud.

4. Síntesis y reflexión del caso

Unas semanas después, se le solicitó a la coachee resumir lo que ocurrió en la sesión. La siguiente fue su respuesta:

Gracias a la sesión, pude conectar con una parte más robusta y asertiva de mí misma, y aprender a poner límites de una manera cómoda y respetuosa. La metáfora del avión, a la que llegué a través del cuerpo de forma creativa, me ayudó a ordenar mis prioridades y a elegir quién quiero que esté cerca de mí. Fue una experiencia muy transformadora y liberadora. La metáfora también me ha permitido sentirme más robusta y poner límites sin afectar tanto a mi salud. Tengo diabetes y los impactos emocionales negativos me debilitan mucho. Desde que uso la metáfora, he notado que mi glucosa se regula más rápido y no necesito tanta insulina. Es un cambio que se puede medir y que me ha sorprendido gratamente.

Como vemos, los resultados de esta sesión fueron extraordinarios. No solo lograron un cambio de comportamiento, sino también una mejora medible en su salud.

En esta sesión podemos ver varios de los pasos y distinciones del Focusing puestos en práctica:

❖ Se **despejó el espacio** al inicio cerrando los ojos y manteniéndolos cerrados, estableciendo que quien guía el proceso es el cuerpo. De esta manera, rompimos la dinámica común del Coaching, que ocurre con ojos abiertos y con una comunicación predominantemente cognitiva.

❖ El facilitador mantuvo a la clienta **focalizada en su mundo interno,** específicamente a través del cuerpo, las emociones y las imágenes que surgían de esa conexión.

❖ La clienta conectó con una **sensación sentida,** que arrojó una primera imagen, el **asidero**, que fue el tirón del pelo con una cuerda, y que la conectó con su rabia.

❖ A todo lo que llegaba se le daba la **bienvenida** y un espacio para procesarse, con el acompañamiento del *Ser en Presencia.*

❖ Se encontró el **símbolo certero** del avión con sus dos clases y se atendió la **necesidad profunda** de poner límites a personas que no deben estar en primera clase.

❖ Se dio un **cierre** cuando se describió el panorama general y apareció la conexión con el disfrute, el gozo.

A pesar de que haya pasos establecidos, cada sesión es completamente distinta. Además, cada facilitador de Focusing encontrará su propio estilo. Lo importante es seguir los principios básicos y lograr el fin último: la autopropulsión. Claramente, se logró en el caso compartido.

Es importante resaltar las diferencias entre el Focusing y el Coaching. En la sesión de Coaching, el coach habría hecho preguntas poderosas a la clienta para ayudarla a explorar sus opciones y a tomar sus propias decisiones. En la sesión de Focusing, el facilitador le hizo preguntas empáticas, para ayudarla a profundizar en su experiencia presente y a conectar con la sabiduría que brota de un lugar distinto al cognitivo.

En la sesión de Coaching, el objetivo habría sido definido por la clienta al inicio del proceso y se habría trabajado para alcanzarlo en un plazo determinado. En la sesión de Focusing, el objetivo no estaba predefinido, sino que se fue descubriendo a través del proceso y se logró cuando se produjo un cambio corporal.

En la sesión de Coaching, el resultado habría sido medido por el grado de satisfacción de la clienta con respecto a su meta y por los indicadores de desempeño que se hubieran establecido. En la sesión de Focusing, el resultado fue medido por el grado de alivio de la clienta con respecto a su tensión emocional y por los indicadores de salud que se observaron en las semanas siguientes.

VII. **Conclusiones**

Para concluir, nos parece interesante responder a una pregunta: ¿Qué le aporta el Focusing al Coaching y a la creatividad?

El Focusing es una interrupción refrescante para las conversaciones de Coaching. Permite entrar al ámbito misterioso del inconsciente mediante el uso de la "sensación sentida" del cuerpo. Esta interrupción ayuda a profundizar el contacto con uno mismo y acceder a nuevas fuentes de sabiduría y conocimiento interior.

Al practicar el Focusing con frecuencia, se consigue transformar la relación con uno mismo, donde prevalece la empatía y se fortalece el contacto con el *Ser en Presencia*. Este es un excelente antídoto para opacar la voz del crítico interno, uno de los principales obstáculos de la creatividad y de la expresión del pleno potencial.

Los resultados sorprendentes y extraordinarios que se obtienen con el Focusing son una fuente de empoderamiento para que los clientes confíen en su sabiduría interior, se pongan nuevas metas y avancen hacia adelante.

Como decíamos en la metáfora inicial, el Focusing ayuda a deshierbar, a sacar aquellos obstáculos persistentes, despejar el espacio y permitir el acceso a más recursos internos y a energía para lo que hemos sembrado o queremos sembrar intencionalmente.

Como dijo Eugene Gendlin en el prólogo de su libro, "un mundo donde más personas practican el Focusing es un mundo de seres humanos empoderados, que confiando en su sabiduría interior se vuelven más creativos y empáticos".

Bibliografía

Cornell, A. W.: *Focusing in clinical practice: The essence of change.* WW Norton & Company, 2013.

Gendlin, E.T.: *Focusing.* New York, Everest House, 1978.

_____: *A process model.* Northwestern University Press, 2017.

Husserl, E.: *Ideas: General introduction to pure phenomenology.* Routledge, 2012.

Riveros, E.: *Focusing desde el corazón y hacia el corazón: Una guía para la transformación personal.* Serendipity, 2015.

Schwartz, R. C.; Morissette, A.: *No bad parts.* Sounds True, 2021.

En la Web

Cornell, A.W.: *Get Bigger than what's Bugging you.* Curso gratuito. https://focusingresources.com/learning/get-bigger-than-whats-bugging-you/ (2019)

_____: *Focusing Resources.* https://focusingresources.com/ (2023)

Hullinger, A. M.; DiGirolamo, J. A.: *Referring a client to therapy: A set of guidelines.* http://www.coachingfederation.org/client-referral-whitepaper (2018)

Institute of Focusing: https://focusing.org/felt-sense/what-focusing

International Coaching Federation: *Modelo de Competencia Clave ICF actualizado.* https://coachingfederation.org (2019)

International Coaching Federation: *Código de Ética de la ICF.* https://coachingfederation.org (2021)

Materiales del *Curso de Focusing* de Paula Riveros, *Focusing y el Crítico Interno,* 2018.

OpenAI: *Conversación sobre Focusing con Eugene Gendlin* (Conversación en línea). Recuperado de la plataforma ChatGPT en julio de 2023.

Riveros, E.: *El Focusing como fenómeno.* Artículo. (2020)

_____: Comunicación personal. (2023)

Coaching
y tecnología

Capítulo 16

Coaching y tecnología

Ana L. Escalante

I. Introducción a las técnicas

La tecnología y la inteligencia artificial están afectando nuestras vidas personales y profesionales de muchas maneras y no podemos terminar el libro sin incluir cómo incorporar la tecnología a nuestra práctica profesional de maneras creativas.

El mundo del Coaching definitivamente está experimentando transformaciones significativas gracias a la tecnología. Estos cambios están afectando la forma en que los coaches interactúan con sus clientes, cómo se entregan los servicios de Coaching y cómo se accede a ellos.

La combinación de Coaching y tecnología a menudo se conoce como como "Coaching digital" o "Coaching asistido por tecnología", y ha ganado popularidad en los últimos años debido a los avances tecnológicos y la creciente demanda de soluciones personalizadas para el desarrollo personal y profesional.

Además, la tecnología ha eliminado las barreras geográficas, permitiendo que los coaches y los clientes se conecten de manera virtual, sin importar su ubicación física. Las sesiones de Coaching en línea a través de plataformas de videoconferencia han ampliado significativamente el alcance de nuestra actividad, permitiendo a las personas acceder a servicios de coaches especializados de cualquier parte del mundo.

Han surgido plataformas específicas para Coaching, que facilitan la conexión entre coaches y clientes. No solo ofrecen funciones de comunicación, sino también herramientas de seguimiento, evaluación y recursos personalizados para respaldar el desarrollo continuo.

La tecnología permite la recopilación y el análisis de datos que facilitan la mejor comprensión de las necesidades del cliente. Los coaches pueden utilizar esta información para personalizar las sesiones y adaptar estrategias que se alineen específicamente con los objetivos y desafíos individuales.

Los cambios que la tecnología nos presenta están aquí para quedarse. Los coaches muestran diferentes actitudes en relación con su apertura a incorporarla a sus prácticas o ignorarla. Algunos son reticentes; otros, abiertos, con diferentes niveles de optimismo sobre las posibilidades que esta herramienta ofrece en el desarrollo del futuro del Coaching. El avance tecnológico puede producir incertidumbre sobre lo que viene. Lo cierto es que estamos ante un futuro desconocido que retará viejos paradigmas y nos invitará a utilizar la tecnología con nuevos alcances.

En la siguiente sección exploraremos algunas de las formas en que se puede integrar la tecnología al mundo del

Coaching de maneras creativas. Por supuesto, el horizonte es ilimitado, pero nos gustaría exponer cinco técnicas para nuestra reflexión: 1) Plataformas de Coaching en línea, 2) Aplicaciones de Coaching personalizado, 3) Herramientas de educación, 4) Plataformas educativas para el desarrollo personal y profesional, y 5) Realidad virtual (VR) y realidad aumentada (AR).

También compartimos una sexta sección en la que reflexionaremos sobre programas para dar sesiones de Coaching con el uso de plataformas de inteligencia artificial (AI) y machine learning (ML).

II. Descripción de las técnicas

1. Plataformas de comunicación en línea

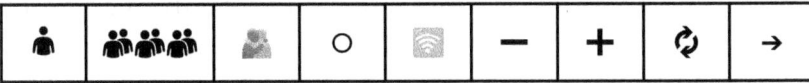

Una plataforma tecnológica es un conjunto de tecnologías diseñado para el desarrollo, implementación y ejecución de aplicaciones, sistemas y procesos.

Las plataformas tecnológicas integran diferentes componentes y funcionalidades en lugar de tener que integrar múltiples sistemas por separado. Muchas de ellas tienen la capacidad de adaptarse a las necesidades cambiantes de los usuarios, permitiendo personalizar y automatizar procesos.

En la actualidad post-COVID es casi un común denominador que los coaches utilicemos plataformas de videoconferencia para hacer sesiones en línea en tiempo real. En el pasado, las sesiones de Coaching ocurrían mayormente en persona, pero actualmente y como resultado de la pandemia se instaló la virtualidad, que evita tanto los gastos de viaje como el tiempo que implica trasladarse, así como la inversión que requiere mantener un lugar físico. Plataformas gratuitas como Zoom, Teams, Skype, Google Meet, WhatsApp y Viber, entre otras, nos permiten hoy derribar las fronteras geográficas y brindar sesiones virtuales con mucho éxito, y para algunos, incluso más enfocadas que las presenciales.

Algunas recomendaciones para hacer más efectivas tus sesiones de Coaching en línea

1. Asegúrate de tener una buena conexión de Internet.
2. La sesión debe darse en un lugar silencioso, para evitar las distracciones.
3. Asegúrate de tener privacidad, para que tus sesiones sean confidenciales.
4. Elije una plataforma y confirma que tu cliente se sienta cómodo utilizándola y que tenga el entrenamiento apropiado, para evitar la falta de confort.
5. Asegúrate de que la sesión no sea grabada a menos de que le des permiso al cliente para hacerlo o que él te dé permiso. Si se consensua la grabación, es necesario tener claro su objetivo y seguir el Código de Ética de la ICF en cuanto a que el uso del material sea el adecuado. Desecha las grabaciones una vez que hayan cumplido su propósito.

Otras herramientas de Comunicación Tecnológica: chat y mensajes de texto

El chat y los mensajes de texto instantáneo de WhatsApp, Google Slack y Telegram, entre otras plataformas, se han convertido en una de las principales herramientas tecnológicas que usan los coaches para facilitar la comunicación entre sesiones con sus clientes. Los mensajes escritos aseguran una comunicación rápida y eficaz en tiempo real, sin necesidad de hacer llamadas telefónicas entre sesiones o utilizar servicios de secretarias. Estas herramientas son utilizadas por los coaches para hacer citas, enviar recordatorios y contestar preguntas rápidas, por mencionar algunos de sus usos.

Una complicación que pueden presentar es el aprendizaje de los códigos escritos que siguen surgiendo en forma casi espontánea. Un ejemplo es el uso de palabras escritas en mayúsculas. Un cliente me dijo alguna vez "¿Por qué me gritas?" después de que le enviara un mensaje en mayúsculas. El episodio finalizó con un intercambio de caritas riéndose; todo terminó de manera cómica. Este ejemplo nos muestra que los mensajes instantáneos transmiten no solo palabras sino también estados de ánimo, cercanía de la relación, confianza, tipo de vínculo y nivel de formalidad, entre otras cosas, por lo que debemos ser cuidadosos al utilizar esta herramienta con nuestros clientes.

Tips para ser más efectivo al utilizar la mensajería instantánea en los procesos de Coaching:

1. Pídele permiso al cliente para comunicarte por mensajería instantánea y especifica para qué la utilizarán.
2. Sé breve y claro en tu comunicación.
3. Asegúrate de utilizar la herramienta con mucha prudencia, ya que los mensajes se graban en las plataformas y pueden ser enviados a otros, incluso por tus clientes. En algunos países, los chats hasta pueden ser utilizados como evidencia en la corte, por lo que recomendamos no comunicar algo altamente confidencial por esta vía.

4. Es necesario responder en un tiempo adecuado. Clarifica con el cliente en cuánto tiempo podrás contestarle usualmente, para que no interprete una demora como falta de cuidado de la relación o desinterés de tu parte.

2. Aplicaciones de Coaching personalizado

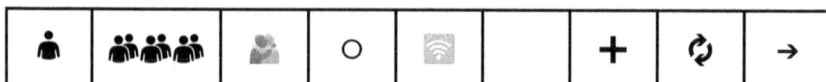

👤	👥	👤	○	📶		+	♻	→

Son varias las aplicaciones móviles que pueden enviar recordatorios, hacer seguimientos y tareas personalizadas que ayudan a los clientes a mantenerse enfocados en sus objetivos. Estas herramientas pueden apoyar el trabajo del proceso de Coaching al proveer mecanismos que facilitan la implementación de los planes acordados durante las sesiones.

La creación de hábitos saludables es parte indispensable de la sustentabilidad de un cambio de conciencia. Existen aplicaciones especializadas que los coaches utilizan con sus clientes tales como Loop, Habit Share, Habit Tracker y Habitify. Los clientes pueden utilizarlas para generar recordatorios o calendarios que les permitan reforzar sus nuevas prácticas y acompañen la sustentabilidad del cambio.

Cómo aplicar la técnica

1. Antes de incorporar una aplicación a tu proceso de Coaching, asegúrate de conocer muy bien su funcionamiento, sus alcances, sus limitaciones y los costos, entre otros detalles.
2. Consulta con tu cliente si está dispuesto a utilizar una aplicación como apoyo para sus tareas o para

las prácticas que incorporó como resultado de las sesiones de Coaching.

3. Si el cliente está de acuerdo con usar alguna plataforma, pídele que explore varias –puedes sugerirlas tú– antes de decidir cuál le resulta más conveniente.

4. Una vez establecida la aplicación más adecuada, pídele que incorpore algunas de las tareas que acuerden en los cierres de las sesiones de Coaching.

5. Haz seguimiento junto a tu cliente en cada sesión y evalúa si la aplicación está resultando de utilidad. Esto te dará mayor experiencia para casos futuros.

3. Herramientas de evaluación digitales

Actualmente existe un sinnúmero de herramientas de evaluación *en línea* que permiten conocer perfiles de comunicación o relaciones, estilos de liderazgo e incluso niveles de desempeño individual. El uso de cuestionarios en línea es útil para comprender mejor las necesidades del cliente y medir los progresos a lo largo del tiempo.

Algunos de ejemplos de herramientas son los siguientes:

Evaluación de 360 grados

a) **SurveyMonkey.** Ofrece plantillas específicas para evaluaciones de 360 grados.

b) **Qualtrics.** Permite la creación de encuestas de retroalimentación multiescala.

c) **SkillSurvey.** Proporciona evaluaciones de 360 grados para medir habilidades y competencias.

Pruebas de personalidad

a) **Myers-Briggs Type Indicator (MBTI).** Aunque no es

exclusivamente en línea, hay versiones digitales de esta popular prueba de personalidad.

b) **DISC Assessment.** Herramienta que evalúa comportamientos basándose en cuatro rasgos principales: dominancia, influencia, estabilidad y conformidad.

Fortalezas y debilidades individuales

a) **StrengthsFinder.** (Ahora llamado CliftonStrengths.)

b) **SWOT Analysis Tools.** Plataformas en línea que permiten realizar análisis FODA (por fortalezas, oportunidades, debilidades y amenazas) en línea..

Habilidades y competencias

Vervoe. Plataforma que permite evaluar habilidades a través de simulaciones de tareas laborales.

Estilo de liderazgo

a) **Leadership Circle Profile.** Evalúa la forma de liderar y proporciona retroalimentación sobre competencias específicas.

b) **Korn Ferry Leadership Architect.** Ofrece herramientas para evaluar y desarrollar habilidades de liderazgo.

Inteligencia Emocional

Emotional Intelligence Appraisal. Es una herramienta útil y fue desarrollada por Travis Bradberry y Jean Greaves.

Evaluación de metas y objetivos

SMART Goals Worksheet. Aunque no es una herramienta en línea, hay varias plantillas disponibles para evaluar la efectividad de metas utilizando el enfoque SMART.

Encuestas de satisfacción y retroalimentación

a) **SurveyGizmo.** Herramienta para crear encuestas personalizadas y obtener retroalimentación.

b) **Typeform.** Plataforma interactiva para crear encuestas y formularios en línea.

Cómo aplicar la técnica

1) Selecciona las herramientas de evaluación en línea basándote en los objetivos específicos del proceso de Coaching y en la naturaleza de los resultados que deseas obtener.

2) Asegúrate de conocer su alcance, su funcionamiento, sus reportes y su costo antes de sugerir el uso.

3) Necesitas haber recibido un entrenamiento apropiado para interpretar los resultados de la herramienta seleccionada.

4) En ocasiones, podrás desarrollar alianzas con las compañías que ofrecen estos servicios y conseguir descuentos para tus clientes si te conviertes en proveedor de estas herramientas.

5) Tienes que preguntarle al cliente si está dispuesto a utilizar la herramienta seleccionada. Si tiene costo, asegúrate de hacer un acuerdo claro acerca de quién pagará la evaluación.

6) Averigua si el cliente o a la empresa han utilizado antes la herramienta seleccionada. De ser así, puedes seleccionar otra, o si aplica, emplear los resultados anteriores de tu cliente

7) Explícale al cliente cómo debe contestar la evaluación, cómo se manejará la confidencialidad, e in-

fórmale si los resultados le llegarán directamente o te llegarán a ti y a otras personas de la organización –jefe, recursos humanos.

8) Es importante recordarle al cliente que los resultados muestran un momento específico en el tiempo y que necesitan ser analizados en conjunto contigo

9) Una vez que se tengan los resultados, es importante organizar una sesión específica, donde se explore con el cliente la utilidad de los mismos y las formas en que pueden utilizar la retroalimentación incorporándolos al plan de Coaching.

4. **Plataformas educativas de desarrollo personal y profesional**

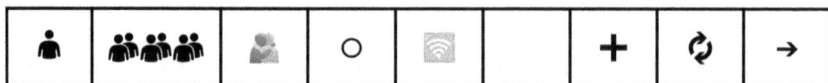

Los coaches pueden utilizar plataformas de desarrollo personal y profesional como apoyo en el proceso de Coaching. Compartimos los nombres y una breve descripción de algunas de las más importantes.

a) **Coursera.** Ofrece cursos en línea de universidades y organizaciones de todo el mundo sobre una gran variedad de temas, desde el desarrollo personal hasta las habilidades técnicas.

b) **Udemy.** Plataforma de aprendizaje en línea que proporciona una amplia gama de cursos que apuntan al desarrollo personal y de las habilidades profesionales.

c) **EdX.** Ofrece cursos en línea de universidades y colegios prestigiosos de todo el mundo sobre diversos temas, desde las Ciencias Sociales hasta la rama tecnológica.

d) **Skillshare.** Permite a los usuarios enseñar y tomar clases sobre una gran variedad de temas. Entre ellos, la creatividad, el desarrollo personal y los negocios.

e) **LinkedIn Learning.** Ofrece cursos en video sobre una amplia gama de temas, entre los que están el desarrollo personal, el liderazgo y las habilidades técnicas.

f) **MasterClass.** Proporciona lecciones magistrales en video, impartidas por expertos en diversos campos como la escritura, la música y la realización de emprendimientos.

g) **TED-Ed.** Ofrece lecciones breves y animadas basadas en charlas TED sobre una amplia variedad de temas.

Todas las plataformas contienen una amplia gama de recursos que colaboran con el desarrollo personal y profesional. La elección depende de las preferencias y las necesidades específicas del cliente y del coach.

Cómo aplicar la técnica

1. Trabaja en colaboración con tu cliente para seleccionar la plataforma educativa en línea más conveniente, basándote en los objetivos específicos del proceso de Coaching y en la naturaleza de los resultados que desean obtenerse.

2. Asegúrate de conocer el alcance de una plataforma, así como su funcionamiento, su costo y su contenido antes de sugerir emplearla. Si no es gratuita, acuerda de manera clara quién se hará cargo de los pagos.

3. Haz, junto a tu cliente, un seguimiento que permita evaluar el impacto del uso de la plataforma en el proceso de Coaching, para decidir si es conveniente su empleo continuo.

5. Realidad virtual (VR) y realidad aumentada (AR)

Se trata de entornos inmersivos que ofrecen experiencias interactivas. Pueden simular situaciones del mundo real y proporcionar un espacio seguro para practicar y mejorar habilidades de comunicación, trabajo en equipo y oratoria, entre muchas otras.

Un pionero del uso de realidades virtuales para el entrenamiento de habilidades de comunicación, fortaleza emocional y coordinación de acciones es el doctor Fernando Flores, quien junto a su hija Gloria Flores, desde el 2018 implementan el programa WEST, que emplea juegos de rol en línea –MMORPG– para llevar a cabo laboratorios de aprendizaje virtual donde los equipos pueden practicar sus nuevas habilidades adquiridas en sesiones de Coaching o de entrenamiento. En este programa, los participantes se dividen en pequeños grupos y se les dan ejercicios virtuales para completar en línea y en equipo. Por ejemplo, se utilizó el juego War of Warcraft como plataforma de práctica de comunicación y liderazgo.

Compartimos algunos ejemplos de programas y aplicaciones que utilizan RA o RV para el desarrollo de habilidades personales y profesionales:

a) **VirtualSpeech**. Es una plataforma de entrenamiento de realidad virtual que se centra en mejorar las habilidades para hablar en público, hacer presentaciones y comunicarse. Ofrece escenarios realistas para prácticas de discursos y entrevistas.

b) **Mursion**. Utiliza la realidad virtual para crear simulaciones interactivas que replican situaciones de la vida real. Se emplea para entrenar habilidades de liderazgo, comunicación y Coaching a través de interacciones con personajes virtuales.

c) **Strivr**. Se emplea en el ámbito empresarial para el

desarrollo de habilidades de liderazgo y comunicación. Ofrece experiencias inmersivas que permiten a los usuarios practicar situaciones desafiantes en un entorno virtual.

d) **CenarioVR**. Permite la creación de contenido de realidad virtual para entrenamiento y desarrollo. Puede adaptarse para el Coaching y la mejora de habilidades de comunicación.

e) **Virti**. Utiliza la realidad virtual para simular entornos y situaciones que facilitan la práctica de habilidades de comunicación, toma de decisiones y gestión del estrés. Se emplea en diversos sectores, incluyendo el médico y empresarial.

f) **Rumii**. Es una plataforma de colaboración que permite a los equipos trabajar y comunicarse de manera remota en un entorno virtual compartido. Aunque no está centrada exclusivamente en Coaching, puede ser utilizada para sesiones de trabajo y desarrollo de habilidades.

g) **Innoactive Hub**. Permite crear experiencias virtuales para la formación y el desarrollo profesional. Puede ser adaptada para el Coaching y la mejora de habilidades de comunicación.

h) **AltspaceVR**. Es una plataforma social que ofrece espacios virtuales para reuniones y eventos. Aunque no esté diseñada específicamente para Coaching, puede ser utilizada para prácticas de comunicación y trabajo en equipo.

Cómo Aplicar la Técnica

1. Necesitas conocer en profundidad la herramienta de RV o RA. Lo ideal es que seas un usuario medianamente experto.

2. Asegúrate de conocer su alcance, su funcionamiento, su costo y el contenido antes de sugerir emplearla.
3. Sugiérele a tu cliente el empleo de una plataforma basándote en los objetivos específicos del proceso de Coaching y en la naturaleza de los resultados que desean obtener.
4. Pregúntale al cliente si está dispuesto a utilizar la plataforma seleccionada. Si tiene costo, asegúrate de hacer un acuerdo claro sobre quién pagará la evaluación.
5. Es necesario que hagas un seguimiento del impacto de la plataforma en el proceso de Coaching. En caso de que no resulte útil, no conviene insistir en emplearla.
6. Algunos de estos juegos de RA y RV son adictivos, por lo que el coach, antes de sugerir su uso, tiene que explorar cómo se relaciona el cliente con los juegos o con otro tipo de adicciones.

6. Inteligencia artificial (IA) y machine learning (ML)

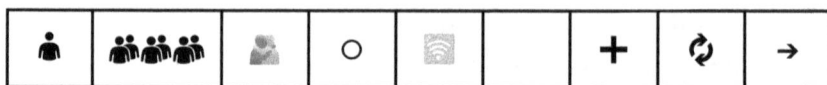

Aunque la IA y el ML no se utilizan en las sesiones de Coaching, en esta sección nos proponemos incluir un panorama general que permita reflexionar sobre los alcances de estas herramientas en el futuro de nuestra actividad.

ELIZA fue el primer programa informático de procesamiento del lenguaje natural. Fue creado entre 1964 y 1966, en el Instituto Tecnológico de Massachusetts (MIT) por Joseph Weizenbaum, y se desarrolló con el propósito de investigar la comunicación entre los seres humanos y las máquinas.

ELIZA simulaba la conversación mediante una metodología de concordancia y sustitución de patrones, brindando a los usuarios la ilusión de que el programa comprendía, aunque en realidad no tenía una representación que pudiera considerarse como comprensión real de lo que decía ninguna de las dos partes.

A este primer intento de comunicarse bidireccionalmente con las máquinas le siguieron una infinidad de programas ahora llamados chatbots, diseñados, entre otras cosas, para ofrecer sesiones de Coaching y apoyo personal.

Los nuevos chatbots ofrecen sesiones de Coaching mediante el uso de inteligencia artificial (IA) y algoritmos programados para simular interacciones humanas.

La forma en que suelen funcionar estos chatbots se describe a continuación. Es importante tener una idea general sobre cómo trabajan ya que crean verdaderamente en el usuario la sensación de estar conversando con un ser humano, aunque, en realidad, se esté comunicando... ¡con una inteligencia artificial!

❖ Cuando un usuario inicia una sesión con el chatbot, se le suele pedir que proporcione información inicial sobre sí mismo. Esto puede incluir datos como objetivos personales, desafíos específicos, preferencias de comunicación y cualquier otro dato relevante.

❖ El chatbot utiliza algoritmos y procesamiento de lenguaje natural para analizar la información proporcionada por el usuario. Esto le permite "comprender" el contexto, identificar patrones y adaptarse a las necesidades específicas del individuo.

❖ Durante la sesión de Coaching, el chatbot interactúa con el usuario a través de conversaciones guiadas. Puede hacer preguntas para explorar más a fondo los temas, proporcionar retroalimentación constructiva y ofrecer sugerencias basadas en la información recopilada.

❖ Los chatbots de Coaching, a menudo incorporan principios de nuestra actividad, de terapia cognitivo-conductual o de otras técnicas de desarrollo personal. Pueden ayudar al usuario a establecer metas, explorar soluciones frente a desafíos, fomentar la reflexión y ofrecer estrategias para el cambio positivo.

❖ Algunos chatbots de Coaching realizan un seguimiento del progreso del usuario a lo largo del tiempo. Pueden recordar metas establecidas, evaluar avances y adaptar las interacciones según los cambios en las circunstancias o las metas del usuario.

❖ Algunos también pueden aportar herramientas adicionales, como recordatorios, ejercicios prácticos o enlaces a recursos relevantes. Esto amplía la experiencia de Coaching y proporciona a los usuarios más herramientas para su desarrollo personal.

❖ A menudo, estos chatbots son capaces de aprender a medida que interactúan con más usuarios. Utilizan la retroalimentación de las interacciones pasadas para mejorar sus respuestas y proporcionar un servicio más personalizado.

Existen diversas plataformas y chatbots específicamente diseñadas para ofrecer sesiones de Coaching. Algunos ejemplos son:

a) **Woebot.** Utiliza la terapia cognitivo-conductual para ayudar a los usuarios a abordar el estrés, la ansiedad y otros problemas emocionales. Ofrece conversaciones guiadas y estrategias destinadas a mejorar el bienestar emocional.

b) **Wysa.** Está orientado hacia el área de la salud mental. Utiliza técnicas de terapia cognitivo-conductual y Mindfulness. Proporciona apoyo emocional y herramientas para gestionar el estrés y la ansiedad.

c) **Replika.** Está diseñado para conversaciones significativas. A través de la interacción, Replika aprende sobre el usuario y ofrece un espacio para reflexionar y recibir apoyo emocional.

d) **Youper.** Combina la inteligencia artificial con principios de la terapia cognitivo-conductual que ayudan a los usuarios a enfrentar el estrés y la ansiedad, y mejorar de esta manera el nivel de salud mental en general.

e) **Coach.me.** Anteriormente conocido como Lift, conecta a los usuarios con entrenadores y mentores para ayudarlos a establecer y alcanzar metas personales y profesionales.

f) **Joy.** Está diseñado para ayudar a los usuarios a mejorar su bienestar emocional. Ofrece actividades y conversaciones interactivas basadas en principios de terapia cognitivo-conductual.

g) **Reflectly.** Se trata de un diario personal interactivo que utiliza inteligencia artificial para proporcionar apoyo emocional y ayudar a los usuarios a reflexionar sobre sus pensamientos y sus sentimientos.

Adicionalmente existen asistentes de Inteligencia artificial como el Chat GPT y Perplexity que pueden ofrecer diálogos interesantes que los clientes y los coaches pueden utilizar para profundizar en temas relacionados con los planes de Coaching.

III. **Reflexiones acerca de las sesiones de Coaching con IA**

Existe, en algunos coaches, el miedo a que las plataformas en línea puedan substituir su trabajo, brindando oportunidades económicas y eficientes de desarrollo. Sin embargo, es importante recordar que aunque estos chatbots pueden ser útiles para proporcionar apoyo emocional y reflexiones, no reemplazan la ayuda profesional.

El mundo de la IA y el ML vinculado al Coaching está todavía en pañales, aunque estén en desarrollo programas que no serán un chatbot sino una "persona virtual" con la que el usuario podrá tener una conversación.

De todos modos, surgen datos provenientes del universo de la RV, la AI y el ML que nos dejan atónitos. Por ejemplo, en nuestra sesión mensual de enero del 2024 de la Red de Master Coaches de Latinoamérica y España, una MCC nos contó que una empresa le propuso "clonar" su tono de voz, los procesos de Coaching que ofrece e incluso su aspecto físico, como parte de un experimento que le permitiría duplicar su capacidad de atención. Una invitación extraordinaria, sin duda.

Estamos entrando a una época en la que lo conocido es ya pasado y el futuro se vuelve presente. Como dice Jim Selman (2018), "nos encontramos viviendo un mundo en tiempo real, en donde día a día la innovación y el cambio retan nuestras viejas formas de pensar y hacer y nos invitan a fortalecer nuestro interior y nuestras formas de ser, para poder navegar nuestras vidas con alegría, abundancia y paz".

IV. **Caso**

Rafael, un empresario ocupado y exitoso, inició su proceso de Coaching contratando sesiones virtuales. Al principio, se llevaban a cabo con regularidad utilizando la plataforma Zoom con videollamada. El cliente tenía un fondo de pantalla de oficina con el logotipo de la empresa. Poco a poco, fue tomando confianza con la coach y las conversaciones de Coaching empezaron a ser interrumpidas por mensajes de WhatsApp que Rafael contestaba durante la sesión.

Debido a la dificultad para lograr que el cliente se enfocara en el diálogo, la coach le solicitó al cliente que quitara el fondo de pantalla para poder ver el entorno en el que se encontraba. En ese momento quedó al descubierto el desorden de la oficina real. El escritorio, por ejemplo, estaba lleno de papeles y restos de comida. Además, el nivel de privacidad era muy bajo. El entorno era completamente inadecuado.

La coach y su cliente trabajaron al respecto, y convinieron en que era mejor tener sesiones presenciales. Cuando pasaron a esta modalidad, la diferencia en grado de concentración y de presencia se notaron rápidamente, y le brindaron al cliente la posibilidad del cambio esperado.

A continuación, se trabajó en otras sesiones sobre la incongruencia entre el fondo de pantalla de oficina virtual que utilizaba el cliente y su lugar de trabajo real, y fue así que Rafael notó la importancia de la congruencia y la trasladó a su persona, logrando así una mejor imagen directiva, y comprometiéndose a mantener ordenada su oficina.

Transcurridas varias sesiones, el cliente logró diseñar un orden que le produjo una sensación de congruencia personal. Así fue como la imagen de la oficina virtual sirvió de inspiración para incorporar a su vida cambios vinculados al orden y la eficiencia. Esto fortaleció su imagen profesional y personal, y lo posicionó como un líder sólido dentro de su organización.

V. **Conclusiones**

La convergencia de Coaching y tecnología ha abierto nuevas fronteras en el apoyo al desarrollo personal y profesional, pero también plantea desafíos éticos y prácticos que requieren una consideración cuidadosa a medida que estas innovaciones continúan evolucionando.

La privacidad y la confidencialidad, tanto en el almacenamiento de datos como en la seguridad de las plataformas, es indispensable, así como obtener el consentimiento del cliente y ser transparentes en la forma en que se utilizará la información. Es importante mantener la integridad del proceso de Coaching, y ser claros acerca del uso de la tecnología que no resulte habitual para el cliente –mensajes, chatbots, grabaciones.

Es necesario, además, recordar que el exceso de empleo de tecnología puede tener consecuencias negativas para la salud mental, y por esto hay que tener en cuenta el equilibrio adecuado, para garantizar que esta herramienta sea un complemento y no un reemplazo de la intervención humana.

Es por esto que pensamos que los coaches tienen que recibir formación ética relacionada con el uso de la tecnología. Los usuarios también deben ser educados sobre los límites y las implicaciones éticas de las herramientas tecnológicas utilizadas en el proceso de Coaching.

Consideramos que la ética vinculada al uso de la tecnología en el Coaching debe priorizar la seguridad, la privacidad y la equidad, al tiempo que se preserva la calidad y la autenticidad de la interacción humana.

Finalmente, queremos enfatizar que, aunque la combinación de Coaching y tecnología puede ampliar el acceso a nuestra actividad, hacerla más eficiente y proporcionar herramientas adicionales para el desarrollo personal y profesional, es importante priorizar la conexión humana y la empatía, ya que el Coaching sigue siendo, fundamentalmente, una relación personal.

El papel del coach no debe ser eclipsado por la introducción de tecnología. El coach es un experto y un facilitador de la transformación personal y profesional. La relación humana en el Coaching es esencial y no debe verse comprometida por el empleo de la tecnología.

Bibliografía

Selman, J.: *Living in a Real Time World. Six Capabilities to Prepare Us for an Unimaginable Future*, Shae Hadden, 2019.

En la Web

Flores, F.; Flores G.: *West Program.* https://pluralisticnetworks.com/west/

Reseñas biográficas
de los colaboradores

Luz Victorio Acuña tiene un MBA en Alta Dirección, es Licenciada en Psicología con especialidad en Clínica, terapeuta e hipnoterapeuta, coach integral con varias especialidades, MCC, expresidenta de la ICF Perú, consultora internacional, CEO de DGG Consulting. conferencista internacional y consultora empresarial en Desarrollo Humano, Productividad, Metodología, Motivación y Procesos de Integración de equipos de alto desempeño. Además, es creadora de talleres, jornadas con metodología y técnicas vivenciales basados en el aprendizaje por experiencia, orientados al desarrollo de diferentes tipos de competencias blandas y dirigido a público de todo nivel, alineando, del mismo modo, las capacitaciones a las necesidades que tienen las organizaciones. **luzvictorio2106@gmail.com**

Alicia Agüero es MCC de la ICF, Master Coach Ontológico Profesional de la AACOP (Asociación Argentina de Coaching Ontológico Profesional) y Master Coach Ontológico Acreditado por la FICOP (Federación Internacional de Coaching Ontológico Profesional). Es mentora de coaches y supervisora de coaches ESIA de la EMCC (European Mentoring & Coaching

Council). Desde 1997, es socia directora de A&T Coaching Organizacional, organización en la que centenares de coaches se han acreditado a nivel PCC de la ICF. Es coach de ejecutivos en el desarrollo de competencias comunicacionales y liderazgo. Autora de dos libros y coautora de otros dos. **amaguero@aytcoaching.com**

Diana Ajzen es Master Coach ejecutiva y organizacional, supervisora, mentora, emprendedora y eterna aprendiz, con Licenciatura en Educación Especial y Maestrías en Educación y Coaching, diplomados en Neurociencia y Psicoterapia Contemplativa, entre otros. Con casi veinte años de trabajo como coach, tiene experiencia con ejecutivos, empresas y equipos de todos los niveles y ramos. Trabaja, además, en capacitación presencial y a distancia para puestos de dirección en empresas globales, desarrolla proyectos educativos, forma coaches, docentes y colabora en la formación de adultos y niños en una multitud de espacios. Su empresa, Coaching con Visión, se especializa en el desarrollo de liderazgo para mandos medios, a partir del entrenamiento de coaches con capacidades diferentes que trabajan a distancia con sus clientes. **diana.ajzen@gmail.com**

Luz Alba Cañón G. es MCC (ICF). Apasionada por el desarrollo humano, impulsa la grandeza del líder para el desarrollo de personas y equipos de alto desempeño. Basa su acompañamiento en el más alto potencial de las personas, convirtiendo los obstáculos en oportunidades y desarrollando nuevas competencias que fortalecen el ser y el hacer de los líderes expandiendo su consciencia. Tiene amplia experiencia y conocimiento como líder en organizaciones. Se apoya en herramientas y metodologías como el Coaching, Mentoring, Gestión emocional, Programación Neurolingüística, para despertar consciencia y grandeza en las personas, afianzando su confianza con sentido de logro. **luzalbacanon@gmail.com**

Catalina Alomía tiene como pasión el crear espacios de conexión y aprendizaje para expandir el potencial. Es consultora independiente y en asociaciones en proyectos internacionales, cofundadora de la Escuela de Coaching ACTP y fue líder del board de la ICF, Capítulo Ecuador. Se inició como consultora en Price Waterhouse. Fue docente durante quince años en carreras de grado y en postgrados. Es Psicóloga Organizacional, Diplomado, Postrado y Counselor en Psicología Transpersonal-Integral. Tiene estudios de Filosofía, Spiral Dynamics y Capitalismo Consciente. Es MCC de la ICF y Master Conscious Business Coach-CBC,

con varias certificaciones en Coaching. Instructora de Yoga, Profesora de Danza Primal. Vive en Quito, Ecuador, donde disfruta de las artes marciales, la naturaleza, la música, el yoga y la meditación.
catalina@catalina-alomia.com

María Paula Arigós es MCC por la ICF, formadora de coaches ontológicos desde 2014, y acompaña también como mentora y supervisora de Coaching. Se formó con grandes referentes como Damián Goldvarg, Norma Perel y Julio Olalla, entre otros. Además, tiene formación en Pensamiento Sistémico, Neurociencias, y actualmente cursa la Licenciatura en Psicología, donde es ayudante de cátedra; sigue formando a nuevos líderes coaches y acompañando a personas en sus procesos de desarrollo personal y logro de objetivos.
hola@simplementesoy.com.ar

Anamaría Aristizabal tiene un MBA, es MCC, coach con veinte años de experiencia, entrenadora de coaches y líderes, consultora senior de cultura organizacional y experta en propósito. Integra New Ventures West, prestigiosa escuela internacional creadora de una metodología rigurosa de Coaching integral. Es autora del libro *Re-Visión de Vida* y fundadora de Re-Vision Academy (RVA), donde acompaña y entrena a una comunidad de líderes comprometidos con su propósito, y ofrece una formación de Coaching de seis meses (nivel ACC) acreditada por la ICF llamada Coaching para la Evolución. Es Focusing Trainer, afiliada al Focusing Institute desde 2015.
anamaria@aristizabal.net

Vicky Bigio es psicóloga (UCV, Venezuela), Especialista en Gerencia Social (CLAD/PNUD/IDB), magíster en Gobernabilidad y Desarrollo (Universidad Oberta de Catalunya, España), Diplomada en Prospectiva y Estrategia (USB, Caracas, Venezuela) y Diplomada en Diseño y Tutoría Virtual (UCV Venezuela). Fue durante ocho años titular de la Cátedra de Alianzas para el Desarrollo (UNIMET, Caracas). MCC y Coach Mentora (ICF). Coach estratégica y ejecutiva de líderes senior y C-Suite, y de equipos de alto desempeño, en inglés y en español. Acredita seis mil quinientas horas de Coaching en más de ciento treinta y cinco empresas, incluidas las Top Five en Tecnología, en cuarenta países de cuatro continentes.
vickybigio@gmail.com

Cris Bolívar. Master Essential Coach, primera española MCC, ICF. Psicóloga. Filósofa. Supervisora Certificada ESIA, EMCC. Primera Pro-

fesional Acreditada con Distinción en Eneagrama en España, IEA. exvicepresidenta de ICF España. Consultora Máster en Desarrollo Organizacional. Speaker internacional. Más de treinta años acompañando procesos de transformación personal, organizacional y social. CEO de Essential Institute con formación en Coaching Esencial Niveles 1+2+3. Autora del marco teórico de *Esencialidad y sus aplicaciones: Coaching Esencial*; *Metacompetencias del Ser*; Eneagrama Esencial y modelo OMSA (organizaciones sabias). Estudiosa de distintas sabidurías milenarias. Autora de numerosos artículos y libros. Colaboradora habitual de radio y televisión. Pintora y poeta.
crisbolivar@essentialinstitute.org

Fernanda Bustos González es socia directora en Coaches Consultores, MCC de ICF especializada en Coaching Sistémico, triplemente certificada por Alain Cardon y pionera de su desarrollo en Latinoamérica. Team Coach acreditada con ATCC de ICF, Mentora, Supervisora de coaches y Consultora Organizacional Sistémica. Cocreadora de Gestión Cuántica, la innovadora metodología que integra Física Cuántica y Coaching Sistémico. Formadora en Liderazgo Sistémico-Cuántico, Coaching de Equipos y diversas especializaciones con programas propios de la consultora. Coautora de *La Fórmula de los Resultados, Gestión Sistémica*; *La Fórmula de los Resultados, Gestión Cuántica; Agilidad, Expansión y Resultados;* y *El Ser y el Hacer del coach.*
fernanda@coachesconsultores.com

Rosa Cañamero es MCC por ICF y cofundadora del Área de Competencias de ICF España. Ingeniera Industrial especialista en organización de empresas y máster en RR.HH. Desde 2007 se ha dedicado al Coaching Ejecutivo y Empresarial acompañando en su desarrollo a personas y organizaciones. Catorce años apoyando la formación, mentoreo y supervisión de coaches para ICF. Consultora senior y socia directora de Execoach, dedicada a la transformación cultural de empresas en espacios más humanos, felices y creativos. Es profesora autorizada de Mindfulness MBSR por la Universidad de Massachusetts y experta en Coaching Sistémico. Dirige programas de formación de ejecutivos y líderes corporativos, así como de desarrollo de equipos.
rosa.canamero@execoach.es

Concepción (Conchita) Caparrós es psicóloga, master coach ejecutiva, organizacional y de equipos, mentora, tenaz en aquello que se propone y siempre está en búsqueda de nuevos conocimientos y experiencias.

Tiene dieciocho años de trabajo como coach, focalizándose en el área de ejecutivos y de equipos en diferentes niveles y ramos, un postgrado en Desarrollo Organizacional, y es experta en técnicas de grupo y psicodrama. Fue presidente de ICF, capítulo Venezuela. Experta en reclutamiento y selección de personal ejecutivo de nivel medio y alto, así como en capacitación en empresas. Profesora a nivel universitario, trabajó quince años con grupos con VIH. Dirige programas de mentoría para apoyar el desarrollo de profesionales en el área.
conchitacoach@gmail.com

Cristina Custodio es MCC (*The Social Leadership Coach*), coachea a líderes trabajando por un mundo más equitativo y sostenible. Nacida en Puerto Rico, tiene una Licenciatura en Historia y Literatura y un MBA de la Universidad de Harvard. Lleva más de veinticinco años trabajando en liderazgo y gestión. Recibió el Ellen Shub Award for Coaching for Social Good del Institute of Coaching (IOC) y reconocimiento como coach sobresaliente de liderazgo del Coach Foundation. Actualmente sirve en la junta de directores global de ICF Coaching Education, y lidera su comité asesor en diversidad (DEIB).
ccustodio@cmmcpr.com

Martin Daulerio es coach ontológico y sistémico, especializado en Metacreatividad y Potencial Humano. Formado con destacados referentes como Alain Cardon, inició su carrera en el mundo de la radio, trabajando como creativo en emisoras líderes como La 100 FM, FM Metro, Rock & Pop y ESPN Radio. Es mentor y supervisor de Coaching certificado y en 2022 obtuvo la credencial de MCC de la ICF. Es cofundador de Faiketen, un estudio pionero en podcasting en Latinoamérica, y cocreador de la metodología Metacreative Coaching. Además, es codirector de la escuela EPHIS. En 2023, editó su libro *Expedición, un camino con propósito*, basado en el programa de aprendizaje experiencial enfocado en el propósito de vida que viene facilitando desde 2014.
dauler@gmail.com

Elena Espinal goza transformando desafíos en realidades nuevas. Pionera en la profesión del Coaching en América, ha trabajado para que tanto individuos como organizaciones encuentren los resultados que buscaban. Tres décadas después, aplica lo aprendido asistiendo a ciegos en un programa de certificación y en su trabajo como coaches. Hace dos décadas fundó el ICP en Argentina, una Maestría en Coaching en

México, en la Universidad de Londres, y codirige Team Power. Trabaja para empresas de la lista Fortune 500 como coach ejecutiva y organizacional, y para agencias de varios gobiernos. Es conferencista internacional, PhD en Odontología con Maestría en Patología, Maestría en Salud y Servicios Humanos, y Licenciada en Psicología. Es, además, Master Coach reconocida por la AACOP y la ICF.
eespinal@team-power.com.mx

Enrique Espinosa es MCC avalado por la ICF con más de catorce años de experiencia en procesos de Coaching personales, directivos y gerenciales. Maestro en Desarrollo del Potencial Humano y Organizacional y en Aplicación Mental. Tiene más de quince certificaciones relacionadas con el Coaching y temas relacionados al desarrollo humano y el liderazgo. Participó como coach, mentor y facilitador en más de treinta certificaciones de Coaching. Es miembro de la ICF, miembro de la International Coaching Community (ICC), miembro de Global Coaching Federation acreditado como Diamond Coach y acreditado por el CONOCER.
espinosa@enriquecoach.com

Teresa Estremadoyro es MCC, miembro de la Federación Internacional de Coaching, y tiene la certificación como Coach Ejecutivo en The International School Of Coaching. Está certificada como Coach Ontológico en Newfield Network; como Coach para Adolescentes y Estudiantes Universitarios con TDAH en JST Coaching and Training School; como Entrenadora de Comunicación No Verbal en Walking Your Talk; como Mentora y Supervisora de Coaches en Global Consulting; como Supervisora por la European Mentoring & Coaching Council (EMCC). Está también certificada en School of Emotions y es Entrenadora Certificada para las herramientas Points Of You.
teresa@teresaestremadoyro.com

Eliane Fierro es MCC, conferencista, mentora y supervisora. Actuaria con Maestría en Humanidades, expresidenta de la ICF México, emprendedora y atleta olímpica. Se especializa en enseñar sobre la inteligencia del corazón para maximizar la performance de sus clientes, con más de veinte años de experiencia. Cree que la felicidad es una elección que se ejerce con disciplina en donde las pasiones se convierten en hábitos exitosos. En sus procesos de Coaching usa el poder de la naturaleza como cofacilitadora. Acompaña a visionarios de todo el mundo a liderar con el corazón.
eliane@efcoaching.com

Aida Frese es MCC de la ICF y tiene credenciales EIA y ESIA (EMCC). Es además abogada, doctora en Notariado y cuenta con un Master of Arts (Política Ambiental y Cambio Organizacional) en Purdue University (USA). Certificada en NYU, trabaja desde 2006 como coach ejecutiva de líderes y equipos en procesos de cambio, transformación y desarrollo de liderazgo. Colaboró con ICF, Capitulo Argentina, liderando proyectos de voluntariado. Fue embajadora de ICF Foundation, speaker en diversos foros de ICF (Argentina, Panamá, Puerto Rico, Italia, Converge), trainer, mentora y supervisora de Coaching. Trabaja en varios idiomas y tiene pasión por aprender.
aidafrese@gmail.com

Leonor Gutiérrez es psicóloga con Maestría en Programación Neurolingüística, coach ejecutiva y de equipos. Es mentor coach y MCC por la ICF y consultora en Gestión del Talento Humano. Tiene más de veinticino años de experiencia apoyando a empresas en sus procesos de desarrollo humano. Actualmente es socia fundadora del Centro de Soluciones Sistémicas SC, desde donde ofrece procesos de acompañamiento a personas y a organizaciones.
leonorgutierrez01@gmail.com

Stela Izquierdo es MCC y fundadora de HEBA, donde lidera cuatro programas acreditados por ICF de nivel 1, 2 y 3. Tiene una Licenciatura en Economía Comercial y Turismo de la University of Wolverhampton, donde obtuvo un Bachelor Honours in Tourism. Además, estudió Economía Comercial, lo que le ha proporcionado una comprensión profunda de los mercados y las dinámicas comerciales. A los veintisiete años emprendió Ser Tu Plan, y desde entonces ha acumulado una amplia experiencia que le ha proporcionado una comprensión profunda de los mercados y las dinámicas empresariales. Su propósito es inspirar para transformar, ayudando a las personas a descubrir su potencial y a utilizarlo para crear un impacto positivo.
hola@stelaizquierdo.com

Claudia Lalloz es Licenciada en Letras (UCA), MCC (ICF), Master Practitioner (EMCC) y Mentor Coach, Coach Ontológico, certificada en Desarrollo de Equipos de Alto Rendimiento, coach de equipos, especializada en corporalidad e Inteligencia Emocional. Es además CEO del Grupo Santalá (www.gruposantala.com). Galardonada en 2023 por Centro Unesco con la Orden del Mérito Humanitario, por su contribución a la Cultura de Paz y Derechos Humanos, fue Presidente de ICF Argentina,

dirige programas de Coaching y Mentoring en América y en Europa, y es coautora del libro *El Ser y el Hacer del coach* (Granica, 2022), y autora del libro *La Alquimia de las Preguntas* (Ugerman Editores, 2024).
claudialalloz@gruposantala.com

Cristina Lopez es MCC y Master en Coaching de Equipos de Alto rendimiento y Psicología del Coaching. Creadora de la metodología de aprendizaje Helastric, ofrece programas certificados por la ICF (nivel 1,2 y 3) en HEBA. Su experiencia vital en cargos de alta dirección provocó en ella una profunda reflexión sobre su futuro profesional y su propósito, y ahí nació su pasión por la transformación cultural, la elevación del talento femenino y la evolución de los modelos de liderazgo. Su propósito es impactar hacia una sociedad más rica, sana y libre a través de las empresas y sus líderes.
cristina@hebaglobla.com

Sandra Munk es Licenciada en Psicología, Mediadora y Coach Ontológico en Management y Liderazgo; docente universitaria; MCC por la ICF; fundadora y directora de la consultora Cambio y Desarrollo y de la carrera de Formación y Entrenamiento en Liderazgo y Coaching, con aval de la ICF. Es también coach ejecutiva a nivel gerencial, de directivos y CEOs para Argentina y Latinoamérica; coach para las plataformas digitales Coach Hub y Better Up; y socia fundadora del Capítulo Argentina de ICF. Es Analista Conductual: TTI Talent Insights y Método DISC, y licenciataria de Benziger Thinking Styles Assessment (BTSA) – Roles de equipo Belbin.
cambioydesarrollo@live.com

Norma Perel es MCC y Licenciada en Psicología. Fue mentor coach en la Escuela Argentina de PNL&Coaching. Es Mentor Coach y Supervisora certificada por la European Supervision Individual Accreditation (ESIA) y Practitioner en PNL. Miembro fundador y ex miembro de la Comisión Directiva del Capítulo Argentino de la ICF. Fue Directora de Educación continua de la ICF y embajadora de Educación Continua para América Latina. Coautora, con Damián Goldvarg, de *Competencias de Coaching Aplicadas, Nuevas Competencias aplicadas* y *Mentor coaching en acción*; y con otros colegas, de *El Coaching. Un mundo de posibilidades.* Es colaboradora de la Certificación en Supervisión de Coaching dictada por Damián Goldvarg.
norma@goldvargconsulting.com

Mirna Pérez Piris es MCC por la ICF y presidenta y fundadora de Conecta Coaching. Ha colaborado con éxito por más de veinte años con compañías multinacionales. Ofrece Coaching Ejecutivo a nivel global en español e inglés. Autora del libro *El Arte de Ser Coach y Algo Más...* (Editorial Trillas), desarrolló e impartió los cursos: Coaching: Una Herramienta Efectiva para el Desarrollo Humano (Universidad Iberoamericana, México); y Ética y Profesión del Coach (Universidad de Londres, México). Cuenta con un MBA y BBA de la Universidad de Puerto Rico y la Certificación Leadership Coaching por la Universidad de Georgetown (Washington, EUA). Está, además, certificada en Evaluación del Desarrollo Adulto, Inteligencia Social y Emocional, Hogan Assessments y The Leadership Circle. Ha participado en la ICF desde 2006 y fue presidenta de ICF México en 2012. **mirnaperez@conectacoaching.com**

Claudia Puente es experta en Coaching Ontológico, enfocada en potenciar el desarrollo personal y profesional. Con más de una década de experiencia, combina herramientas creativas y sólidos conocimientos en Psicología Organizacional y humanidades para catalizar transformaciones significativas. Su enfoque se centra en el Coaching Ejecutivo desde una perspectiva ontológica. Es MCC por la ICF y tiene un doctorado de la UNAM. Su pasión radica en guiar procesos de aprendizaje que expandan las posibilidades individuales y organizacionales. **cpuente@aprending.com.mx**

Renata Rivera Vela es doctora Honoris Causa por IMELE. Tiene un MBA de la Universidad Internacional de la Rioja y es Licenciada en Comunicación por la Universidad Iberoamericana y MCC por la ICF, con diez certificaciones de Coaching a nivel internacional y más de diez mil horas de práctica individual, para parejas, ejecutivos y equipos de trabajo. Especializada y certificada en Ontología del lenguaje, PNL, Metacoaching, Neurosemántica, Neuroliderazgo, Paradoxical Leadership, Liderazgo Situacional, Inteligencia Emocional, Coaching de Relaciones Afectivas, fue directora en empresas a nivel nacional e internacional. Mentora, conferencista, facilitadora de programas de liderazgo en universidades y corporativos, es socia fundadora de Parinami Coaching & Workshops, S.C. Su pasión es transformar vidas hacia resultados extraordinarios. **rennie@parinami.net**

Adriana Rodríguez es MCC de la ICF, Licenciada en Pedagogía y Maestra en Administración, además de poseer una amplísima formación y una extraordinaria capacidad docente que la hacen un coach excepcional para aquel que está enfrentando retos o que quiere desafiarse en serio. Su tendencia natural a la excelencia, su pasión por los retos y

la búsqueda de la mejora continua, la han llevado a ocupar posiciones directivas en áreas de desarrollo humano, capacitación, diseño y desarrollo de proyectos sistémicos. Ama el Coaching, el bienestar integral y la posibilidad de impulsar al ser humano en todos sus dominios.
adriana.rodriguez@team-power.com.mx

Monica Secci Mura es MCC, Mentor y Supervisora con la misión de acompañar a las personas a alcanzar su máximo potencial, es decir, decidir qué impacto quieren tener y qué quieren causar en el mundo y realizarlo. Acompaña a personas, equipos y organizaciones en la toma de decisiones y gestión del cambio en todos los niveles de complejidad. En su trabajo adopta la visión sistémica, que se centra tanto en los objetivos como en las dinámicas que regeneran los sistemas en los que las personas viven y trabajan. De esta manera es posible abrazar una perspectiva evolutiva más amplia, en la que emergen escenarios inesperados, nuevas estrategias y soluciones originales.
monica@seccimura.com

Jimena Sposito es MCC por la ICF, Coach Ontológico Profesional en A&T Coaching Organizacional, avalada por AACOP; Coach Ejecutivo y Corporativo avalado por la Asociación Argentina de Coaching; Profesora en Danza Primal (EPTI); Analista de Mercados y Estrategias de Comercialización (MKT); y cofundadora de Bleskcoaching.
jimena_sposito@hotmail.com

Brenda Vélez-Hernández es una empresaria social comprometida con su misión de promover el desarrollo sostenible de líderes, empresarios y familias, con más de veinte años de experiencia apoyando a través del Coaching y la mentoría a líderes y organizaciones internacionalmente. Es Psicóloga Industrial-Organizacional y la primera MCC certificada por la ICF en Puerto Rico. Es, además, Mentor Coach (EIA) y Supervisora (ESIA); facilitadora del método LEGO©-SERIOUS-PLAY© y coach de equipos; presidente y fundadora de CoachArt-LLC y la Fundación Yo Creo, en Puerto Rico; autora del libro *Tu Bee: La Inspiración que te guía a tu propósito*; y cofundadora de la Red de Coaches de Equipos.
brenda@coachartgroup.com

Oswaldo Vicente cuenta con una Licenciatura en Contaduría Pública y dos maestrías en desarrollo organizacional, es MCC por la ICF y autor de los libros *DiLead Liderazgo, Gestión para la era digital* y *Mentoría Ejecutiva en las Organizaciones*. Es, además, reconocido por su contribución significativa al campo del Coaching y la Mentoría. Con más de veinte años en el desarrollo de liderazgo y la implementación de programas de Mentoría en organizaciones, se especializa en fomentar una colaboración intergeneracional y la integración de nuevas tecnologías en los procesos corporativos. Su trabajo no solo enriquece a los líderes senior, sino que también capacita a los mentores más jóvenes, destacando su compromiso con la evolución del liderazgo y la gestión del cambio en el ámbito corporativo.

coach@coachoswaldo.com

Susie Warman es Licenciada en Sociología (University of Minnesota), y tiene una Maestría en Historia (University of Minnesota) y otra en Desarrollo del Potencial Humano (Universidad de Londres). Es PhD Candidate en Historia (University of Minnesota); MCC por la ICF; Coach Supervisora (EMCC-ESIA) y Coach Mentora (ICF). Tiene amplia experiencia como Coach Ejecutiva y Organizacional. Es fundadora y directora de Blue Wing Coaching®, firma Consultora en Desarrollo de Liderazgo, Coaching Ejecutivo y Desarrollo de Equipos de Alto Desempeño, basada en México y en Miami. Adicionalmente, es socia cofundadora de Coaching con Visión®, empresa que forma a personas con discapacidad visual como coaches, integrándolos al mundo laboral. Es, además, coautora del libro *El Ser y el Hacer del coach* (Granica, 2022); y de *Coaching Supervisión, Voices of the Americas* (Routledge 2023).

susie.warman@bluewingcoaching.com

Sandra Willman es psicóloga clínica, MCC de la ICF, tiene una Maestría en Liderazgo positivo, una en Inteligencia Emocional y otra en Business Administration (MBA). Especialista en administración de empresas, es directora y fundadora de Coaching Potencial. Desde hace más de quince años, es profesora de MBA, y desde hace veinte, Mentor coach de ICF, Agile coach, Coach de negocios conscientes, cofundadora del programa de Liderazgo Femenino LIFE; parte del equipo de Fred Kofman; Executive & Team Coach especializada en C-Level en países de Latinoamérica; Fellow Coach en BetterUp y autora del libro de Liderazgo *Desafiando tu Potencia*, además de conferencista Internacional. Es mamá de Valeria y Daniel.

gerencia@potencialyestrategico.com

Liliana Zamora es MCC por la ICF e integra la Red de ICF para Latam y España. Coach Sistémica Organizacional, Coach Ontológico (Newfield Consulting, 1998); se formó en Management y Desarrollo organizacional en INSEAD (Francia), con Chris Argyris (Harvard) y en NTL (USA,

1993). Coordinadora de Grupos Junguiana (Fundación Vínculos, 2002/2003), se especializó en Pensamiento Junguiano (ASAPA-SUAPA, 2016/2017); y en Relaciones Afectivas (2023). Es Coach Ágil (Ittude, 2023) y Biodecodificadora (Camino al Cero, 2023). Acompaña a personas, equipos y organizaciones en su transformación y para la construcción de bienestar y convivencia en colaboración desde hace más de veinte años. Dirige la Escuela de Formación de Coaches Sistémicos Organizacionales desde 2001.
lili@coachingsistemico.com

.

Milton Keynes UK
Ingram Content Group UK Ltd.
UKHW030748121124
451094UK00013B/874

9 786316 544728